ULLST

Das Buch

Sie wissen genau, wo Sie hinwollen, aber nicht, wie Sie dorthin gelangen. Sie sehnen sich so sehr nach Liebe, und dennoch scheitern Ihre Beziehungen und lassen Sie enttäuscht zurück. Kommen Ihnen diese Aussagen bekannt vor? Dann befinden Sie sich mitten in der *Zwischenzeit*.
Dieses Buch zeigt Ihnen, wie Sie sich daraus befreien können: mit einem »inneren Hausputz«! Sortieren Sie alte Dinge aus, wischen Sie den Staub der Vergangenheit fort, reinigen Sie die Fenster Ihrer Wahrnehmung! Iyanla Vanzant hilft Ihnen dabei, Ihr gesamtes »inneres Haus« – vom Keller bis zum Dachgeschoß – zu entrümpeln, zu reinigen und neu zu ordnen. Denn erst dann sind Sie wirklich bereit für die bedingungslose und unendliche Liebe.

Die Autorin

Die preisgekrönte Autorin Iyanla Vanzant sorgte in den Vereinigten Staaten bereits mit zahlreichen Bestsellern für Furore. Sie ist spirituelle Beraterin, ordinierte Yoruba-Priesterin und hält zahllose Seminare und Workshops. *Zwischenzeit* erreichte Platz 1 auf den Bestsellerlisten von *Publishers Week* und der *New York Times*. In den USA hat sich das Buch bislang 800 000mal verkauft.

Iyanla Vanzant

Zwischenzeit

Die Liebe, die du suchst, ist in dir

Aus dem Amerikanischen
von Thomas Bertram

Ullstein

Besuchen Sie uns im Internet:
www.ullstein-taschenbuch.de

Ullstein Esoterik
Herausgegeben von Michael Görden

Aus dem Amerikanischen von Thomas Bertram

Titel der Originalausgabe
IN THE MEANTIME
Erschienen bei Simon & Schuster, Inc., New York

Umwelthinweis:
Dieses Buch wurde auf chlor- und säurefreiem Papier gedruckt.

Ullstein Verlag
Ullstein ist ein Verlag der Ullstein Buchverlage GmbH.
Neuausgabe
1. Auflage August 2004

Umschlaggestaltung: Frank1Design, München
Titelabbildung: Ateet Frankl
Gesetzt aus der Minion
Druck und Bindearbeiten: Ebner & Spiegel, Ulm
Printed in Germany
ISBN 3-548-74127-4

Inhalt

Dieses Buch ist folgenden Menschen mit Liebe gewidmet:

Dr. Betty Shabazz,
die die Welt lehrte, in der Zwischenzeit zu leben und etwas Wertvolles daraus zu machen;

Coleen Goldberg,
die unablässig für mich betete und die die letzten Tage ihres Lebens mit der Reise zu meiner Hochzeit verbrachte;

Reverend Fernette Nichols,
von der die Predigt stammt,
die den Anstoß zu diesem Buch gab;

und meinem Mann,
Ifayemi Adeyemi Bandele,
der mir zu der Erkenntnis verhalf, daß die Zwischenzeit sich am Ende auszahlt!

Die Reise beginnt

Es wird eine Zeit in Ihrem Leben kommen, da Sie nur noch lieben können. Sie werden alles getan haben, was Sie tun können, alles ausprobiert haben, was Sie ausprobieren können, alle verletzt haben, die Sie verletzen können, und so viele Male aufgegeben haben, daß die Liebe der einzige Zugang oder der einzige Ausweg sein wird. Dieser Tag kommt ganz sicher. So sicher, wie Sie gerade diese Seite lesen. In der Zwischenzeit finden Sie hier ein paar Dinge, die Sie tun können, um für den freudigsten Tag Ihres Lebens gerüstet zu sein: den Tag, an dem Sie die wahre Liebe erleben.

Einleitung

Was tun Sie in der Zwischenzeit? Irgendwo im Hinterkopf wissen Sie, daß einmal der Tag kommen wird, an dem Ihre Beziehung all das sein wird, was Sie sich immer gewünscht haben. Oder all das, was Sie sich in einer Beziehung wünschen, wird eines Tages eintreten. Doch die Frage bleibt, was tun Sie in der Zwischenzeit? Mit der Liebe ist das so eine merkwürdige Sache. Sie trifft Sie unter den ungewöhnlichsten Umständen zu den unwahrscheinlichsten Zeiten. Die Liebe überfällt Sie, schlingt ihre Arme um Sie und krempelt Ihr gesamtes Dasein um. Leider dürften die meisten von uns das Erlebnis wohl nicht erkennen oder seine Wirkung begreifen, wenn es eintritt. Es ist, als befinde man sich in Therapie. Man redet und sucht und fragt unaufhörlich, was mit einem los ist und was in einem vorgeht, während einem die Tatsache vollkommen entgeht, daß man soeben glücklich gemacht wird. Vielleicht liegt es daran, daß die Liebe selten dort auftaucht, wo wir sie erwarten, oder daß sie kaum jemals so aussieht, wie wir sie uns vorstellen.

Er war mein Liebesberater. Groß, schlank, sehr ruhig, beinahe schüchtern. Ich war klein, stämmig und, wie soll ich sagen, ziemlich ausgelassen. Ich tat, sagte oder erlebte unaufhörlich Dinge, die Aufmerksamkeit erregten – in der Regel negative Aufmerksamkeit. Er war siebzehn. Ich war dreizehn. Er war Gruppenleiter in einem Sommercamp und ich eine Ferienarbeiterin, die keine Bezahlung erhalten hatte. Durch Schlamperei in der Verwaltung war mein Name von der Gehaltsliste gestrichen worden. Ihm wurde die Aufgabe zuteil, dafür zu sorgen, daß ich mein Geld bekäme.

Es schien, als wisse niemand, was los war, ausgenommen er. Soweit es mich betraf, wußte er alles. Er schleuste mich durch eine zweiwöchige Prozedur, bis endlich alles entwirrt war. Bei unserem Gang von Büro zu Büro, von einem Aufseher zum anderen, war er geduldig und hatte immer ein offenes Ohr. Ich war wütend und hatte eine Menge zu sagen. Er tröstete mich, und wie sehr brauchte ich Trost! Mein Liebesberater versicherte mir ständig, daß alles ganz prima klappen würde. Ich glaubte ihm, weil ich dadurch die Möglichkeit hatte, in seiner Nähe zu sein. Dieser Glaube und seine Hartnäckigkeit zahlten sich am Ende aus. Das Sommer-Jugendkorps stellte mir drei Gehaltsschecks aus, jeder über fünfundvierzig Dollar. Für mich war es ein aufregender Moment. Für ihn die Ausführung eines Auftrags. Er machte einfach seinen Job. Ich war einfach verliebt. Er mußte noch an fünfundzwanzig andere Jugendarbeiter denken. Ich konnte nur an ihn denken. Nun, da ich meine Gehaltsschecks in Händen hielt, wurde mir klar, daß es da noch ein winziges Problem gab, das ich jetzt lösen mußte. Dieser junge Mann, in den ich wahnsinnig verliebt war, ging mit einer meiner besten Freundinnen. Dies war der Beginn meiner Zwischenzeit.

Ich war dreißig Jahre meines Lebens in diesen Mann verliebt. Ich nenne ihn Berater, weil er mir half, mich zu suchen, zu befragen und zu heilen. Er erteilte mir viele Lektionen über das Leben und die Liebe. Als wir uns kennenlernten, überzeugten andere Menschen mich, daß das, was ich empfand, keine Liebe sei. Sie sagten, es sei Vernarrtheit. Weil sie älter und, wie ich dachte, klüger waren als ich, glaubte ich ihnen. Ich hielt es für das beste, meine Gefühle zu ignorieren. Ich durchschritt diesen Abschnitt meines Lebens in der Überzeugung, daß ich nichts über die Liebe wußte – schließlich war ich nur ein Kind. Ich kam zu dem Schluß, daß wir niemals zusammensein würden, niemals zusammensein könnten. Er war zu alt für mich. Ich führte mein Leben weiter, fühlte mich verletzt und war wütend über das, was man mir gesagt hatte und was ich glaubte verloren zu haben. Am Ende kam ich zu dem Schluß, daß ich nicht *gut genug* sei, von ihm oder sonst jemandem geliebt zu werden. Während dieses Prozesses, als ich mein Leben weiterführte, Dinge glaubte und Schlüsse zog, traf ich auch ein paar Entscheidungen.

Ich beschloß, mir nie mehr von der Liebe weh tun zu lassen. Obwohl ich mir nicht ganz sicher war, was an der Liebe mich verletzt hatte, wußte ich, daß ich sie nie mehr so erleben wollte, wie ich sie im Alter von dreizehn Jahren erlebt hatte. Außerdem beschloß ich, daß kein Mann mir je das antun würde, was mein Vater meiner Mutter angetan hatte. Was er getan hatte, war nicht meine Angelegenheit, aber ich machte es zu meiner Angelegenheit, indem ich beobachtete, urteilte und herauszufinden versuchte, womit scheinbar niemand mir gegenüber ohne Umschweife herausrücken konnte. Wer kennt schon die Wahrheit über Liebe, das Lieben oder Beziehungen? Irrte ich mich tatsächlich hinsichtlich dessen, was ich empfand, was ich sah, was ich glaubte und was ich aus den Beziehungsmodellen schloß, die ich erlebt hatte? Gute Fragen! Aber in der Zwischenzeit mußte ich die Antworten finden.

Mit sechzehn Jahren dachte ich wirklich, ich hätte die Liebe gefunden. Statt dessen wurde ich schwanger, wurde verlassen und mußte allein ein Kind großziehen. Mit neunzehn *wußte* ich einfach, daß ich die Liebe gefunden hatte, also heiratete ich sie. Wieder ein Irrtum! Mit einundzwanzig rief die Liebe an, führte mich dreimal aus und schlug zu. Damals wurde meine Zwischenzeit wirklich schlimm. Dabei wurde mir sehr vieles klar: Mir wurde klar, daß alles, was ich über die Liebe dachte, rein gar nichts mit Liebe zu tun hatte. Mir wurde bewußt, daß ich die Liebe nicht erkennen konnte, weil ich sie niemals tatsächlich erlebt hatte. Oh, natürlich hatte ich ein Bild davon im Kopf, wie sie aussehen sollte, aber dieses Bild hatte vor langer Zeit Risse bekommen. Ich entdeckte auch, daß Liebe mehr ist als nur ein gutes Gefühl. Sie ist mehr als einfach nur der Umstand, daß man gebraucht wird oder daß die eigenen Bedürfnisse erfüllt werden. Während einer dreißig Jahre währenden Zwischenzeit-Erfahrung wurde mir schließlich klar, daß Liebe ein inneres, persönliches Erlebnis vollkommenen Wohlbefindens ist, das keinem der Bilder entsprach, die ich jemals gesehen hatte.

Als ich mit ihm, meinem Liebesberater, zusammen war, hatte ich das Gefühl, fliegen zu können, und es spielte gar keine Rolle, ob die Menschen auf der Erde unter meinen Rock sehen konnten, während ich in den Lüften schwebte! Der Fehler war, daß ich glaubte, er ermögliche mir das Fliegen. Nach vielen Bruchlandungen merkte ich, daß Fliegen etwas war, das ich selber tat, in meinem Innern, und zwar immer dann, wenn ich in der Lage war, mich zu entspannen. Richtig, entspannen Sie sich! Gehen Sie gelassener um mit all den Ängsten, Verletzungen, wütenden Entscheidungen, Urteilen und Schlußfolgerungen. Seien Sie weniger streng, was Ihre Forderungen, Erwartungen und Phantasien angeht. Liebe, so entdeckte ich, heißt ruhig genug sein, alles zu fühlen, was im Innern vorgeht, und sodann zu lernen, sich die Empfindungen einzugestehen und sie zu akzeptieren.

In Gegenwart meines Liebesberaters ging es mir gut. Leider glaubte ich, er sei die Quelle meines Wohlbefindens. In der Zwischenzeit verbrachte ich fünfzehn Jahre mit dem Versuch, jemanden zu finden, der dasselbe konnte, was er getan hatte – mich und mein Leben in Ordnung bringen. Als ich erst einmal erkannt hatte, daß es an mir, so wie ich war, gar nichts auszusetzen gab, nahmen die Dinge eine Wendung zum Besseren. Die Zwischenzeit gestaltete sich erheblich leichter. Damals geschah es, daß er geradewegs in mein Leben zurückkehrte.

Der Altersunterschied zwischen uns war auf wunderbare Weise verschwunden, und wir dachten, wir seien bereit für die Liebe – und füreinander. Weil wir einander brauchten und wollten, dachten wir, damit seien alle Probleme gelöst. Dachten wir! In Wirklichkeit waren wir immer noch zu verwirrt, zu bedürftig und hatten zuviel Angst, daß jeder für den anderen nicht gut genug wäre. All unser »zu« wurde von einem Haufen anderen Ballasts abgerundet, den wir beide mit uns herumschleppten – Kindheitsballast, Imageballast, es gab nichts, was wir nicht hatten. Wir verbrachten fünf Jahre zusammen, in denen wir alles durchspielten – Wut, Schuld, Scham, Liebesängste und Liebesphantasien. Am Ende brach alles über unseren Köpfen zusammen. Wir befanden uns gemeinsam in der Zwischenzeit!

Das ist es, was normalerweise in der Zwischenzeit geschieht. Dinge brechen über Ihnen zusammen und gehen in die Brüche! In der Zwischenzeit machen Sie eine Erfahrung oder eine Reihe von Erfahrungen – erderschütternde, herzzerreißende Erfahrungen, die darauf abzielen, Ihre falschen Bedürfnisse auszuschalten. Es ist ein nach einem göttlichen Plan ablaufender Prozeß, der Ihnen helfen soll, mit sich ins reine zu kommen. Es ist ein hartes Stück Arbeit, vergleichbar einem Frühjahrsputz, bei dem man alles hervorkramt, das ganze Durcheinander sortiert, Dinge wegwirft und das Haus von oben bis unten auf Vordermann bringt. In der Zwischenzeit kann dieses Saubermachen, Ausräumen und Entfernen wie Unaufrichtigkeit, Untreue, Verrat und Verlassen aussehen. Das ist es aber nicht! Es sind all die Dinge, an denen man festhält und die einen an einer echten und ehrlichen Liebeserfahrung hindern.

Als wir uns schließlich trennten, war ich verwundet. Und ich hatte Angst. Ich hatte den größten Teil meines Lebens im stillen Gebet darum zugebracht, dieser Mann würde mich lieben. Als er am Ende sagte, daß er es tue, war es nicht im entferntesten so, wie ich erwartet hatte. Denn so ist die Zwischenzeit: Sie bekommen, was Sie wollen, nur um festzustellen, daß es nicht das ist, was Sie sich vorgestellt haben! Nun kommen Sie nicht zurecht – oder zumindest denken Sie, Sie kämen nicht zurecht! Ich war nicht nur ratlos, ich war enttäuscht über mein gescheitertes Liebesverhältnis, und es war mein Fehler! Die nächsten zehn Jahre verbrachte ich damit, herauszufinden, was ich falsch gemacht hatte. Warum konnte er mich nicht lieben? Was stimmte nicht mit mir? Wenn Sie nur annähernd so sind wie ich, dann sind dies nur einige der Fragen, die Sie sich in der Zwischenzeit stellen werden.

Im Laufe der Zeit fallen Ihnen dann Antworten ein. Überzeugt davon, jede Antwort sei die richtige, werden Sie Ihr Leben um bestimmte neue Verhaltensweisen und neue Überzeugungen bereichern. Wenn sich herausstellt, daß jede nicht ganz ins Schwarze trifft, werden Sie abermals neue Überzeugungen, Parameter und Bedingungen finden, die Sie an das Lieben und Geliebtwerden knüpfen. Man nennt das »Zwischenzeit-Hysterie«! Die Wahrheit ist, daß Sie wahrscheinlich wütend sind! Die Wahrheit ist, daß Sie wahrscheinlich Angst haben! Die Wahrheit ist, daß Sie niemals die Liebe finden werden, nach der Sie sich so sehr verzehren, solange Sie nicht lernen, der Wahrheit ins Gesicht zu sehen! In Wahrheit ruht die Liebe in Ihrer Seele, und niemals in Ihrem Leben kann eine Beziehung, egal mit wem, sie erwecken oder aktivieren. Dies ist die reine Wahrheit, für deren Entdeckung ich zehn Jahre brauchte.

Während meiner zahlreichen Zwischenzeit-Erlebnisse hatte ich Beziehungen, von denen ich einst annahm, es seien katastrophale Fehlschläge gewesen. Heute erkenne ich, daß jedes Erlebnis mich ein wenig mehr über mich selbst lehrte. Es gibt nämlich Stadien und Ebenen der Zwischenzeit. Man lernt etwas und macht Gebrauch davon, aber es gibt immer noch mehr zu lernen. Man findet etwas heraus und wendet es an, aber nach einer Weile stellt man fest, daß die Sache nicht mehr funktioniert. Das ist das Schöne an der Zwischenzeit. Sie erlaubt keinerlei Stagnation. Sie zwingt zur ständigen Weiterentwicklung. Doch Weiterentwicklung erfordert Arbeit. Es ist die Arbeit, die wir an uns zu verrichten aufgefordert sind, um Liebe zu erleben, die die Zwischenzeit zu einer solchen Herausforderung macht.

Nirgendwo erfahren wir mehr über uns und über das Leben als in Beziehungen. Zumindest was mich betrifft, ist das so! Ich lernte, meinen Lehrern, Liebhabern, Partnern sehr dankbar zu sein, und den Lektionen, die sie mir über Angst, Wut und Bedürfnisse erteilten, die allesamt oft im Gewand der Liebe daherkamen. Als ich meine Lektionen einmal gelernt hatte und sie in die Praxis umsetzte, schlug mein Leben eine völlig andere Richtung ein. Ich mußte nicht mehr länger Dinge tun, um zu beweisen, daß ich es wert war, geliebt zu werden. Ich hatte nicht länger Angst, das zu verlangen, was ich wollte, aus lauter Furcht, ich bekäme es nicht. Ich war nicht länger wütend, wenn die Dinge nicht so liefen, wie ich es mir vorstellte. Vor allem aber war ich nicht länger wütend darüber, was ich in einer Beziehung nicht haben konnte und nicht hatte. Ich lernte in der Zwischenzeit, mich um meine eigenen Angelegenheiten zu kümmern – mich zu lieben und von mir begeistert zu sein. Ich lernte, ohne fremde Hilfe zu fliegen.

Beziehungen sind nicht hermetisch. Was Sie im Namen der Liebe und um der Liebe willen durchmachen, zeigt sich auch in allen anderen Lebensbereichen. Sie können die Sender Ihres Verstandes oder Ihres Herzens nicht abgrenzen wie Fernsehkanäle, wo das Programm auf Kanal 1 nichts mit Kanal 10 zu tun hat. Die verschiedenen Kanäle unseres Lebens sind miteinander verknüpft und voneinander abhängig. Meine jedenfalls sind es! Dieselbe Verwirrung bezüglich meiner Eigenliebe und der Liebe zu meinem *Er* zeigte sich in meinem Beruf. Sie wirkte sich auf das Verhältnis zu meinen Kindern aus. Sie wirkte sich auf all meine Beziehungen zu Männern aus. Genauso, wie ich ihn hatte und verlor, hatte ich Jobs und verlor sie. Genauso, wie unsere gemeinsame Zeit enttäuschend und unbefriedigend war, war auch mein Berufsleben enttäuschend. Ich gab fünfundsiebzigtausend Dollar für ein Jurastudium aus, nur um festzustellen, daß ich die Juristerei haßte.

Die von meinem Beziehungskanal ausgehende Störung führte zu Stillstand auf allen anderen Kanälen meines Lebens. Selbst aus der Ferne erteilte mein Liebesberater mir Lektionen über mich, und ich mußte herausfinden, wie ich diese Lektionen auf mein gesamtes Leben anwenden konnte.

Ich mußte sehr hart arbeiten, um mir meiner selbst bewußt zu werden und mich rückhaltlos so zu akzeptieren, wie ich bin. Ich muß zugeben, es war ein hartes Stück Arbeit, schmerzhaft und sehr erschreckend. Reflexion, Auswertung und Abgewöhnung erfordern die Bereitwilligkeit zur Drecksarbeit. Ich mußte meine Überzeugungen und Vorstellungen über mich und die Liebe durchforsten und viele verwerfen. Mit anderen Worten, ich mußte das Bild ändern. Es war wie ein Hausputz. Ich versuchte, Dinge zu erkennen, die verstaubt oder zerbrochen waren, und Dinge auszusortieren, die ich nicht mehr brauchte. Was zum Kuckuck war das? Ich hatte das Lieben und Geliebtwerden von so vielen Bedingungen abhängig gemacht. Es war, als durchforstete ich die Kommodenschubladen und Wandschränke meines Kopfes. Ich mußte mich von jenen Dingen trennen, die einen sentimentalen Wert besaßen, aber keinen praktischen Nutzen mehr hatten. Ich mußte zugeben, daß manche Dinge einfach unbrauchbar waren und nie wieder zu gebrauchen wären. Ich hatte zugelassen, daß die alten Verletzungen und Ängste sich wie schmutzige Wäsche auftürmten, und dieser Haufen war überwältigend. Langsam und methodisch mußte ich mein Herz läutern, um mich für die wahre Liebe bereitzumachen. In der Zwischenzeit mußte ich mich durch das Durcheinander wühlen – das gewaltige Durcheinander.

Ich mußte im Keller meines Hauses anfangen, dort, wo all meine Sachen aus der Kindheit lagerten. Dies bedeutete, daß ich mein Selbstbild aufpolieren mußte, das unter einer Menge Dinge, die meine Eltern mir mit auf den Weg gegeben hatten, begraben worden war. Nachdem ich einmal einen Zipfel meines wahren *Ich* erhascht hatte, stieg ich hoch ins Erdgeschoß, zog die Vorhänge auf und sorgte dafür, daß das Licht der Wahrheit meine Ängste und Phantasien schlicht als das enthüllte, was sie waren – Verzerrungen und Schatten der Vergangenheit. Als ich die Wahrheit erblickte, mußte ich die Verantwortung für das im Haus entstandene Durcheinander übernehmen, und ich mußte mir die Tatsache eingestehen, daß nur ich allein Ordnung in dieses Durcheinander bringen konnte. Die Zeit war reif, die Ärmel hochzukrempeln und echte Schwerstarbeit zu erledigen. Glauben Sie mir, es war eine gehörige Portion Mut nötig, um in die erste Etage hinaufzusteigen, wo ich meine Wunschvorstellung von den Dingen sorgfältig versteckt hatte. Mit ein wenig Glauben und jeder Menge Vertrauen war ich schließlich soweit, mich von den alten, verblichenen Gardinen, Teppichen und Möbeln zu trennen, wobei ich all die kostspieligen Fehler erkannte, die ich gemacht hatte. Als ich mich umschaute, war mir, als hätte ich jede Menge Zeit und Energie vergeudet, aber ich kannte die Wahrheit. Die Wahrheit lautet, daß wir alle so lange unser Bestes tun, bis wir stärker, klüger, willens und bereit sind, es besser zu machen. Junge, war ich bereit!

Ich ließ meiner Kreativität freien Lauf, benutzte neue Stile und Farben, schneiderte mir eine neue Lebensphilosophie, die mich aus der Mitte der alten vertrauten Dinge heraus bis hinauf in die zweite Etage beförderte, an einen Ort von atemberaubender Farbe und atemberaubendem Licht, einen Ort, den ich bislang kaum aufgesucht hatte; ich schätze, ich hatte zuviel Angst gehabt, war zu verwirrt gewesen, oder ein wenig von beidem. Am Ende war meine Wunschvorstellung wiederhergestellt, die harte Arbeit zahlte sich aus, und ich wußte, ich war genau dort, wo ich sein sollte, im Frieden. Ich war so stolz auf mich, daß ich ein paar Freunde einlud, um ihnen mitzuteilen, was ich gelernt hatte und wo ich künftig leben würde. Einigen gefiel mein neues Haus nicht. Es hatte sich zu sehr verändert, all der alte Kram war verschwunden! Ich hatte mich zu sehr verändert, nahm es mit der Wahrheit sehr genau und lebte ohne Angst. Sie wollten gehen. Ich hatte absolut nichts dagegen. Ich räumte das kleine Durcheinander auf, das sie verursacht hatten, und war aus ganzem Herzen davon überzeugt, daß, wenn ich das Haus sauberhielte, diejenigen, die aus Liebe kämen, bleiben würden. Aus dem Dachboden meines Hauses machte ich gar ein Refugium für die Liebe. Ich wählte all meine Handlungen und Äußerungen mit größtem Bedacht. Als ich das Bett schließlich lange genug glattgestrichen und die Kopfkissen aufgeschüttelt hatte, drehte ich mich um, und mein Liebster war da. Ein wenig älter und viel klüger, waren mein Liebesberater und ich bereit, uns gemeinsam einzuleben.

Ich betete einfach unablässig, daß es nicht regnen würde. Es regnete nicht, aber es war so kalt, wie es nur sein konnte. Ich spürte die Kälte nicht. An jenem wundervollen Tag im Mai, dem Tag, an dem mein Liebesberater und ich heirateten, wurde ich von innen gewärmt. Die Menschen, die mir sagten, es würde niemals funktionieren, waren da. Diejenigen, die mit mir gebetet hatten, es möge funktionieren, waren da. Einige waren da, weil sie es einfach nicht glauben konnten. Andere waren da, weil sie wußten, es war richtig. In der Zwischenzeit war mir warm, und ich glühte, so wie es bei einer Braut gewöhnlich der Fall ist. Wir haben dreißig Jahre und, zusammengenommen, drei Ehen gebraucht, aber wir sind beide klüger, stärker und sehen klarer. Genauer gesagt, wir sind jeder in sich und ineinander verliebt. Wir wußten, es war der richtige Zeitpunkt. Wir wußten, daß das Bild klar und daß die Zwischenzeit ein unverzichtbarer Bestandteil unserer Beziehung gewesen war. Nun können wir den Rest unseres Lebens gemeinsam verbringen und dabei versuchen, uns an das zu erinnern, was wir zunächst vergessen hatten. Dazu ist die Zwischenzeit da: Ihnen zu erkennen helfen, was Sie über die Liebe wissen und was nicht.

In diesem Buch werden wir Ihr Haus reinigen, den Ort, an dem Sie all das aufbewahren, was Sie von der Liebe glauben. Wir werden Ihren Verstand desinfizieren und Ihr Herz reinigen, um Sie auf den Besitz dessen vorzubereiten, was Sie sich eigener Aussage zufolge wünschen. Wir werden die Liebe untersuchen und ihre Erscheinungsform, wenn sie im Leben wirkt. Was es für ein Gefühl ist, sie zu entdecken. Wie sie unser Menschsein in Göttlichkeit verwandelt und wie sie einem in allen Lebensbereichen lohnende und erfüllende Erfahrungen beschert. Wir werden gescheiterte Liebe untersuchen, auf Abwege geratene Liebe, verkleidete Liebe und all die Dinge, die clever im Gewand der Liebe daherkommen. Ich hoffe, daß wir all dies aus einer funktionalen und praktischen Perspektive heraus tun, indem wir jene Situationen und Menschen berücksichtigen, die die Entwicklung unserer Überzeugungen hinsichtlich der Liebe am nachhaltigsten beeinflußt haben. Vor allem aber werden wir all das untersuchen und erkunden, was wir manchmal tun, um Liebe zu finden, Liebe zu bewahren und Liebe zu erleben. Wir stellen unsere Suche nach Liebe in den Bezugsrahmen, den wir »die Zwischenzeit« nennen.

Kapitel 1

In der Zwischenzeit dreht sich alles um die Liebe

Sie suchte ihn nicht. Er suchte sie nicht. Eigentlich waren beide ein wenig an andere Menschen gebunden. Doch in dem Moment, da sie einander erblickten, ging ein Zucken durch ihrer beider Körper, und ihre Augen funkelten. Die Zwischenzeit lag in der Luft. Jeder bahnte sich seinen Weg quer durch den Raum, ohne zu merken, daß der andere dasselbe tat. Er sprach zuerst. Nein, *sie*. Sie stellte ihm eine alberne Frage, auf die er und seine zuckenden Körperteile nur zu bereitwillig reagierten. Er wich seiner Bindung aus. Sie der ihren. Sie brauchten Zeit zum Reden. Sie taten es, und sie lachten, was keiner von beiden mit seiner Bindung allzuoft zu tun schien. Sie tauschten ihre beruflichen Telefonnummern aus. Obwohl sie sie beide kannten, taten beide so, als ob nicht. Widerstrebend kehrten sie beide zu ihren Bindungen zurück, und gemeinsam verschwanden sie in einem Kochtopf mit Zwischenzeit-Eintopf

Wenn Sie in Ihren momentanen Lebensumständen nicht glücklich, aber nicht ganz sicher sind, ob Sie gehen wollen oder wie Sie es anstellen sollen, dann befinden Sie sich in der Zwischenzeit. Es ist ein Übergangsstadium. Sie klammern sich fest, bereit loszulassen, voller Furcht zu fallen; Sie wollen sich nicht verletzen, haben Angst, jemand anderen zu verletzen. In der Zwischenzeit beten Sie, der andere möge zuerst loslassen, damit Sie sich nicht schuldig fühlen.

Der andere macht andauernd Andeutungen und gibt Ihnen zu verstehen, daß es Zeit sei, zu gehen. Sie leugnen es! Warum? Sie wissen nicht, warum, aber ich sage Ihnen, die Zwischenzeit ist geladen mit »Weiß ich nicht« und »Kann ich nicht«: »Ich weiß nicht, warum ich nicht gehen kann. Ich weiß nicht, warum ich bleiben soll. Ich weiß nicht, wo ich hingehe, weiß nicht, wie ich dorthin kommen soll, wo immer dorthin ist.« Ambivalenz, Verwirrung, Widerwille und Lähmung, sie alle sind Kennzeichen der Zwischenzeit. Wüßten Sie die Antworten auf diese Fragen, dann ginge es Ihnen einfach prima. In der Zwischenzeit geht es Ihnen mal so und mal so, gut wahrscheinlich nicht!

Das Leben wäre sehr viel leichter, wenn wir uns, sobald wir in einer Beziehung – egal in welcher Beziehung – in Schwierigkeiten geraten, innehielten, den Problemen stellten und ruhig vortasteten. In Wahrheit könnten wir in den meisten Fällen genau dies tun. In Wirklichkeit tun wir es aber nicht! Wir machen immer weiter. Wir lassen es zu, daß aus kleinen Verletzungen brennende Ärgernisse werden, aus nichtigen Streitereien zehrende Fehden, aus winzigen Schmerzen tiefe Wunden, und wir machen immer weiter. In vielen Fällen verursachen wir weitere Verletzungen. Wenn es sich bei der fraglichen Beziehung um eine intime, um eine Liebesbeziehung handelt, macht der Versuch, weiterzumachen, ohne den Schmerz anzugehen, die Dinge nur noch komplizierter, und die Beziehung wird weiter vergiftet.

Wie kann ich bleiben und nicht verletzt werden? Wie kann ich gehen, ohne zu verletzen? Sie können diese Fragen nicht beantworten, wenn Sie Qualen ausstehen. Aber Sie können sich immerhin bemühen, die Wahrheit über die Liebe herauszufinden, weil sie Ihnen als einzige helfen kann, das Erlebnis durchzustehen. Wenn es uns gelingt, mit uns und anderen in der Zwischenzeit weiterhin liebevoll umzugehen, indem wir in bewußter und aufrichtiger Verbindung bleiben, entfaltet eine Störung, Schwierigkeit oder Stockung in einer Beziehung heilende Wirkung. Wenn es uns nicht gelingt, dann zeigen wir Zwischenzeit-Benehmen – wir verletzen, streiten, sagen nicht die Wahrheit und machen verwirrt weiter. Verwirrung erzeugt Verwirrung.

Zurück zu unseren Zwischenzeit-Liebenden. Zwei Wochen später rief sie ihn auf der Arbeit an. Er hatte sie schon zweimal angerufen, aber aufgelegt, als ihr Anrufbeantworter sich einschaltete. In der Zwischenzeit versuchten beide, sich selbst davon zu überzeugen, daß sie einander nicht wieder anrufen sollten, aber sie mußten sich unbedingt sehen. Er lud sie zu einem Drink ein. Sie bestimmte Datum, Uhrzeit und Ort. Er erschien mit einer Rose, einer einzigen pinkfarbenen Rose. In dem Augenblick, als sie die Rose und ihn erblickte, fingen die zuckenden Körperteile heftig an zu pochen. Ihre Bindung wurde zu einem huschenden Schatten, und sie wußte nicht, was sie tun sollte. Er wußte es. Er sagte all die richtigen Dinge in genau dem richtigen Tonfall im richtigen Moment, was in seinen entsprechenden Körperteilen ein entsprechendes heftiges Pochen auslöste. Sie erzählte ihm von ihrer Bindung. Er erzählte ihr von seiner. Nun gut, nicht ganz. Obwohl da jemand war, kannte sein Jemand die Abmachung. Da wurde ihr klar, daß sie auf dem besten Wege war, sich Schwierigkeiten einzuhandeln. Sie entschuldigte sich rasch und schleppte ihre heftig pochenden Körperteile nach Hause. Er nahm in der Zwischenzeit noch zwei Drinks und versuchte sich darüber klarzuwerden, was er tun sollte und wie er es tun sollte.

Reden wir über Liebe in der Zwischenzeit

Alles im Leben dreht sich um die Liebe. Die Liebe ist der einzig wahre Sinn des Lebens. Lebendig zu sein heißt, daß wir im Haus der Liebe wohnen und den Regeln der Liebe verantwortlich sind. Weder das Leben noch die Liebe verlangt von uns, daß wir unsere Würde, unser Selbstwertgefühl, unsere beruflichen Ziele, unsere Lieblingsfernsehsendung oder unseren gesunden Menschenverstand aufgeben. Aus irgendeinem Grund begreifen wir das nicht immer. Wir glauben, daß es notwendig ist, eine Sache aufzugeben, um eine andere zu bekommen. Gerade wenn es um die Liebe geht, sind wir von diesem Prinzip besonders überzeugt. Wir verstehen nicht, daß der höchste Ausdruck von Liebe die Erfahrung und Verwirklichung von mehr ist – mehr von dem, was Sie sind, was Sie tun, woran Sie glauben und was Sie haben. Liebe besitzt die Fähigkeit, alles von Ihnen zur gleichen Zeit unter einem Dach als eine Erfahrung zu vereinen. Liebe ist die Erfahrung von Einheit, eine Vereinigung von Herz und Verstand. Leider glauben wir, diese Vereinigung mit anderen nur zustande bringen zu können, wenn wir etwas aufgeben. Wir versuchen uns mit anderen zu vereinigen, ohne zuvor mit unserem Innern eins zu sein. Dies ist völlig unmöglich. Man *bekommt* von außen keine Liebe, solange man nicht im Innern Liebe ist. In der Zwischenzeit tun wir allerhand im Namen der Liebe, um der Liebe willen.

Wir leben in der Zwischenzeit, während wir von der Liebe erfahren. Wir strampeln uns ab, gehen seltsame Verbindungen ein, und unterwegs stellen wir Regeln im Namen von etwas auf, von dem wir glauben, es sei Liebe oder sollte es sein. Wir beobachten andere und hören ihnen zu, in dem Glauben, sie wüßten über Liebe und Beziehungen alles, was es zu wissen gibt. In Wahrheit lernen auch sie, wie wir alle, nach dem Prinzip Versuch und Irrtum. Bestenfalls suchen wir uns aus und entscheiden, wen wir auf welche Art lieben wollen. Im schlimmsten Fall stellen wir fest, daß es praktisch unmöglich ist, für genug Menschen in genug Situationen schnell genug genug zu tun, damit wir von ihnen die Liebe, Bewunderung oder Akzeptanz erfahren, die wir scheinbar brauchen. In der Zwischenzeit, während wir die Wahrheit über die Liebe erfahren, können wir in den meisten Dingen ein ganz schönes Durcheinander anrichten. Nirgendwo indessen richten wir ein größeres Chaos an als in unseren sogenannten Liebesbeziehungen.

Sie kamen wieder darauf zurück! Beide wußten sie, daß sie sich aus den Beziehungen, in denen sie sich befanden, rasch, aber liebevoll verabschieden mußten. Keiner von beiden hatte den Mut, die Kraft oder die Geistesgegenwart, es zu tun. Er ging nicht weg, weil seine Bindung ihm so gutgetan habe. In den mehr als drei Jahren, die sie zusammengewesen waren, hatten sie wirklich jede Menge durchgestanden – jede Menge hysterischer Streitereien, ob sie zusammenbleiben sollten oder nicht! Am Ende blieben sie zusammen, weil sie nirgendwo anders hingehen konnten. Sie blieb bei ihrer Bindung, um nicht der Angst ins Auge sehen zu müssen, ihre Zeit allein zu verbringen. Sie hatte es früher so viele Male getan und wußte Bescheid. Es war keine sehr angenehme Aussicht, und auf gar keinen Fall wollte sie sich dieser Möglichkeit freiwillig aussetzen. In der Zwischenzeit gab sie trotz allem die Hoffnung nicht auf, daß ihre Bindung irgendwie auf wundersame Weise verschwinde oder zum Liebhaber ihrer Träume mutiere, sprich, daß sie fortan glücklich leben würde. So überredete sie sich immer wieder aufs neue zu bleiben. In der Zwischenzeit suchte sie anderswo laufend nach etwas anderem, obwohl sie sich nicht ganz sicher war, wonach sie überhaupt suchte.

Liebe ist das einzige, was wir brauchen. Liebe ist unser Frieden. Liebe ist unsere Freude, unsere Gesundheit und unser Reichtum. Liebe ist unsere Identität. Wir gehen auf der Suche nach Liebe eine Beziehung ein, ohne zu merken, daß wir Liebe mitbringen müssen. Wir müssen ein ausgeprägtes Ichgefühl und Zielstrebigkeit in eine Beziehung mitbringen. Wir müssen Selbstwertgefühl mitbringen, uns unserer selbst sicher sein. Wir müssen Begeisterung für uns und unser Leben mitbringen und eine Wunschvorstellung hinsichtlich dieser beiden entscheidenden Elemente. Wir müssen Achtung vor Reichtum und Fülle mitbringen. Wenn wir es bis zu einem gewissen zufriedenstellenden Ausmaß allein geschafft haben, müssen wir uns mit der Bereitwilligkeit auf Beziehungen einlassen, *das, was wir haben, zu teilen* – anstatt uns davor zu fürchten, jemand nehme es uns weg. Freudiges Miteinander-Teilen und Begeisterung. Wertschätzung, Zielstrebigkeit und eine Wunschvorstellung: Darum geht es in der Liebe. Wenn wir diese Dinge in die Beziehung einbringen, wird die Liebe zu einem großen Multiplikator und erweitert unsere Lebenserfahrung. Wenn wir diese Dinge nicht parat haben, beschert uns die Suche nach Liebe die Erfahrungen, die wir brauchen, um zu entdecken, was wahr und was falsch ist an der Liebe. Der Entdeckungsprozeß heißt Zwischenzeit.

Wir gehen Beziehungen ein, weil wir auf der Suche nach Liebe sind, und wir erwarten, daß uns jemand liebt oder uns liebevoll anerkennt. Wenn Sie berücksichtigen, daß jeder von uns geboren wurde, um Liebe zu äußern und zu empfangen, ist diese Einstellung absolut vernünftig. Es kann unglückliche

Situationen geben, in denen wir so verzweifelt nach Liebe oder Anerkennung verlangen, daß wir bereit sind, fast alles zu tun, um sie zu bekommen. Wir verstoßen gegen die Regeln der Liebe. Wir mißachten das Haus der Liebe. Wir vergessen, der Liebe Grenzen zu setzen. Wir erlauben Menschen, auf eine Art in unser Leben zu treten, sich dort einzurichten, zu bewegen und zu leben, die nichts mit Liebe zu tun hat. Selbst wenn wir über Grenzen oder Grundregeln verfügen, die klar definieren, was wir im Namen der Liebe wie zu tun bereit sind und was wir als Gegenleistung erwarten, scheint es trotzdem niemals genug Liebe zu geben, um die Leere auszufüllen, die wir alle irgendwann einmal im Herzen verspürt haben. Wenn wir glauben, unserem Leben mangele es an Liebe, dann beginnt für uns die Zwischenzeit. Was wir nicht verstehen, ist, daß wir die Liebe sind, die wir suchen. Doch solange wir uns nicht als Liebe erkennen und mit unserer wahren Identität nicht in Harmonie leben können, wird die Leere immer tiefer, weiter und quälender.

Sie verstanden es einfach nicht! Er rief im Laufe der nächsten paar Wochen mehrmals an. Zuerst weigerte sie sich, seine Anrufe zu erwidern. Sie wehrte sich dagegen, ihre Bindung abzuschütteln und abzubrechen. Er hatte seine bereits abgeschüttelt, obwohl er vergessen hatte, ihr zu sagen, daß sie abgeschüttelt worden war. »Sicher weiß sie es!« dachte er. »Sie muß es wissen!« Menschen vergessen in der Zwischenzeit oft, zu sagen, was sie meinen, oder zu meinen, was sie sagen, weil sie annehmen, man wisse bereits Bescheid. Er nahm nicht an, daß er ihr auf der Straße über den Weg laufen würde, aber er tat es. In dem Moment, da sie einander erblickten, fing das heftige Pochen an – in seinem Verstand, in ihrem Herzen und in beider Körperteilen. Sie redeten. Tatsächlich redete sie zuerst. Er antwortete, indem er ihr von den Anrufen erzählte. Wie es uns häufig in der Zwischenzeit passiert, fühlte sie sich schuldig und versprach, ihn später anzurufen. Sie tat es, und sie verabredeten sich.

Wer sich in der Zwischenzeit befindet, sucht einen Fluchtweg, möchte etwas anderes erleben als den ganzen Zwischenzeit-Blödsinn. Die beiden wollten etwas gegen ihre heftig pochenden Körperteile tun. Sie wollten aneinander gebunden sein. Sie dachten, es sei Liebe. Es mußte Liebe sein! Warum sonst wäre es so hartnäckig da, pochte und lieferte ihnen die perfekte Ausrede, alle anderen Bindungen abzubrechen. In der Zwischenzeit geht es nicht darum, Bindungen aufzulösen. Es geht darum, offen und liebevoll Bindungen zu schaffen. Den heftig pochenden Körperteilen bleibt dieser kleine, aber feine Unterschied in der Zwischenzeit allerdings völlig verborgen. Er machte das Angebot. Sie willigte ein. An den entgegengesetzten Enden der Stadt hatten ihre beiden anderen Bindungen die Nase voll von Ausreden und waren bereit, Körperteile ganz anders heftig pochen zu lassen!

Behalten Sie Ihre Bedürfnisse in der Zwischenzeit für sich!

Menschen können Ihre Bedürfnisse nicht befriedigen. Möglich, daß sie es wollen, daß sie es versuchen. Möglich, daß sie Sie überzeugen, sie könnten es, aber sie können es nicht. Was Menschen füreinander tun können, ist, das Bedürfnis weniger drängend erscheinen zu lassen. Wir lenken einander ab, so daß wir für eine Weile vergessen, was wir brauchen. Wir helfen uns gegenseitig, ein dringendes Bedürfnis durch etwas anderes zu ersetzen. Das Bedürfnis verschwindet in der Zwischenzeit nicht. Es löst sich auf. Mit einem Wort, Menschen brauchen Liebe. Gott ist Liebe. Was wir brauchen, ist Gott, aber das ist für die meisten von uns zu esoterisch, als daß sie damit umgehen könnten. Außerdem ist es ganz schön erschreckend!

Zu sagen, wir brauchen Gott, beschwört für die meisten von uns ziemlich gräßliche Bilder herauf Am meisten erschreckt uns die Aussicht auf all die Dinge, die wir aufgeben müßten, um zu Gott zu gelangen. Statt dessen sagen wir, wir bräuchten die Liebe eines anderen Menschen, weil dies die Art Liebe ist, mit der die meisten glauben umgehen zu können – zumindest bis zu einem gewissen Grad. Wir glauben auch, wir bräuchten ein Haus, ein Auto, ein paar Kinder und einen Job, damit wir die Kinder ernähren können. Natürlich sind diese

Dinge wichtig, ja sogar entscheidend für unser Wohlbefinden, aber was wir tatsächlich brauchen, um davon und darin zu leben, ist Liebe. Wir glauben auch, daß Dinge und Menschen mehr Liebe in unser Leben bringen. Tun sie es? Auf einer gewissen Ebene schon. In Wirklichkeit verschaffen sie uns die Gelegenheit, die Liebe, die wir sind, und die Liebe, die wir in uns tragen, die Gottes Liebe ist, zu teilen.

Uns ist nicht immer bewußt, daß unsere Bedürfnisse uns in finstere Ecken führen. Sosehr wir uns auch bemühen, wachsam, stark und fest zu sein, wenn es um Liebesangelegenheiten geht, scheinen viele von uns immer irgendwo zu enden, wo sie nicht sein möchten – in der Zwischenzeit, allein und auf der Suche nach einer Beziehung.

Im Laufe der Jahre habe ich absolute Horrorgeschichten über die Vorgänge gehört, die sich Liebe nennen. Manchmal war ich erstaunt, daß wir glauben, etwas so Göttliches wie die Liebe könne sich in so lächerlicher Form offenbaren. In anderen Situationen wiederum war ich entsetzt über die Gemeinheiten, die Menschen im Namen der Liebe begehen. Schließlich mußte ich innehalten, mir selbst eine Ohrfeige geben und erkennen: Es gibt ein Verhaltensschema! Die Spieler sind immer andere. Die Ereignisse sind immer andere, aber irgendwo unter alldem herrscht Eintönigkeit. Männer und Frauen neigen zu denselben Handlungsmustern, wenn sie versuchen, die Befriedigung ihrer Bedürfnisse zu erreichen. Ich beschloß, eine Liste zu führen. Ich schrieb dreizehn Dinge auf, die wir auf der Suche nach Liebe oder einer Beziehung, in der wir geliebt werden möchten, am häufigsten tun. All diese Dinge tragen zwangsläufig nichts zur Befriedigung unserer Bedürfnisse bei. Vielmehr bescheren sie uns eine höllische Zwischenzeit-Erfahrung:

1. Alle Anzeichen sprechen dafür, daß dies nicht »der Eine« ist, aber Sie ignorieren Ihre inneren Warnsignale und stürzen sich in eine Liebesphantasie.
2. Weil Sie sich vor dem Alleinsein fürchten oder weil Sie glauben, in einer Beziehung nicht das haben zu können, was Sie möchten, geben Sie sich mit dem ersten Menschen,

der Ihnen über den Weg läuft, zufrieden, nur um verlassen, geschlagen, ausgenommen oder geschwängert und dann verlassen, geschlagen, ausgenommen zu werden.

3. Sie verwechseln Freundschaft und Freundlichkeit mit romantischer Liebe.
4. Weil jemand nett zu Ihnen ist und Sie daran nicht gewöhnt sind, wissen Sie nicht, wie Sie nein zu ihm sagen sollen, wenn Sie merken, er ist nicht der, den Sie möchten.
5. Sie verheddern sich in Verpackungen und Versprechungen.
6. Sie zwingen Ihre Beziehungswünsche einem anderen Menschen auf oder stellen ein Ultimatum. Weil die Person nicht weiß, wie sie nein sagen soll, bleibt sie weiter bei Ihnen … für eine Weile.
7. Weil die andere Person Interesse an Ihnen zeigt, gehen Sie darauf ein, ohne wirklich zu erkunden, ob es die Person oder das ist, was Sie möchten.
8. Sie lassen sich von blindem Vertrauen, das zu *blinder* Liebe führt, zu einer Beziehung verleiten, die ungesund ist.
9. Sie ziehen es vor zu glauben, das, was Ihr Partner einem anderen Menschen angetan hat, werde er Ihnen nicht antun.
10. Sexuelle Harmonie wird mit Liebe verwechselt.
11. Sie halten an einer Beziehung fest, obwohl Sie unglücklich sind, und versuchen, Dinge ins Lot zu bringen, auch wenn Ihr Partner kein Interesse an einer Bewältigung der Schwierigkeiten zeigt.
12. Sie verbergen Ihre wahren Gefühle, weil Sie glauben, damit die Gefühle Ihres Partners zu verletzen.
13. Sie ziehen es vor, die Lügen Ihres Partners zu glauben, selbst wenn Sie die Wahrheit kennen. Sie verhalten sich so, als wüßten Sie nicht, was geschieht, wenn Sie es tun.

Liebe ist nichts, das Ihnen alles gibt

Was kann man tun, wenn eine Beziehung nicht wunschgemäß läuft? Wenn die Dinge nicht so funktionieren, wie man möchte? Wie lernt man, das zu nehmen, was man hat, und dafür zu sorgen, daß es zum eigenen Vorteil gereicht? Bei diesen Fragen fällt mir die Geschichte einer Frau namens Luanne Bellarts ein, die von Geburt an zerebral gelähmt war. Folge dieser Krankheit war, daß Luanne nur einen Zeh uneingeschränkt gebrauchen konnte. Als Kind sehr religiöser Eltern erfuhr sie eine Menge über Wahrheit, Vertrauen, Geduld, Glauben und Liebe, wie sie mit ihren Fähigkeiten zusammenhing. Ich bin mir sicher, die meisten von uns würden ein solches körperliches Handikap als unüberwindliche oder gewaltige Niederlage betrachten. Doch Luanne lernte, mit ihrem großen Zeh auf einer Computertastatur zu schreiben. Auf diese Weise schrieb sie die Geschichte ihres Lebens, *Bird with a Broken Wing*. Das Buch war ihr Zeugnis für die Kraft des Glaubens, und sie schilderte darin mit beredten Worten, wie sich Sorge in Triumph und Tragödie in Sieg verwandeln lassen. Sie schrieb über die Zwischenzeit, darüber, wie man lernt, das, was man ist, was man hat und was man tun kann, anzunehmen und es zum eigenen Vorteil zu nutzen.

Luannes Geschichte handelt nicht von Beziehungen an sich. Aber es geht um Prinzipien. Wahrheit, Vertrauen, Geduld, Achtung und Glaube sind die tragenden Prinzipien aller Beziehungen im Leben. Außerdem sind das die Dinge, die wir bei bedingungsloser Liebe empfangen. Nachdem sie so viel über familiäre Beziehungen, Freundschaften und, was noch viel wichtiger ist, das Ichsein gelernt hatte, zeigte Luanne, wie sich alle Beziehungen bei umsichtiger Anwendung von liebevollen Prinzipien entwickeln und pflegen lassen. Was Luanne lernte, während sie flach auf dem Rücken lag oder in einem Rollstuhl saß und vollkommen von anderen abhängig war, ist genau das, worüber wir kräftigen und gesunden Wesen in Beziehungen stolpern, wo wir uns durchmogeln, woran wir scheitern und was wir nicht erkennen. Obwohl Luanne niemals eine intime Liebesbeziehung mit einem Mann erlebte, so wie sie unserer Ansicht nach sein sollte, gelang ihr mit einem Zeh, auf einem Fuß das, worum wir uns den größten Teil unseres Lebens bemühen. Sie entdeckte die Liebe: die Liebe zu sich, die Liebe zu anderen und von anderen, die Liebe Gottes. Sie fand heraus, wie Liebe aussieht und wie sie nicht aussehen sollte. Sie verstand, was Liebe für ein Gefühl ist und wie man sich fühlt, wenn Liebe fehlt. Sie entdeckte, wie man Liebe findet, sie hegt und pflegt und wie man ihr im Innern, für sich und im eigenen Leben Dauer verleiht. Mit sechsunddreißig Jahren starb Luanne an Krebs. Im Laufe ihres Lebens, in der Zwischenzeit, lebte sie mit ungeheurer Würde in der Liebe und für die Liebe. In unseren Beziehungen bemühen wir uns oft, Liebe zu finden und unsere Würde zu bewahren. Das Erlebnis dieser Anstrengung heißt Zwischenzeit.

Alles, wogegen man sich sträubt, dauert fort! Natürlich wurden unsere Zwischenzeit-Liebenden erwischt. Jetzt befanden sie und ihre Bindungen sich alle in der Zwischenzeit! All die Dinge, die sie ignoriert, geleugnet, gemieden und gegen die sie sich gesträubt hatten, starrten ihnen nun ins Gesicht. Es war ein klassisches Zwischenzeit-Szenario – erwischt werden, lügen, sich sträuben. Er wurde erwischt, weil er log. Er sagte seiner Bindung, daß er sie liebe, als er sich nicht sicher war. Er sagte, daß er sie nicht verlassen wolle, als er es tat. Er sagte ihr, daß er sich sicher sei, als er es nicht war. Um seine Schuld der Lügen zu vertuschen, nachdem er erwischt worden war, sagte er seiner Bindung, sie habe kein Recht, ihn auszufragen! Menschen, die bei einer Zwischenzeit-Lüge ertappt werden, gebärden sich in der Regel streitlustig und selbstgerecht. Er erinnerte seine Bindung daran, daß er erwachsen sei und tun könne, was er wolle und mit wem er wolle! Dies ist ein weiteres Kennzeichen jener in der Zwischenzeit: Sie handeln sehr schäbig.

Sie wurde erwischt, weil sie sich sträubte und weil sie schuldbewußt war. Sie sträubte sich, allein zu sein. Sie sträubte sich, die Wahrheit zu sagen. Sie sträubte sich, etwas zu tun, das ihr Schuldgefühle einflößen würde. Schuld ist wie ein großes rotes Neonschild, das mitten auf der Stirn prangt. Man weiß, es ist da, aber man versucht, sich so zu benehmen, als sei es nicht da. In der Zwischenzeit, wenn man versucht, sich wie die reine Unschuld zu verhalten, sagt man unweigerlich etwas, das die eigene Schuld beweist. Sie erzählte ihrer Bindung, sie habe es getan, weil er es in der Vergangenheit ebenfalls getan habe. Sie versuchte, ihren Kram bei ihm abzuladen. All der Kram, dem man glaubte entrinnen zu können, sieht einen in der Zwischenzeit unverwandt an. Die Frage lautet: »Was will man dagegen unternehmen?«

In der Zwischenzeit entwickeln wir unter anderem genug Unverfrorenheit, all die Dinge zu sagen und zu tun, die wir unter normalen Umständen niemals sagen oder tun würden. Nicht, daß wir sie nicht sagen oder nicht tun sollten, aber wir entschließen uns, es nicht zu tun. Solange die Dinge in einer Beziehung zumindest erträglich sind, glauben wir, daß Verstecken, Ausweichen, Leugnen und Sträuben die einzig richtigen Reaktionen sind. Wir glauben, daß wir jemandem, den wir lieben, Qual und Leid ersparen. In Wahrheit leiden wir! Wir würgen an unseren Worten! Ersticken unsere Gefühle! Verdrehen unsere Wahrheit! Schlagen unseren Kopf gegen eine Ziegelmauer und hacken auf uns herum – warum? Warum kriege ich diese Sache mit der Liebe nicht hin? Auf sich herumzuhacken ist die Krönung des Zwischenzeit-Benehmens, und es ist genau das Benehmen, das einen veranlaßt, etwas zu sagen oder zu tun, das man gar nicht möchte – so wie die beiden es taten.

Ob Sie mitten in einer Scheidung, Trennung, Zerrüttung oder hitzigen Auseinandersetzung stehen, der größte Liebesdienst, den Sie sich selber erweisen können, ist, der Versuchung zu widerstehen, dem anderen die Schuld an Ihren Empfindungen zu geben. Es sind Sie! Es sind Sie! Ich weiß, es ist eine bittere Pille: Ich weiß es, weil ich selber viele davon geschluckt habe. Früher oder später müssen wir alle die Tatsache akzeptieren, daß Sie der einzige Mensch sind, um den Sie sich in einer Beziehung kümmern müssen. Ihr Partner tut nichts weiter, als Ihnen Ihren Kram vor Augen zu führen. Ihre Angst, Ihre Wut, Ihre Verhaltensmuster, Ihre Verrücktheit! Solange Sie darauf beharren, mit dem Finger auf die anderen zu zeigen, werden Sie auch künftig die göttliche Gelegenheit verpassen, Ihren Kram loszuwerden. Ein Zwischenzeit-Tip: Wir lieben an anderen, was wir an uns lieben. Wir verachten an anderen, was wir an uns nicht sehen können. Wenn eine Beziehung sich als Fehlschlag erweist, werden wir dadurch, daß wir den bewundernswerten Versuch machen, alles beim anderen abzuladen, für unseren eigenen Kram häufig blind, immun oder resistent. Menschen werden sich stets dagegen wehren, daß Sie Ihren Kram in ihrem Schoß abladen, weil es allzuoft auch ihr eigener Kram ist – der Kram, den sie nicht sehen können. Sie sträuben sich, indem sie streiten oder die Flucht ergreifen. Verstehen Sie das doch endlich! So verrückt es scheint, aber wer bleibt, um mit Ihnen zu streiten (nicht im körperlichen Sinne oder mit Beschimpfungen), ist gewöhnlich derjenige, der Sie wirklich liebt. Er liebt Sie und ist willens, es mit Ihnen und Ihrem Kram aufzunehmen, um die gegenseitige Heilung zu erleichtern.

Leider werden Sie, wenn Sie in einer Beziehung streiten, wenn Sie sich über Ihre Absicht nicht im klaren sind oder wenn Sie sich sträuben, die Wahrheit zur Kenntnis zu nehmen, Verletzungen erleiden. Auf der anderen Seite werden Sie, wenn die Person, mit der Sie streiten, das Handtuch wirft und davonläuft, ebenfalls verletzt. Sie werden ungeheilt bleiben. Ihr Kram wird sich für eine Weile nicht bemerkbar machen, aber er wird in einer anderen Beziehung mit Sicherheit wieder hochkommen. In der Zwischenzeit, während Sie sich sträuben, sich im unklaren sind oder Angst haben, denken Sie daran, daß Streiten normal und absolut verbreitet ist. Daß man gemein zu anderen ist, davon kann man ausgehen. Glauben Sie niemals, daß das, was Sie in einer Zwischenzeit-Situation tun, die Wahrheit über Sie ist. Das ist es nicht! In Wahrheit werden Sie – wenn Sie willens sind, den Prozeß des Streitens, der Gemeinheiten, des Verletztwerdens und der Erkenntnis »Es muß einen besseren Weg geben« durchzumachen – am Ende Ihr Verhaltensschema zugunsten eines Bewußtseinszustands überwinden, durch den Sie geheilt werden.

Wo bin ich?

Es ist wichtig, klar und mit Nachdruck festzustellen, daß die Zwischenzeit kein schlechter Aufenthaltsort ist. Auch sollten Sie, wenn Sie sich in der Zwischenzeit befinden, nicht annehmen, Sie oder sonst jemand habe etwas falsch gemacht. Die Zwischenzeit ist kein Anzeichen dafür, daß Sie wieder alles verpfuscht haben oder Ihnen einmal mehr übel mitgespielt wurde. Die Zwischenzeit ist und wird auch künftig immer der Katalysator eines tieferen Bewußtseins der Liebe zu sich und anderen sein. Die Zwischenzeit ist eine therapeutische Prüfung Ihrer Überzeugungen, Ideen, Vorstellungen und Wahrnehmungen hinsichtlich dessen, worum es in der Liebe geht. Wenn wir allein sind, ohne Liebesbindung, dann haben wir eine recht genaue Vorstellung davon, was wir fühlen und wo wir stehen, soweit es um Liebe geht. Wenn wir uns jedoch in einer Beziehung befinden und eine Zwischenzeit-Erfahrung machen, ist das Bild häufig sehr viel weniger scharf.

Im Zusammenhang mit Beziehungen wissen die meisten von uns die meiste Zeit nicht, wo sie stehen. Das liegt daran, daß Vorstellungen und Überzeugungen sich entsprechend unseren Erfahrungen laufend ändern. Als Reaktion darauf versuchen wir andauernd herauszufinden, was wir tun sollen und wie wir es tun sollen. Warum? fragen wir in einem fort. Warum ging es schief? Wann? Wann werde ich es richtig machen? Wer? Mit wem werde ich am Schluß dastehen? Wie? Woher soll ich wissen, ob das der Richtige ist? Dies sind die ganz gewöhnlichen Zwischenzeit-Erkundungen. Wie Ihre Beziehung auch aussieht – wenn Sie sich diese Fragen stellen, dann machen Sie eine Zwischenzeit-Erfahrung. Irgendwann jedoch sträuben wir uns, uns prüfende Fragen zu stellen. Macht nichts! Sie können ziemlich sicher sein, daß Sie sich in der Zwischenzeit befinden, wenn:

- Sie wissen, was mit all Ihren Ex-Geliebten nicht stimmte, Sie jedoch gegenüber Ihren eigenen Schwächen blind sind;
- Sie ohne ersichtlichen Grund weinen und nicht möchten, daß jemand erfährt, daß Sie weinen;
- Sie gefeuert oder entlassen wurden;
- Sie getrennt leben oder vor kurzem geschieden wurden;
- Sie kürzlich bestohlen oder ausgeraubt, zu einer Gefängnisstrafe verurteilt oder jüngst aus der Haft entlassen wurden;

- Sie in den vergangenen neun Monaten sechs Verabredungen mit fünf verschiedenen Personen hatten;
- Sie in den vergangenen neun Monaten überhaupt keine Verabredungen hatten;
- Sie verheiratet sind oder sich die Zahnpasta mit einem anderen Menschen teilen, aber immer noch nach Verabredungen schielen;
- Sie nicht verheiratet sind, aber schon Zahnpasta und Stauraum im Wandschrank mit jemandem teilen und sich immer noch nicht sicher sind, ob es das ist, was Sie wollen;
- Sie nicht verheiratet sind, Ihre Zahnpasta mit niemandem teilen und sich nicht mehr verabreden;
- Ihre Mutter Sie dauernd fragt, wann Sie Kinder haben wollen;
- Ihre Mutter Sie dauernd fragt, wann Sie Ihre Kinder zum letzten Mal gesehen haben;
- Sie vergessen haben, wie man Kinder in die Welt setzt.

Obwohl es Hunderte anderer Szenarien gibt, sind dies die häufigsten Alltagssituationen, die signalisieren, daß Sie eine Zwischenzeit-Erfahrung machen. Sie können außerdem ziemlich sicher sein, daß Sie sich in einer dieser Situationen befinden, wenn der Versuch, herauszufinden, was Sie als nächstes tun sollen, Sie innerlich stark aufwühlt.

Der innere Konflikt und Aufruhr einer Zwischenzeit-Erfahrung sind das direkte Ergebnis des Umstands, daß Sie versäumt haben, für sich und in Ihren Beziehungen eines der folgenden vier Dinge zu tun:

1. Sie waren sich nicht sicher und haben es versäumt, klar und deutlich zu sagen, was Sie von sich und anderen wollten, brauchten oder erwarteten.
2. Sie haben versäumt, sich und anderen die absolute, ungeschminkte, detaillierte Wahrheit über sich und andere hinsichtlich Ihrer Wünsche, Bedürfnisse und Erwartungen in jeder Beziehung zu sagen.
3. Sie haben versäumt, zu verlangen, was Sie wollten, und statt

dessen akzeptiert, was Ihnen angeboten wurde, während Ihnen vollkommen bewußt war, daß es nicht im entferntesten das war, was Ihnen vorschwebte.
4. Sie haben ungeachtet Ihres Angstgefühls an einer Beziehung festgehalten.

Jetzt befinden Sie sich in der Zwischenzeit, und dies ist die Gelegenheit, die das Leben Ihnen bietet, um zu einer authentischen Persönlichkeit heranzuwachsen, sich zu lösen und zu läutern, in Vorbereitung darauf, das Eine zu geben und zu empfangen, was wir uns alle wünschen – reine, aufrichtige, bedingungslose Liebe.

Es braucht Zeit

Es gibt keine Vorschriften darüber, wie lange Sie in der Zwischenzeit verbringen dürfen. Es ist keine Frage von Bedingungen wie: »Wenn ich dies tue, komme ich schneller raus« oder: »Wenn ich es so mache, erlebe ich so etwas nie wieder«. Sie sind stets Ihre eigene Erfahrung. Was Ihnen geschieht, geschieht durch Sie. Sie bleiben so lange in der Zwischenzeit, bis Sie innerlich wieder funktionieren. Und Sie werden so lange dort sein, wie es dauert, bis nicht nur Sie soweit sind, sondern bis es auch jemand anders geschafft hat. Mit anderen Worten, es mag sein, daß Sie bereit sind, aber Ihr göttlicher Gehilfe ist vielleicht noch nicht soweit. Es mag sein, daß Sie von Ihren Unsicherheiten geheilt sind, aber Ihr perfekter Partner ist vielleicht noch nicht geheilt. Es mag sein, daß Sie alles vergeben haben, was Sie vergeben mußten, aber die Person, auf die Sie warten, hat mit der Arbeit des Vergebens und Loslassens vielleicht noch gar nicht begonnen. Folglich werden Sie so lange in der Zwischenzeit bleiben, bis die göttliche Person, für die Sie sich bereitmachen, ebenfalls vorbereitet und für Sie bereit ist. Seien Sie nicht bestürzt! Das ist gut so! Die Zwischenzeit ist Schutz und Vorbereitung zugleich.

Das Heilmittel für den Zwischenzeit-Blues heißt Geduld.

Ob es Ihnen paßt oder nicht, Ihre Herausforderung lautet, zu lernen, Geduld mit sich zu haben, während Sie Geduld entwickeln. Werden Sie nicht wütend auf sich, weil Sie wütend oder aufgebracht sind oder weil Sie sich schlecht fühlen. Wenn man in der Zwischenzeit ist, neigt man dazu, wegen dem, was man empfinden oder nicht empfinden, tun oder nicht tun sollte, auf sich einzuprügeln. Stehen Sie in der Zwischenzeit zu Ihren Gefühlen, und lassen Sie sie vorüberziehen. Verurteilen Sie weder Ihre Gefühle noch sich, weil Sie sie hegen. Versehen Sie Ihre Gefühle nicht mit dem Etikett gut oder schlecht, richtig oder falsch. Lassen Sie die Hände sinken, und halten Sie den emotionalen Flutwellen stand, die mit Sicherheit hin und wieder auftauchen. Sobald Sie genug davon haben, sich schlecht zu fühlen, oder in der Lage sind, das die Gefühlsregung auslösende Kernproblem zu verstehen, wird das Gefühl verschwinden. Wenn eine Gefühlsregung auftaucht, ist das ein sicheres Zeichen dafür, daß Sie dabei sind, ihr erfolgreich freien Lauf zu lassen. Wenn Sie sich der Empfindung widersetzen, wird sie Sie bekämpfen, Zähne und Klauen entwickeln, die sie dann im Kampf gegen Sie einsetzen wird – sie wird um ihr Leben kämpfen! Das Liebevollste, was Sie tun können, wenn alte Gefühle und Verhaltensmuster in der Zwischenzeit mit Ihnen ums Überleben kämpfen, ist, mit sich und dem, was Sie empfinden, Geduld zu haben.

Geduldige Vorbereitung auf bedingungsloses Lieben und Geliebtwerden bedeutet nicht, daß Sie tatenlos herumsitzen und Däumchen drehen müssen. Es bedeutet, daß Sie, auch wenn Sie sich in der Zwischenzeit befinden und auf das göttliche Erlebnis warten, Zwischenzeit-Erlebnisse, Zwischenzeit-Beziehungen haben dürfen und auch haben werden, die wertvoll und sinnvoll sind. Glauben Sie nie, daß das, was Sie in der Zwischenzeit tun, auch wenn es auf kurzlebige Beziehungen hinausläuft, nutzlose Zeitverschwendung ist. Jede Beziehung ist die Beziehung, die Sie zu gegebener Zeit jeweils brauchen. All Ihre Handlungen in all Ihren Beziehungen bereiten Sie auf das große Erlebnis totaler, bedingungsloser Eigenliebe und Liebe für andere vor und bringen Sie dieser Erfahrung näher.

Viele Zwischenzeit-Erlebnisse und -Beziehungen verfolgen genau diesen Zweck, Sie dem näherzubringen, nicht Sie ins Ziel zu tragen. Ihre Aufgabe ist es, der Versuchung und der Falle zu entgehen, zu denken, jede Beziehung müsse die Beziehung sein, die für immer und ewig hält. Vergessen Sie nicht, daß Sie stets auf etwas Besseres vorbereitet oder vor etwas Schlimmerem bewahrt werden. Wenn die Zwischenzeit-Vereinigung ihren göttlichen Zweck erfüllt hat oder sich die göttliche Jahreszeit für das Zwischenzeit-Erlebnis dem Ende zuneigt, schreiten Sie exakt bis zu dem für Sie vorgesehenen Punkt voran.

Die Frucht und der Baum

Aller Wahrscheinlichkeit nach machen die meisten von uns im Leben eine Beziehungserfahrung nach der anderen – angenehme und weniger angenehme –, ohne daß einem wirklich bewußt wäre, wie man in dieses Muster aus Weggehen und Verletzen, Verletzen und Verstecken geraten ist. Wir glauben, wir reagierten auf das, was *gerade* geschehen ist oder *gerade* gesagt wurde. Wir glauben, daß die Menschen, die wir *gerade* getroffen haben, das negative oder positive Erlebnis, das wir *gerade* hatten, beeinflußt haben.

Nur wenige begreifen, daß die Wurzeln dessen, wer wir sind und was wir empfinden, sehr weit zurückreichen. Es ist unser Kram. Das ist der Stoff, aus dem die Zwischenzeit gemacht ist. All die Dinge, die man kennen, spüren, klären und heilen muß, erwachen in der Zwischenzeit zum Leben. Es sind die Dinge, die uns bei der Suche nach Liebe allzu aggressiv machen oder hilflos der Selbstzerstörung ausliefern.

Unsere passiven oder aggressiven Verhaltensmuster sind uns angeboren. Größtenteils werden sie von den herrschenden Mustern bei der Geburt bestimmt, im übrigen bekannt als *Geburtskonstellation*. Die Vorgänge, die Kraft und die Umgebung, die vor und zum Zeitpunkt unserer Geburt existierten, erschaffen wir im Laufe unseres Lebens unbewußt neu. Unsere Reaktion auf die Geburtskonstellation ist oftmals unbewußt, und aus ebendiesem Grund können wir nicht immer erkennen, was wir tun, warum wir es tun, wann wir passiv werden oder warum wir Aggressionen entwickeln. Wenn wir uns nur ein wenig Zeit nähmen, über uns nachzudenken und uns zu erkunden, könnten wir zwischen den Vorgängen in unseren Beziehungen und unseren angeborenen Anlagen leicht eine Verbindung herstellen. Solange wir unwissend sind, fixieren wir uns immer wieder auf den Versuch herauszufinden, was *soeben* geschah und warum es uns in der Zwischenzeit so tief, und häufig schmerzhaft, berührt.

Meine Mutter war Alkoholikerin. Kurz vor meiner Geburt diagnostizierten die Ärzte bei ihr Brustkrebs und Leukämie. Wie sich herausstellte, stand sie, wenn sie nicht betrunken war, unter dem Einfluß von Beruhigungsmitteln, weil der Krebs ihr zwei Dinge zu rauben drohte, die sie liebte: ihre Brüste und ihr Leben. Man erzählte mir, meine Mutter sei sehr stolz auf ihre Brüste gewesen. Sie seien, so wurde mir erzählt, groß und fest gewesen – sie hätten ihren Stolz auf ihre äußere Erscheinung gerechtfertigt. Wenn sie nicht schwanger gewesen sei, hätten sie ihre schlanke Taille betont, das hieß, sie erregte eine Menge Aufmerksamkeit. Meine Mutter, so wurde mir erzählt, habe die Aufmerksamkeit gebraucht. Die Tatsache, daß meine Eltern nicht miteinander verheiratet waren, habe ebenfalls für eine Menge Aufmerksamkeit gesorgt. Mein Vater war mit einer anderen Frau verheiratet, die zwei Blocks von der Wohnung entfernt wohnte, in der meine Eltern mit meiner Großmutter väterlicherseits lebten. Meine Mutter war seine Geliebte, die ihm seine drei Kinder gebar. Unnötig zu sagen, daß die Atmosphare, in die ich hineingeboren wurde, *ereignisschwanger* war!

Im Mutterleib ruhen wir in der Kraft, die zum Fundament unserer Anfangsgründe, unseres Ichgefühls wird. Manche Menschen ruhen in Obhut, Sorge und liebevoller Aufregung. Ich ruhte in einer inneren und äußeren Atmosphäre, die mit einem Schuß Angst, Verwirrung, Schuld, Unehrlichkeit und Unbehagen versetzt war. Vielleicht war ich deshalb ein gut Teil meines Lebens eine Persönlichkeit vom Typ A. Ich muß zugeben, meine frühesten Beziehungen hatten eine seltsame Ähnlichkeit mit den gescheiterten Bemühungen meiner Eltern. Meine erste Liebe war vollkommen gefühlskalt. In meiner ersten Ehe erlebte ich Beschimpfungen und Prügel. Wie kann einem etwas, das man liebt, soviel Qual bereiten? Wie kann man etwas aufgeben, das man so von ganzem Herzen liebt? Dies waren wahrscheinlich die Fragen meiner Mutter, und sie gehörten zu den ersten sehr aggressiven Fragen, die ich über Liebe und Beziehungen stellte.

Vielleicht kennen Sie die genauen Umstände Ihrer Geburt nicht, oder vielleicht waren sie nicht ganz so dramatisch wie die meinen. Tatsache bleibt, daß Sie im Mutterleib Dinge erfahren und erlebt haben und daß Sie, nachdem Sie den Mutterschoß einmal verlassen hatten, das Verhaltensmuster in Ihrem eigenen Leben wahrscheinlich fortsetzten. Ich war erwachsen, als ich erfuhr, daß mein Vater meine Mutter beschimpfte und manchmal auch schlug. Er versuchte sie vom Trinken abzubringen. Sie wollte partout nicht. Er versuchte, sie dazu zu bewegen, sich um sich kümmern. Sie konnte es nicht. Er war in seiner *Liebe* zu ihr aggressiv, denn nach übereinstimmenden Darstellungen stritten die beiden wie Hund und Katze miteinander! Gewalt ist Aggression, die sich auf sehr körperliche Weise manifestiert. Wenn man darüber nachdenkt, ist auch die Geburt gewaltsam. Sie ist ein aggressiver Akt, der einen aus dem einzig behaglichen und geschützten Ort vertreibt, den man körperlich kennengelernt hat. In vielen Beziehungen verwechseln wir Aggression und Gewalt mit Liebesbezeigungen.

Wer schrieb Ihr Buch der Liebe?

Wenn bei einer schwangeren Alkoholikerin die Wehen einsetzen, dann sind ihre Sinne aller Wahrscheinlichkeit nach getrübt. Ich glaube, dies war bei meiner Mutter der Fall. Als die Schmerzen begannen, war sie berauscht von Schnaps oder Tabletten. Ich glaube, deshalb wartete sie bis zum allerletzten Augenblick, bis sie jemandem mitteilte, daß ich unterwegs sei. Anschließend mußte sie vier Treppen nach unten gehen, um draußen auf der Straße ein Taxi heranzuwinken. Obwohl wir nur vier kurze Blocks vom Krankenhaus entfernt wohnten, war es zu spät: Sie hatte zu lange gewartet. Als ein Taxi anhielt, war ihre Fruchtblase geplatzt. Man sagt, trockene Geburten seien sehr schmerzhaft und sehr schwer. Ich war eine Trockengeburt. Man erzählte mir, meine Mutter habe krampfhaft versucht, mich festzuhalten, aber sehr zu ihrer Überraschung und zum Mißfallen des Taxifahrers sei ich direkt vor dem Krankenhaus im Taxi zur Welt gekommen. Also, das ist aggressiv!

Es gab eine ziemliche Aufregung, wie sie am Anfang jeder Beziehung üblich ist. In dem Taxi herrschte ein großes Durcheinander. Meine Mutter war ausgestiegen, und ich war irgendwie allein, auf dem Boden des Taxis, und versuchte herauszufinden, was los war. Ich kann mir vorstellen, es war wie nach dem ersten Rendezvous. Man geht nach Hause und fragt sich, ob man noch einmal ausgeführt wird! Überall standen Leute herum, aber ich vermute, daß sie erschrocken waren. Das ist es! Inmitten der Liebe ist immer ein klein wenig Furcht. Man erzählte mir, daß eine der Krankenschwestern, die mich aus dem Taxi erlöste, mich anschaute und sagte: »Du konntest wohl nicht warten, was? Ungeduld! Jetzt schau dir dieses Durcheinander an!« *Ich hatte es wieder falsch gemacht!* Dann war da noch dieser winziger Punkt, daß mein Vater nicht da war, um meiner betrunkenen Mutter zu helfen, sein Baby auf die Welt zu bringen. Meine Mutter und ich schämten uns deswegen. Ich habe mich seitdem unzählige Male meiner selbst geschämt.

Dies war meine Geburtskonstellation, die mir wahrscheinlich die Einsicht vermittelte:

- Ich bin stets diejenige, der man die Schuld gibt. Ich wünschte, ich hätte jedesmal einen Dollar bekommen, wenn ich in einer Beziehung sagte: »Ich verstehe! Also ist es mein Fehler!«
- Ich muß alles selber und allein tun, weil nie ein Mann in der Nähe ist, wenn man einen braucht! Sagte ich schon, daß

Unabhängigkeit in meinen Beziehungen häufig ein Problem war?

- Lieben und Geliebtwerden ist etwas, dessen man sich schämen muß. Genauer gesagt, ich schäme mich vor mir für das, was ich im Namen der Liebe getan habe.

Auf die eine oder andere Art passiert es vielen von uns. Das liebevollste Erlebnis im Leben, die Geburt, kann rasch von all den Dingen überschattet werden, die ringsherum vorgehen und nichts mit Liebe zu tun haben. Unsere Geburt ist einer der überzeugendsten Beweise, daß Gott uns liebt. Bei der Geburt werden wir geliebt, ohne daß von uns eine Gegenleistung gefordert wird. Doch während wir geboren werden, herrscht um uns herum jede Menge Gedränge, Lärm, Angst und Aufregung. Es wird gedrückt, gezogen und geschrien. Die Atmosphäre ist sehr aggressiv, oftmals gewaltsam, als natürlicher Ausdruck des Lebens und der Liebe formuliert. Die Geburt oder Kindheit der meisten Leser dieses Buches dürfte ein traumatisches Element enthalten. In meinem Fall hinterließ das Trauma einen bleibenden Eindruck in meiner Seele, der sich auf die Beziehung zu mir und meinen Eltern und, am schwerwiegendsten, auf meine Liebesbeziehungen auswirkte.

Im Mutterleib werden wir von Gott geformt und gestaltet. Wir werden von Gott gehegt, beschützt und bedingungslos geliebt. Bei der Geburt ist es an uns, zu zeigen, daß die Liebe Gottes sich ausgezahlt hat. Wir müssen atmen. Den Atem, das Geschenk des Lebens, gibt Gott uns ohne Auflagen. Es ist Gottes Art zu sagen: »Hier ist mein Leben. Nimm, soviel du willst. Es ist das Leben, das ich dir gebe, weil ich dich liebe.« Und was tun wir, während Gott uns dieses kostbare Geschenk der Liebe unterbreitet? Wir schreien!

Sich im Angesicht Gottes die Lunge aus dem Hals zu schreien ist ein äußerst aggressiver Akt. Nicht Gott, sondern die Menschen erwarten es von uns als Zeichen dafür, daß wir wissen, wir wurden und werden geliebt. Wir weinen, wenn wir uns von anderen Menschen oder in Beziehungen nicht gehegt und gepflegt, beschützt und geliebt fühlen. Und wir weinen, wenn uns jemand in die Augen, den Spiegel der Seele, schaut und sagt: »Ich liebe dich.« Irgendwann im Laufe der Geburt erwarteten wir schließlich, daß Menschen für uns das täten, was Gott bereits für uns getan hatte – uns das Leben und die Liebe zu schenken, ohne Bedingungen. Irgendwie, irgendwo lernten wir, von Menschen zu erwarten, was uns in Wirklichkeit nur Gott geben kann. Es stimmt, die Menschen sind Repräsentanten Gottes, aber vergessen Sie nicht, sie wurden auf dieselbe Art geboren wie wir.

Alles dreht sich um die Liebe

Es ist nicht ausschließlich unser Fehler. Die meisten von uns können sich gar nicht bis zu ihrer Geburt zurückerinnern. Außerdem hatten wir seit dem Tag unserer Geburt nur sehr wenige Erlebnisse, bei denen wir vollkommen und bedingungslos geliebt wurden, ohne daß eine Gegenleistung erwartet worden wäre. Gott liebt uns auf diese Art von der Geburt bis zum Tod. In der Zwischenzeit befestigen die meisten Menschen, die in unser Leben treten und wieder verschwinden, winzige Preisschildchen an ihrer Liebe. Manchmal sind die Schilder so klein, daß wir sie als solche erst erkennen, wenn es ans Zahlen geht. Einige Preisschilder werden bei der Geburt von Menschen angebracht und von der Umgebung, in die wir hineingeboren werden. Es sind die Preise, die wir später in Beziehungen fordern und bezahlen.

Eltern, Ärzte und Krankenschwestern waren besorgt um uns. Woher kommt es, daß Menschen, die einen wirklich lieben, sich Sorgen machen? Sie wollen, daß wir Lebenszeichen von uns geben – daß wir weinen, schreien und rot statt blau anlaufen. Wenn man nach jemandem schreit, dann glaubt derjenige wirklich, man liebe ihn! Alle, die bei unserer Geburt dabei waren, wollten, daß mit uns alles in Ordnung sei, aber sie trauten uns nicht zu, daß wir wüßten, wie wir es allein schaffen sollten. Wie oft hatten Sie eine Beziehung und sagten sich, der andere schaffe es allein nicht, wenn Sie weggingen?

Oder daß Sie es ohne den anderen nicht schafften? Diejenigen, von denen man geliebt oder aggressiv umsorgt wird, versuchen einem bei der Geburt aufzuhelfen – sie kleben einem die Nase zu, drücken einem die Augen auf, pusten einem ins Gesicht! Wenn man nicht in der vorgeschriebenen Zeit richtig reagiert, dann können sie so besorgt werden, daß sie einem auf den Hintern schlagen. »He! Moment mal! Liebe tut weh!« Wie oft im Leben sind Sie stolpernd, fallend oder von anderen geschubst zu dem Schluß gekommen, daß Liebe weh tut?

In Wahrheit stützt und umhegt einen die Liebe; sie ist weder aggressiv noch fordernd. Sie beschützt, statt zu überwältigen. Liebe wächst, gibt und heilt. Für die meisten war der Eintritt ins Leben ein ziemlich routinemäßiger medizinischer Vorgang. Als Ergebnis dieses Vorgangs sind wir unbewußt zu dem Schluß gekommen, Liebe sei schmerzhaft, verwirrend, aufdringlich, aggressiv und manchmal gewaltsam. Man hatte keine Ahnung, daß vieles, was geschah, nichts mit einem selbst oder mit Liebe zu tun hatte. Während Gott einem großzügig sein Geschenk der Liebe, genannt Leben, machte, beraubte all der andere Kram einen bei der Geburt der Erfahrung von Gottes bedingungsloser Liebe. In Beziehungen mit anderen beraubt unser Kram uns sehr oft der Erfahrung totaler Eigenliebe und bedingungsloser Liebe.

Mein Freund Ken Kizer, der mir half, die Wirkung der Geburtskonstellation zu verstehen, erzählte mir, er sei eine Zangengeburt gewesen. Jemand habe in den Mutterleib eindringen und ihn – am Kopf – herausziehen müssen! Natürlich sei es aus Sorge und mit Liebe geschehen, aber die Wirkung auf ihn, erkannte er, sei tiefgreifend gewesen. Er gibt zu, daß er sich die meiste Zeit seines Lebens mit großer Begeisterung auf Projekte und Beziehungen gestürzt habe. Nach der Dreiviertelstrecke sei er gewöhnlich fix und fertig gewesen. Er habe aufgehört. Er habe einfach nicht die Kraft oder die Geistesgegenwart finden können, um zu beenden, was er angefangen hatte. Als Ergebnis seiner Geburtskonstellation habe er sich eine passive Lebenseinstellung zu eigen gemacht. Sind viele Lebenserfahrungen und Beziehungen für manche von uns nicht genauso? Ich bin mir sicher, jeder von uns kennt jemanden, der mit Tritten und Schreien in eine Beziehung geschubst werden muß. Und einmal in der Beziehung, wird dieser Mensch, kaum, daß alles prima zu laufen scheint, die Flucht ergreifen. Manchmal nennt man es *Furcht vor Verpflichtung*. Es ist ein Zeichen passiven Verhaltens, das Ergebnis einer Geburtskonstellation.

Ich glaube, daß zwischen meiner Geburtskonstellation und der Angst, die in vielen meiner Beziehungen in Scham mündete, ein direkter Zusammenhang besteht. Mein Freund Ken gibt zu, daß er eher zu Passivität neigt. Ich war immer streitlustig. Er pflegte die Arme just in dem Augenblick voller Verzweiflung hochzuwerfen, wenn die Dinge sich positiv entwickelten. Ich war davon besessen, alles zu bekommen, was ich wollte, und zwar ohne Abstriche. Es gibt Zeiten im Leben, da muß man passiv sein, und Zeiten, in denen Aggressivität gefordert ist. In Beziehungen sieht das dann gewöhnlich so aus, daß man nicht weiß, wann oder wie man sich vom Partner helfen lassen soll, oder wann man zum Störfaktor oder seinerseits abhängig wird. An und für sich ist weder passives noch aggressives Verhalten von Natur aus unangemessen. Doch wenn Sie sich in der Zwischenzeit befinden und von der Eigenliebe und bedingungslosen Liebe zu anderen erfahren, dann heißt das Ziel das Durchbrechen Ihrer Geburtskonstellation. Nun reift die Erkenntnis heran, daß Ihr bisheriges Verhalten in Beziehungen nicht funktioniert. Außerdem erkennen Sie, daß es an Ihnen ist, die Form zu zerbrechen und abzulegen, was Sie gelernt haben, um sodann ein neues Modell der Liebe zu entwerfen, das auf neuen Informationen basiert.

In der Zwischenzeit möchten Sie sich der Verhaltensschemata und ihrer Auslöser bewußt werden. Sie wollen eine Verbindung zu Ihren Gefühlen und Ihren Reaktionen darauf herstellen. Sie sind bei der Zwischenzeit gelandet, um einen Übergang im Bewußtsein vom passiven / aggressiven zu einem empfänglichen / aktiven Modell zu erleichtern. Sie möchten sich Ihrer bewußt werden und empfänglich sein für neue Informationen, die Ihnen ein neues Verhalten ermöglichen. Wenn Ihnen erst einmal bewußt ist, daß Sie etwas anderes tun können, müssen Sie willens werden, die neuen Informationen in Ihrem Leben in die Praxis umzusetzen. Wenn Sie empfänglich sind, wollen Sie unbedingt erfahren, was mit Ihnen geschieht. Vielleicht ist es Ihnen unmöglich, zum Ursprung zurückkehren, um herauszufinden, was bei Ihrer Geburt geschah. Das spielt keine Rolle. Sie haben alle Antworten, die Sie benötigen: Schauen Sie auf Ihr Leben. Prüfen Sie Ihre Beziehungen. Prüfen Sie Ihre Erwartungen an die Liebe. Denken Sie darüber nach, welchen Preis Sie gezahlt haben, an wen Sie ihn gezahlt haben und was es Sie *wirklich* gekostet hat. Sie müssen auch prüfen, wie Ihr Verhalten und Ihre Erwartungen sich hinsichtlich dessen ausgezahlt haben, wie weit Sie zu gehen bereit waren, um das zu bekommen, was Sie für Liebe hielten.

Was Sie wissen und glauben, hat sich durch die Verhaltensschemata in Ihrem Leben hindurch entfaltet. Blicken Sie nicht nur auf Ihre Beziehungen zu anderen Menschen, blicken Sie auch auf Ihre Beziehungen zu sich. Schauen Sie sich Ihren beruflichen Werdegang an. Wie reagieren Sie auf die Zwänge des Lebens? Der Liebe? Wie zeigen Sie Liebe? Was erwarten Sie für Ihre Liebesinvestitionen als Gegenleistung? Wenn es an der Zeit ist, sich mit Liebe und Aufmerksamkeit zu umhegen, zu stützen und zu überhäufen, welche Vorgänge gewinnen die Oberhand über Sie? *Die Antworten leben stets im selben Raum wie die Fragen.* Die Antwort sind Sie. Ihre Seele sagt: »Was auch geschieht, lerne, dich bedingungslos zu lieben!« Gut möglich, daß Sie sich auch fragen: »Warum zum Kuckuck soll ich ausgerechnet das tun?« Für manche lautet die Frage: »Wie kann ich lernen, Eigenliebe zu aktivieren und zu zeigen?« Andere mögen sich fragen: »Wie bin ich aus dem Tritt geraten?« oder »Wie fange ich mich wieder?«. Während wir mit aller Macht versuchen, Antworten auf diese und andere Fragen über die Liebe und das Lieben zu finden, geht das Leben in der Zwischenzeit weiter, ebenso wie unsere Beziehungen.

Kapitel 2

Wissen, wo man lebt

Francine hatte auf aggressive Weise all die richtigen Dinge richtig gemacht. Sie gehorchte ihren Eltern und versäumte nie, ihnen an den Geburtstagen eine Karte zu schicken. In der Sonntagsschule hatte sie immer aufgepaßt und ihr Taschengeld niemals für Süßigkeiten ausgegeben. Sie hatte in der Grundschule nur Einsen, hielt auf der High School bei der Entlassungsfeier die Abschlußrede und wurde auf dem College Kurssprecherin. Jetzt hatte sie einen gutbezahlten Job, der ihr viele Entwicklungsmöglichkeiten bot. Sie besaß ein eigenes Auto, war Mitglied in den richtigen Organisationen, brachte jeden Mittwoch ihren Müll zum Recycling und arbeitete eine Zeitlang während der Ferien freiwillig im Seniorenzentrum. Sie besaß ein Girokonto, ein Sparkonto und einen Rentenfonds, und sie ging jeden zweiten Tag zur Gymnastik. Francine hatte ihr Leben im Griff, war in guter körperlicher Verfassung, ziemlich, nein, sehr attraktiv, und sie war noch ledig. Einen Mann zu finden war das einzige, was ihr nicht gelang, und wenn sie einen fand, der ihr gefiel, dann konnte sie ihn nicht halten. Das ist die gräßlichste Zwischenzeit von allen! Die Zeit, in der man hockt, in der man vor sich hin brütet und in der man sich wiederfindet, wenn man all die *richtigen* Dinge getan und die *falschen* Resultate erhalten hat! Sie ist das Resultat, wenn man nicht genau weiß, wo man im Verhältnis zur Liebe lebt oder wie man in ein anderes Viertel zieht.

Es gibt Hunderttausende von Zwischenzeit-Szenarien, die dem Leben Tiefe und Sinn verleihen. Die Zwischenzeit zwischen zwei Jobs, die Zwischenzeit zwischen Streit und Versöhnung, zwischen Trennung und Scheidung, zwischen Prüfung und Ergebnis. Auch wenn sie sorgen- und streßgeladen ist und deswegen schier unerträglich erscheint, wirft jede dieser Zwischenzeit-Erfahrungen emotionalen und seelischen Gewinn ab. Die Flitterwochen sind eine bedeutungsvolle Zwischenzeit. Die Wehen, die einer Geburt vorangehen, sind ebenfalls eine bedeutungsvolle, wenn auch schmerzliche Zwischenzeit. Da gibt es jene Zwischenzeiten, deren Wert und Gewinn unmittelbar einleuchten, und es gibt jene, die der Seele verheerenden Schaden zufügen. Wenn Sie sich in der Zwischenzeit befinden, dürfen Sie sich nicht unter Zeitdruck setzen lassen. Wenn Sie dabei sind, sich mit Blick auf Ihre innere Entwicklung zu heilen, spielt Zeit keine Rolle. Wir setzen uns unter Zeitdruck, indem wir Alter oder Status zum Maßstab der Leistung machen: »Das hätte ich längst tun sollen« oder »Inzwischen müßte ich es wissen / beherrschen«. Nichts könnte weiter von der Wahrheit entfernt sein! Die Uhr steht still in der Zwischenzeit, und Sie werden auf Gottes göttlichen Zeitplan gesetzt.

Mama hat gesagt …

Gail wußte es in dem Moment, als sie ihm begegnete. Paul wußte es auch, aber – wie man sich erzählt – beide mußten so tun, als wüßten sie es nicht. Sie mußten das Spiel spielen – einander kennenlernen, schauen, ob sie sich mochten, sehen, was sie gemeinsam hatten. Sie mußten es »langsam angehen lassen«. Pauls Mutter sagte: »Tu nichts Unüberlegtes.« Gails Mutter warnte: »Laß dir Zeit!« Gails Drehbuch wurde geschrieben. »Was ist, wenn ich mich irre?« schrie Pauls Ego. Entscheidend ist, beide wußten, daß Liebe in der Luft lag und sie mit ihren Armen umfing. In der Zwischenzeit wurden ihre Köpfe mit Warnungen und Vorsichtsmaßnahmen aus dem Munde ihrer Lieben und der Allgemeinheit gefüllt. Was man ihnen sagte, hatte weit größere Wirkung als das, was sie in ihrem Innern wußten. Man hatte ihnen gesagt, was sie tun und was sie lassen sollten. Sie wußten, was sie empfanden, aber noch immer tänzelten sie um die Wahrheit herum wie um eine giftige Schlange, die sie jeden Moment beißen könnte. Wenn man um die Wahrheit herumtänzelt oder ihr ausweicht, ist die Wahrscheinlichkeit, in der Zwischenzeit zu landen, größer als die Chance, ihr zu entgehen. Und in der Zwischenzeit versucht man dann herauszufinden, was man richtig oder nicht richtig gemacht hat.

Wenn Sie es wissen, dann wissen Sie es! Wenn es Zeit ist, dann ist es Zeit! Es gibt keine Zweifel, keine Fragen mehr. Sie werden augenblicklich willens sein, zu tun, was notwendig ist – handeln oder sich eingestehen, daß Sie nicht willens sind, zu handeln. Wenn Sie sich auf eine Beziehung einlassen, müssen Sie in der Lage sein, zwischen dem zu unterscheiden, was Sie wissen, und dem, was andere Ihnen in Ihr Drehbuch geschrieben haben. Es gibt auch jene Gelegenheiten, wenn Sie glauben zu wissen, wenn Sie glauben, es sei an der Zeit, wenn Sie glauben, zu wissen, was getan werden muß, sich aber nicht sicher sind, was es ist oder wie es zu tun ist. Jedes dieser Szenarien ist Zwischenzeit-Handeln. Es soll garantieren, daß Sie wissen, wo Sie stehen, was Sie möchten und was zu tun Sie willens sind, um auf möglichst undramatische Weise das zu bekommen, was Sie möchten. Wo in der Zwischenzeit Sie sich auch befinden, der Schlüssel liegt darin, den Kontakt zu Herz und Verstand nicht zu verlieren. Denken Sie, was Sie denken, und gestatten Sie sich, einen Gedanken zu Ende zu führen. Erlauben Sie weder Ihrem Drehbuch, Ihrem Verhaltensschema, Ihrer Angst noch anderen giftigen Empfindungen, Gedanken oder Gefühle auf halber Strecke abzuwürgen. Überzeugen Sie sich nicht davon, daß Sie das, was Sie tun müssen, nicht können, oder daß Ihr Handeln nicht zu den gewünschten Ergebnissen führen werde. In der Zwischenzeit halten Sie es aus! Halten Sie die Gedanken, die Gefühle, die Ängste, die Wut aus. Sie sind dabei, Ihre Verhaltensmuster zu heilen, meine Lieben! Heilen ist eine ernste Angelegenheit und harte Arbeit. Lassen Sie sich Zeit für Ihre Gedanken und Empfindungen. Seien Sie geduldig – erinnern Sie sich noch? Sie können es sich leisten, geduldig zu sein, wenn Sie sich daran erinnern, daß die Liebe und ihre ganze Herrlichkeit geduldig auf Sie wartet, damit Sie Ihr Muster durchbrechen und etwas Neues tun.

Es war vier Jahre her, seit Pat und Eddie sich getrennt hatten. Sie sprachen mindestens einmal in der Woche miteinander, aber er ging mit anderen aus. Sie versuchte das gleiche, aber irgend etwas stimmte nicht! Irgend etwas lief irgendwo furchtbar schief, und Pat wollte genau wissen, was, damit sie es abstellen konnte. Die Leute fingen schon an sie anzustarren, dachte sie jedesmal, wenn sie allein ausging. Sie wollte nicht allein sein, aber das Verabredungsspiel war ihr zuwider. Jemanden kennenlernen, ein paarmal ausgehen, zu dem Schluß kommen, daß man ihn mag, daß er einen aber nicht mag. Das Ganze wieder von vorn. Jemanden kennenlernen, ein paarmal ausgehen, man mag ihn, er erwidert die Zuneigung, aber nichts passiert. Man langweilt sich. Man macht einen neuen Versuch. Man lernt einen anderen Jemand kennen, geht einmal aus, stellt fest, er ist verheiratet. Schon kommt ein neuer, beinahe so wie der andere. Man geht aus, stellt fest, er ist ein Idiot, ein Trottel, oder umgekehrt, man merkt, er denkt es von einem selbst. Es ist zum Verrücktwerden! In der Zwischenzeit weiß man nicht, was man von sich halten soll. Sind es die Haare? Der Atem? Der Spinat, der, ohne daß man es gemerkt hätte, während des Abendessens zwischen den Zähnen steckte, als man lächelte? Es ist einem rätselhaft, aber es ist ein Rätsel, das man unbedingt lösen möchte und zu dessen Lösung man prädestiniert ist.

Während man das Verabredungsspiel spielt, hat man platonische Freunde vom anderen Geschlecht. Das sind die Burschen, die man wie eines der Mädchen behandelt, oder die Mädchen, die man wie einen der Burschen behandelt. Man kann mit ihnen ausgehen und wirklich eine Menge Spaß haben. Man kann mit ihnen über alles und jedes reden. Obwohl es Vergnügen macht, mit ihnen zusammenzusein, erfüllen sie nicht das romantische Verlangen, das man in der Zwischenzeit mit Sicherheit verspürt, und können es auch nicht. Obwohl sie einem, ohne zu zögern, sagen, wie schön man sei oder wie gut man aussehe, haben sie sehr deutlich gemacht, daß sie weder ein Haus kaufen noch Kinder mit einem haben möchten. Sie können einem die ersehnte Umarmung gewähren und im gleichen Atemzug sagen: »Reich mir mal das Popcorn.« Deshalb fühlt man sich bei ihnen sicher. Man weiß, man kann ihnen Fragen stellen und bekommt ehrliche Antworten. Die eine Frage, die man ihnen immer wieder stellt, lautet: »Was stimmt nicht mit mir? Warum finde ich keine Beziehung, die hält?« Von diesen Freunden wird man wirklich geliebt. Ich meine, *wirklich* geliebt, so daß sie einem die Wahrheit sagen können: »Mach dir deswegen keine Sorgen. Du bist noch nicht soweit.« Man befindet sich in der Zwischenzeit! Man ist noch nicht soweit, denn noch gibt es einiges zu heilen und auszumisten!

Möchten Sie den Weg nach Hause wissen?

Ein kleiner Junge fragte einmal einen Pfarrer: »Wenn wir alle von Gott kommen und er möchte, daß wir wieder den Weg zu ihm zurück finden, warum behält er uns nicht gleich da?« Kindermund tut Wahrheit kund! Wenn wir der Liebe Gottes entspringen, warum können wir nicht einfach dort bleiben? Welchen Zweck hat es, geboren zu werden und zu vergessen, wo wir herkommen, nur um es später herauszufinden, so daß wir zurückkehren können? Ich habe mir diese Frage mindestens tausendmal gestellt. Die beste Antwort, die mir dazu einfällt, lautet, daß die Reise durch das Leben uns hilft, uns an das Aussehen des Zuhauses zu erinnern und es wiederzuentdecken. Liebe ist Zuhause. Zuhause ist Gottes Haus, der Ort, an dem Gott sämtliche göttlichen Besitztümer und Schöpfungen aufbewahrt. Zu Hause dürfen wir die Architektur des Hauses von unten bis oben, innen und außen erkunden und erforschen. Die Erkundung heißt Leben. Der Zweck dieser Erkundung – und alles im Leben verfolgt einen definitiven Zweck – ist es, uns zu lehren, fest auf dem Fundament des Lebens zu stehen. Das Fundament des Lebens zu Hause ist die Erinnerung und Erfahrung reiner, bedingungsloser Liebe.

Beziehungen sind die Reiseführer, die uns durch verschiedene Ebenen und Parameter des Zuhauses geleiten. Sie sind wie Räume, jeder ein wenig anders, der eine bietet ein bißchen mehr, der andere ein bißchen weniger von dem, woran wir uns erinnern möchten oder müssen. Beziehungen verschaffen uns auch die Gelegenheit, zu wählen und zu entscheiden, wo wir gern schlafen würden und wie wir auf der Erkundungsreise durch das Leben gern behandelt werden möchten. Damit wir uns unterwegs selber helfen können, erhalten wir eine Karte, die sich in einem winzigen Koffer namens Herz befindet. Die Karte enthält den Grundriß unseres wahren Zuhauses und ist voller Hinweise, die zur Wahrheit über die Liebe führen. Zusammen mit der Karte werden wir mit einem Kompaß ausgerüstet. Er heißt Verstand. Zweck des Verstandes ist es, uns beim Gebrauch der Karte zu unterstützen. Irgendwie geraten wir auf unserem Weg durch die Räume des Hauses zunehmend in Verwirrung. Wir lassen zu, daß der mit Gedanken, Überzeugungen, Urteilen und – natürlich – mit schematischen Vorstellungen über das Haus versehene Kompaß die Führung übernimmt. In der Zwischenzeit, während wir versuchen, den Kompaß zu lesen, lassen wir den gepackten Koffer in irgendeiner Zimmerecke zurück, schleppen uns treppauf, treppab durch das Haus und versuchen die Orientierung wiederzufinden. Ohne Karte, nur auf den Kompaß angewiesen, führt der Weg uns über seltsame kleine Buckel im Teppich, wir stoßen auf beängstigende Risse in der Wand, kommen durch Zimmer, die gerade renoviert werden, und wir landen in dunklen, einsamen Wandschränken.

Von Zeit zu Zeit geben wir zu, daß wir uns verlaufen haben. Wir erkennen, daß das, woran wir denken und was wir tun, uns nicht ans Ziel bringt – zum Dachboden. Nun schauen wir nach, ob der Kompaß richtig funktioniert. Die meisten hören erst auf, über ihr Vorhaben nachzudenken, wenn sie sich in einem tiefen Loch im Boden wiederfinden oder mitten im Durcheinander eines Abfallhaufens. Etwa um diese Zeit fällt ihnen der Koffer ein, in dem das Herz ruht. Sie erinnern sich, daß es das bislang ignorierte Herz war, das ihnen die erste Warnung zukommen ließ. Es ist das Herz, auf das zu hören sie Angst hatten, das ihnen geholfen hat, sich in den Ecken und Winkeln des Hauses nicht zu verirren. Selbst wenn sie unerschrocken genug sind, auf ihr Herz zu hören und ihm zu vertrauen, benehmen sie sich, als sei seine Führung nur eine flüchtige Idee. Eine Idee, der sie sehr wenig Aufmerksamkeit schenken, weil ihnen von denen, die die Reise zuvor unternommen haben, eingeschärft wurde: »Vertrau auf keinem Fall deinem Herzen.« Während sie in der Zwischenzeit versuchen, den Kompaß wieder funktionstüchtig zu machen, damit er ihnen die genaue Richtung zeigt, fahren sie fort, das Haus zu erkunden, zu durchsuchen und zu durchwühlen, wobei sie den im Innern vergrabenen Schatz übersehen.

Unter der Grundlinie

Jeder von uns fängt im Keller des Lebens an. Hier werden wir von denen, die uns lieben, zum ersten Mal über weltliche Angelegenheiten und Liebesverhältnisse aufgeklärt, entsprechend programmiert und indoktriniert. Hier entwickeln wir unser Selbstbild. Im blauen Kellerlicht stoßen wir auch auf Probleme der eigenen Wertschätzung und des Selbstwertgefühls, Eigenschaften, die für die Entwicklung und Aufrechterhaltung gesunder Liebesbeziehungen unerläßlich sind. Im Keller treffen wir erste Überlebensentscheidungen, hier erlernen wir in Theorie und Praxis die passiven / aggressiven Verhaltensmuster, die letzten Endes bestimmen, wie wir das Leben anpacken. Ob wir tanzen gehen und Spaß haben oder die ganze Nacht über die Kellerwand abstützen, wird zu einem ziemlich verläßlichen Beziehungsbarometer. Was wir im Keller lernen, überträgt sich auf jeden Aspekt unseres Erwachsenenlebens, und das meiste ist einer guten Beziehung abträglich! Unsere Aufgabe im Leben ist es, das programmierte Durcheinander, den seelischen Müll und das emotionale Gerümpel, das sich im Keller angesammelt hat, zu durchforsten und uns einen Weg hinauf auf den Dachboden zu bahnen, wo unangefochten die Liebe herrscht.

Solange Sie im Keller leben, haben Sie keine Ahnung, was mit Ihnen nicht stimmt. Vielleicht wissen Sie, daß Sie nicht glücklich sind, aber Sie haben keinerlei Hinweise darauf, was Sie tun können, um daran etwas zu ändern. Ebensowenig ahnen Sie, daß es zu Ihrem Glück erforderlich ist, mit der Wahrheit über sich, wer Sie sind, was Sie möchten und wie sehr Sie willens sind, das Notwendige zur Erfüllung Ihrer Wünsche zu tun, nicht hinter dem Berg zu halten. Im Keller müssen Sie sich das Vorrecht einräumen, zu Ihren Empfindungen zu stehen und ihnen Ausdruck zu verleihen. Die meisten Bewohner des Kellers und häufige Besucher sind so sehr auf das programmiert, was sie wollen *sollen*, daß sie gar nicht wissen, was sie *tatsächlich* wollen. Wenn sie es dann wissen, haben sie Angst, daß das, was sie sich vom Leben wünschen, jemanden wütend machen könnte. Statt sich ihre Wünsche zu erfüllen, leiden sie still vor sich hin, hegen leise Zweifel an sich, verleugnen sich heimlich und tun schweigend das, was sie glauben tun zu sollen, während sie lieber etwas anderes täten. Still vor sich hin zu leiden ist ein untrügliches Anzeichen für einen nicht funktionierenden Kompaß.

Der Keller im Haus des Lebens kann ein ganz schön elender Ort sein, und die Umwelt färbt immer auf das Wesen des Menschen ab. Im Keller sind Sie mehr als unglücklich. Sie fühlen sich erbärmlich. Wenn Sie sich erbärmlich fühlen, geben Sie sich die Schuld, geben anderen Menschen die Schuld, und Sie nennen Namen! Sie sind überzeugt, daß die Welt gegen Sie ist, also sagen Sie es in einem fort – immer und immer wieder, jedem, der es hören und nicht hören will: »Niemand möchte, daß ich vorankomme! Niemand möchte, daß ich etwas habe! Niemand möchte, daß ich glücklich bin! Niemand will mich lieben!« Selbst Ihre engsten Freunde und Verwandten haben es auf Sie abgesehen. Warum, wissen Sie nicht, also fragen Sie: »Warum ich?« Der Keller ist der Lagerraum für das Warum-ich-Syndrom. »Warum werde ich von allen gehaßt? Warum bin ich es, dem man alles mißgönnt, warum bin ich es, den jeder gescheitert am Boden sehen möchte? Warum läuft es im Leben und in der Liebe bei mir nicht so, wie ich es mir vorstelle – wo ich doch so hart daran gearbeitet habe.« Warum? Weil Sie sich mit der falschen Ausrüstung aus dem falschen Grund in der falschen Absicht abgemüht haben – deshalb!

Als Mieter im Keller sollen Sie lernen, Ihre heilungsbedürftigen Schwachstellen zu erkennen, Sie sollen die Rolle begreifen, die Sie in Ihrem eigenen Kummer spielen. Solange Sie im Keller sind, haben Sie keinen Hinweis darauf, daß Sie es sind, der geheilt werden muß. Es sind die anderen, nicht Sie! Es ist das familiäre Verhaltensmuster, mit dem Sie gestraft wurden! Solange Sie im Keller sind, arbeiten Sie sich durch die gesamte Programmierung und Indoktrination hindurch, durch den Kram Ihrer Mutter, den Kram Ihres Vaters, der durch Synthese zu Ihrem Kram wurde. Um sich über Ihre Wünsche für Ihren Part in Beziehungen klarzuwerden, müssen Sie im Keller lernen, die Beziehungen Ihrer Umgebung als Spiegelung Ihrer selbst zu betrachten. Dies gelingt Ihnen nur, wenn Sie willens sind. Sie müssen willens sein, die Dinge loszulassen, die nicht funktionieren, indem Sie sich den Wahrheiten über sich öffnen, denen Sie bislang nicht zugänglich waren. Bereitwilligkeit ist der spirituelle Reiniger, den Sie brauchen, um aus dem Keller herauszukommen.

In dem Augenblick, in dem Sie willens sind, sich zu sehen und Ihr Tun zu erkennen, werden Sie sich sachte nach oben bewegen. Bereitwilligkeit ist die einzige Möglichkeit, Herz und Verstand von den mannigfach im Namen der Liebe erlittenen Härten der zurückliegenden langen Jahre zu läutern. In der Liebe geht es nicht ums Überleben. Es geht um Entwicklung, und wenn Sie darauf beharren, sich weiterhin aufs Überleben zu konzentrieren, wird Ihre Entwicklung von jenen Erfahrungen gehemmt werden, die vollkommen nutzlos erscheinen. Andererseits ist Bereitwilligkeit der Schlüssel, der Sie daran erinnert, daß nach all den schlechten Dingen etwas Gutes kommen wird. Wenn dies geschieht, werden aus den sogenannten schlechten Jahren, den schwierigen Erfahrungen, Erinnerungen – Erinnerungen an das, was man *nicht* tun sollte, und an das, was man *tun* sollte. Diese schlechten Erfahrungen allein ermöglichten es der Liebe, Ihre Aufmerksamkeit zu erringen.

Sie waren auch die Routen, die Sie ausgewählt hatten, anstatt mit offenen Augen durch das Haus des Lebens zu wandeln und Ihren Verstand von alten Mustern zu befreien. Da gingen so viele Sachen vor, woher hätten Sie wissen sollen, daß Sie darauf vorbereitet wurden, sich zu lieben und Ihre Liebe mit einem anderen Menschen zu teilen? Im Keller jedoch möchten Sie unbedingt Wahrheit und Klarheit! Die Frage lautet: Sind Sie bereit, die notwendigen Anstrengungen auf sich zu nehmen?

Das einzige, was Sie wirklich tun müssen, um aus dem Keller herauszukommen, ist zuzugeben, daß Sie Hilfe brauchen und *willens* sind, sie zu akzeptieren. Mit anderen Worten: Legen Sie Ihr passives / aggressives Verhaltensmuster zugunsten eines empfänglichen / aktiven Modus ab. Sie müssen willens sein, Ihrem eigenen Müll ins Gesicht zu sehen, ohne ihm auszuweichen oder sich in Ausflüchte zu retten. Sie müssen aufhören zu sagen: »So bin ich eben! Und so wird es sein!« Das ist Eigensinn, das Beharren darauf, daß die Dinge so sind, wie Sie sie sehen. Es ist nicht der beste Weg zur Demonstration einer Bereitwilligkeit, die Dinge aus anderem, höherem Blickwinkel zu betrachten, aus einem Blickwinkel, der Sie über einen heilenden Pfad zur höchsten Erfahrung der Liebe führt. Sie müssen willens sein, sich Besen, Mop und Staubtuch zu schnappen und sich ans Aufräumen und Ausmisten zu machen; an die Entrümpelung alter Gedanken und Verhaltensmuster, so daß Ihr emotionaler Kompaß Ihnen genauen Aufschluß über Ihr Herz gibt. Die gute Nachricht lautet, daß Sie die Arbeit im Keller nicht wirklich verrichten müssen. Sie müssen lediglich willens sein, sie zu verrichten. Sobald Sie willens sind, wechseln Sie den Ort und finden sich im Erdgeschoß des Hauses der Liebe wieder, wo die Reinigung tatsächlich beginnt.

Erdgeschoß: Es geht aufwärts!

Das Erdgeschoß im Haus des Lebens bewohnen wir, wenn wir wissen, daß wir heilen müssen, ohne genau zu wissen, was wir heilen. Was ich damit sagen möchte, ist, daß wir keine Ahnung haben, was nicht stimmt. Zumindest sind wir während dieser Phase der Reise durch das Leben willens, einzuräumen, daß wir bis jetzt Beziehungen geführt haben, die kläglich gescheitert sind; aber wir suchen die Schuld nicht mehr bei anderen – bei dem, was sie getan haben, was sie nicht getan haben, wie gut und unschuldig wir sind, wie gemein und durch und durch verdorben sie sind. Hier endlich hat die Erkenntnis eingesetzt; der Finger, mit dem Sie auf andere zeigen, muß sich ins eigene Innere bohren. Das Erdgeschoß kann ein sehr furchterregender Aufenthaltsort sein! Im Erdgeschoß müssen Sie zugeben: »Ich weiß, ich habe bei meiner Unzufriedenheit eine Rolle gespielt, aber ich weiß weder, welche, noch, warum ich mich entschloß, sie zu spielen.« Das ist ein gutes Zeichen! Als Mieter im Haus des Lebens verstehen Sie am Ende, ob bewußt oder unbewußt, daß die Liebe jedem Ihrer Worte lauscht. Im heiligsten Teil Ihres Wesens möchten Sie die Liebe wissen lassen, daß es Ihnen mit der Heilung Ihrer selbst und Ihrer Überzeugungen über die Liebe sehr ernst ist.

Durch bohrende Fragen öffnen Sie die Schleusen der Heilung in der Seele. Ihre Fragen signalisieren, daß Sie offen für die Antworten sind. Und Sie sind willens, die Wahrheit zu erfahren. Das spirituelle Reinigungsmittel, das Sie im Erdgeschoß anwenden müssen, heißt Wahrheit. Die Wahrheit hilft Ihnen, hinter den Schleier zu schauen, hinter die Verzerrungen. Die Wahrheit ist wie ein antibakterielles Desinfektionsmittel, das verhindert, daß sich die Erreger von Ängsten, Hirngespinsten und unbewußter Wahl weiter in Ihrem Leben ausbreiten. Um sich mit Hilfe der Wahrheit zu desinfizieren, mussen Sie lernen, Ihrem Körper zuzuhören. Sie müssen erkennen, wenn Ihnen unbehaglich und unglücklich zumute ist und Sie mit Ihren Bemühungen um Liebe und Ihren Versuchen, sie sich zu erhalten, unzufrieden sind. Das ist ein gutes Zeichen! Wenn diese Empfindungen stärker werden, kleiden Sie Ihr körperliches und emotionales Unbehagen weiter in die Form von Fragen. Fragen erleichtern Ihnen das Nachdenken über Ihre früheren Handlungen und Erfahrungen.

Hier im Erdgeschoß der Liebe stellen wir fest, daß die auf

Erfahrung beruhende Einsicht unser größter Lehrmeister ist. Im Nachdenken über frühere Entscheidungen liegt der Schlüssel zum Verständnis sowohl der Tatsache, daß man das Leben falsch angepackt hat, als auch der Irrtümer und Hirngespinste, die einen niederdrückten. Man fragt sich: »Also gut, was denke ich? Was empfinde ich?« Man erhält eine Antwort, weil man inzwischen willens ist, sie zu hören. Mehr noch, man ist jetzt willens, die Verantwortung für das, was man weiß, zu übernehmen. Verantwortlichkeit ist das Reinigungsmittel, das man anwenden muß, um herauszufinden, was man tut, wann man es tut, wie und warum man es tut. Die Antworten liefern genauen Aufschluß darüber, wie man ohne Liebe und / oder verwirrt in der Zwischenzeit landen konnte!

Im Erdgeschoß sind Sie an einem Prozeß der Informationsbeschaffung beteiligt, und Sie tragen die volle Verantwortung für die Beschaffung der von Ihnen benötigten Daten. Mit Hilfe dieser Informationen können Sie anfangen, den Keimen und Pilzen Programmierung, negative Selbstgespräche, Kummer und Unzufriedenheit auf den Leib zu rücken. In dem, was um Sie herum vorgeht, erkennen Sie sich selber, und Ihnen wird klar, daß *Sie* diese gefühlskalte, beleidigende, wenig hilfreiche Person angelockt haben. Sie erkennen, daß *Sie* an genau der Person scheinbar am meisten interessiert sind, die an Ihnen nicht das geringste Interesse zeigt. Plötzlich werden Ihnen all die Dinge klar, die *Sie* in dem Versuch unternommen haben, eine aussichtslose Situation umzukehren. Am Ende wird Ihnen bewußt, daß Ihre Erfahrungen das Resultat Ihrer Gedanken, Worte und Taten sind. Wenn dieses Durcheinander geklärt ist, sind Sie besser gewappnet und willens, sich einzugestehen: »He! Das bin ich! Diese Beziehung bin ich. Diese Unzufriedenheit bin ich! Das ist mein Kram! Er steht mir im Gesicht geschrieben, und ich muß anfangen, ihn aufzuräumen!« Und genau deshalb müssen Sie eine Zeitlang in der Zwischenzeit verbringen, nämlich um zu lernen, die Verantwortung für das Aufräumen Ihres Durcheinanders im Erdgeschoß anzunehmen.

Bevor Sie das Erdgeschoß verlassen können, müssen Sie

wissen, was funktioniert und was nicht funktioniert. Sie müssen begreifen, daß die Dinge nicht besser werden, wenn Sie bei einer Meinungsverschiedenheit gleich Schluß machen. Sie müssen sich darüber klarwerden, daß Sie Ihre Ziele in einer Beziehung nicht erreichen, wenn Sie sich verstecken, davonlaufen oder Schwierigkeiten aus dem Weg gehen. Ihnen werden die Augen geöffnet: »Damit also sorge ich für Reibereien und Stillstand in meinem Leben und meinen Beziehungen.« Diese Enthüllung ist Ihr Aha-Erlebnis. Aha! Das tue ich also, wenn ich Angst habe. Aha! Das tue ich also, um nicht die Wahrheit sagen zu müssen. Sie begreifen all das als Ergebnis und Spiegelung Ihrer Erfahrungen und Verhaltensmuster. Leider besitzen Sie, wenn Sie das erst einmal verstanden haben, keinen Hinweis darauf, was Sie dagegen tun sollen! Das macht aber nichts, denn auf dieser Etage war das nicht Ihre Aufgabe. Im Erdgeschoß wohnen Sie, um herauszufinden, was nicht stimmt. In der ersten Etage lernen Sie, was Sie dagegen tun können. Sobald Sie alle benötigten Informationen zusammenhaben, packen Sie. Auf Sie wartet ein freier Platz weiter oben.

Kein Berg ist hoch genug!

Auf der ersten Etage im Haus des Lebens wissen Sie, daß Sie der Heilung bedürfen. Nachdem Sie, ohne jemand anderem die Schuld zu geben oder sich zum Opfer zu stilisieren, über Ihre Erfahrungen nachgedacht haben, sind Sie zu einem neuen Verständnis Ihrer Persönlichkeit gelangt. Die Herausforderung des Lebens auf der ersten Etage besteht nun darin, daß Sie zwar wissen, daß Sie etwas tun müssen, aber nicht, was. Ihnen wird klar, daß Sie, falls Ihnen nichts einfällt, durch die Bodenbretter wieder in den feuchten Keller hinunterfallen könnten. Es ist kein sehr tiefer Fall, aber Sie wollen ihn vermeiden, koste es, was es wolle. Hier in der ersten Etage fangen Sie an, Bücher über das Leben, die Liebe und alles, was auch nur entfernt damit zu tun hat, zu lesen. Sie besuchen Kurse. Gut möglich, daß Sie bei der Suche nach dem rechten Weg und der richtigen Heilmethode wie ein geköpftes Huhn herumrennen. Ihre Heilung ist drängend geworden. Sie wollen sie bewerkstelligen, aber Sie *müssen* sie auch bewerkstelligen. Sie sind ängstlich, vielleicht sogar verzweifelt. Sie fangen an, aus jeder Mücke einen Elefanten zu machen. Sie beobachten sich unter einem Mikroskop, voller Angst, sich unglücklich und hoffnungslos zu verlieben und erneut Schiffbruch zu erleiden, sollten Sie eine Sekunde lang blinzeln. Ratlosigkeit bei der Suche nach einer dauerhaften Liebesbeziehung macht uns alle ein bißchen verrückt!

Die erste Etage im Haus des Lebens ist die wichtigste Ebene, weil hier ein höheres Lernniveau einsetzt. Die erste, letzte und einzige Lektion, die Sie auf dieser Ebene meistern müssen, heißt: »Mit mir ist alles vollkommen in Ordnung!« Und mit allen anderen auch! Jetzt begreifen Sie, daß jede Erfahrung, jede Beziehung, jedes herzzerreißende oder schändliche Ereignis in der Vergangenheit notwendiger Bestandteil Ihrer Entwicklung war. Sie entdecken, daß Gott Sie immer geliebt hat und immer lieben wird, ganz gleich, was Sie getan haben oder vielleicht noch tun werden. Woher Sie das wissen? Weil Sie erkennen, daß nur Gott und die Liebe Gottes Sie im Keller aufgelesen und dort herausgeholt haben kann. Allein konnten Sie es nicht schaffen, weil Sie gar nicht wußten, was Sie tun sollten!

Jetzt, da Sie das verstanden haben, begreifen Sie folgendes: Ihre Entwicklung war phänomenal! Im Keller wußten Sie nicht, was falsch lief. Im Erdgeschoß erfuhren Sie, was es war. Hier, in der ersten Etage, lernen Sie, daß an Ihren Gedanken, Überzeugungen, Worten oder Taten nichts anderes falsch war als die Tatsache, daß sie absolut nichts zur Erfüllung Ihrer Wünsche beigetragen haben. Im Grunde heißt das, daß Sie wissen, *was Sie nicht tun sollen.* Während Sie dachten, Sie wüßten nicht mehr ein noch aus, heißt »wissen, was nicht« tatsächlich »wissen, was«. Es heißt: *Besinnen Sie sich eines anderen.* Wenn man mit einer Handlungsweise nicht das erreicht, was man möchte, besinnt man sich eines anderen! Erneuern Sie die Fliesen, Vorhänge, Tapeten, die Inneneinrichtung, die gesamte Ausstattung Ihres Verstandes. Und zwar, indem Sie alle einstigen Wahrheiten aufgeben – die Wahrheiten über sich und die Wahrheiten über die Liebe. Sie wissen jetzt, daß es Lügen waren, und sind deshalb willens, sich davon zu lösen, anstatt den Versuch zu unternehmen, daran herumzuflicken! Genau dies bedeutet Aufgeben. Nichts mehr tun, nichts mehr entscheiden, sich auf nichts mehr einlassen, was auf alten Überzeugungen beruht. Aufgeben ist ein scharfer Reiniger, und es ist der spirituelle Reiniger für die Arbeit, die Sie auf dieser Etage verrichten müssen. Aber Vorsicht: Aufgeben funktioniert am besten, wenn es mit Vergeben einhergeht.

Seien Sie willens, das Unangenehme zu hören. Seien Sie willens, sich dem Unbequemen zu stellen. Geben Sie die Überzeugung auf, Sie könnten mit Konfrontation, Zurückweisung oder Verlassenwerden nicht umgehen, indem Sie sich vergeben, so etwas jemals geglaubt zu haben. Wenn Sie imstande sind, aufzugeben und zu vergeben, sind Sie mehr als gerüstet, mit jeder Situation fertig zu werden. Wissen Sie, warum? Weil Sie nicht mehr länger recht haben wollen. Sie wollen nur noch leben, lieben und glücklich sein. Ihre zerbrochenen Teile werden durch die Liebe zusammengefügt. Ihr arg in Mitleidenschaft gezogener Verstand wird durch die Liebe wiederhergestellt. Ihr Haus wird durch die Liebe gereinigt. Jetzt wissen Sie, daß Verstecken, Ausweichen, Beurteilen, Schlußmachen und In-Angst-Leben Sie nicht glücklich macht. Als Reaktion auf Ihren Wunsch nach Liebe entschließen Sie sich, all dies nie mehr zu tun.

In der ersten Etage vollziehen Sie tatsächlich den Wandel vom passiven / aggressiven Modell zum empfänglichen / aktiven Ansatz. Dies ist eine Etage bedeutenden Wandels. Wandel ist das Ergebnis von Aufgeben und Vergeben. Geben Sie eine Sache auf, so muß sie durch eine andere ersetzt werden. Um zu ersetzen, was Sie aufgegeben haben, müssen Sie aufnahmebereit sein. Deshalb lesen Sie soviel. Deshalb investieren Sie soviel in Kurse. Sie sammeln neue Informationen, die an die Stelle der alten Programmierung treten. Sie suchen nach neuen Herangehensweisen an alte Situationen. Nachdem Sie jede Menge geistigen Wirrwarr beseitigt haben, können Sie sich nun nachdenken hören, und Sie sind willens, andere Menschen zu hören. Sie sind willens, sich auszudrücken, ohne Angst vor Strafe zu haben, und Sie gestatten anderen, sich auszudrücken, ohne die Verantwortung für deren Handlungen oder Empfindungen auf Ihre Schultern zu laden. Du liebe Güte, wie Sie sich entwickelt haben! Es ist die Schönheit des Aufgebens. Es ist der Segen des Vergebens. Mit diesen beiden Reinigungswerkzeugen in Ihrem Gürtel beginnen Sie Ihren Aufstieg zur zweiten Etage.

Der mögliche Traum

Sie sind jetzt auf dem besten Wege, die Wahrheit über sich und die Liebe zu entdecken. An diesem Punkt wissen Sie, was nicht stimmt und was dagegen zu tun ist. Dies ist an und für sich schon schwer genug, aber die Sache hat noch einen anderen Haken. Bei Ihrem Aufstieg von der ersten zur zweiten Etage taucht jedesmal, wenn Sie Ihr Wissen anwenden, eine andere Situation auf, um zu testen, ob Sie Ihrem Wissen trauen. Der Keller ist Bereitwilligkeit. Das Erdgeschoß ist Wahrheit und Verantwortung. Die erste Etage ist Aufgeben und Vergeben. Um es in die zweite Etage zu schaffen, brauchen Sie Vertrauen und Geduld. Geduld ist erforderlich, um zu wissen, was von dem Gelernten wann, wo und in welchem Ausmaß bei jeder Lebenserfahrung anzuwenden ist. Auf die Verläßlichkeit des eigenen Wissens zu vertrauen ist ein sehr notwendiger Schritt hin zur Entwicklung von Geduld und Eigenliebe. Nehmen Sie sich Zeit, sich zu entwickeln, zu hegen und zu pflegen, während Sie durch die Erfahrungen des Lebens und der Liebe wachsen. Was die Erfahrung des Aufstiegs von der ersten zur zweiten Etage zu einer noch größeren Herausforderung macht, ist der Umstand, daß die Stufen zwischen der ersten und zweiten Etage von Ihrem Kram bedeckt sind! Kindheitskram! Angstkram! Egokram! Um Ihre Reise erfolgreich beenden zu können, ohne niedergeschlagen und erledigt zu sein, müssen Sie lernen, sich mit Ihrem Kram auseinanderzusetzen, ihn anzunehmen, zu akzeptieren und zu lieben. Keine leichte Aufgabe, meine Lieben!

Für manche mögen es zwei oder drei Schritte von der ersten zur zweiten Etage sein. Für andere zweihundert oder dreitausend. Die Schritte bezeichnen die Anzahl neuer, ähnlicher oder wiederholter Erfahrungen, die als Verständnishilfen erforderlich sind. Sie müssen verstehen, daß sich selbst zu lieben alles ist, was wirklich zählt. Wenn Sie sich lieben, dann können Sie jeden und alle anderen lieben. Das heißt nicht, daß Sie sich nicht mehr über Menschen ärgern. Aber Sie müssen lernen, nicht mehr wütend zu reagieren oder die Menschen auch dann zu lieben, wenn Sie wütend sind. Bei dieser Etappe der Reise werden Sie sich dem Aufstieg nicht immer gewachsen fühlen. Das ist nur ein vorübergehender Stimmungsumschwung. Er geht vorbei, keine Angst. Es wird Zeiten geben, wo Sie das Gefühl haben, sehr schlecht ausgerüstet zu sein. Keine Angst, Sie schaffen es! Sie werden auf die bereits vollzogenen Schritte zurückblicken und sich freuen, daß Sie es schon so weit geschafft haben. Es ist vielleicht nicht einfach, aber Sie haben dieses Buch und jede Menge Erfahrungen, die Sie mit jemandem teilen können, der unten im Keller hockt. Andere am Gelernten teilhaben zu lassen und ihnen zu helfen ist eine gute Quelle der Erneuerung.

Eines Tages, wenn Sie gar nicht damit rechnen, sehen Sie das Licht! Sie hören die Worte, spüren das Gefühl und erleben die Pracht eines Lebens auf der zweiten Etage im Haus des Lebens. Sie sind in sich und das Leben verliebt. Sie haben es geschafft! Auch wenn Sie noch nicht gänzlich geheilt sind, wissen Sie, was zu tun ist, wie es zu tun ist und warum es notwendig ist, daß bei allem stets die Liebe regiert. Sie fangen an, anderen Menschen beizubringen, was Sie gelernt haben, indem Sie von sich und Ihren ganz persönlichen Erfahrungen erzählen, ohne sich davor zu fürchten, was die anderen wohl von Ihnen denken mögen. Sie werden ohne Schmerz oder Wut über Liebes- und andere Erfahrungen sprechen. In tiefster Seele wissen Sie, daß die Liebe, während Sie lernten, sich erinnerten und Ihre Vorstellungen über die Liebe wiederbelebten, an Ihrer Seite stand, Ihnen zuhörte und zusah. Wenn Sie dies begreifen, wenn Sie wirklich verstehen, daß die Liebe immer das einzige war und sein wird, was Sie brauchen, dann fühlen Sie sich in der zweiten Etage völlig zu Hause. Die Arbeit ist noch nicht vorüber, aber Sie sind jetzt imstande, wesentlich mehr wesentlich schneller zu erledigen.

Kein Grund zur Höhenangst

In der zweiten Etage wohnen Sie, wenn Sie immer noch an sich arbeiten müssen, jedoch keinerlei Dringlichkeit oder Besorgnisse damit verbunden sind. In diesem Bewußtseinszustand wissen Sie, *was* zu tun ist, und bewältigen nun das *Wie*, und zwar jederzeit und in jeder Situation. Sie wohnen in der zweiten Etage, wenn alles und jedes absolut sinnvoll ist. Und wenn nicht, beunruhigen Sie sich deswegen nicht. Auf dieser Ebene Ihrer Entwicklung sind Sie willens aufzugeben und offen zu vergeben, und Sie vertrauen sich. Sie haben genug Liebe im Herzen, um an jeder weiteren Heilung, die bei Ihnen oder jemand anderem erforderlich sein sollte, aktiv mitzuwirken. Hier herauf, in die zweite Etage, kommen Sie, um das Wie und das Warum Ihres Handelns zu perfektionieren.

Wenn Sie die zweite Etage erreichen, haben Sie gelernt, wie wichtig es ist, jederzeit die volle Wahrheit zu sagen. Sie können jede Erfahrung an Ihre wahren Gedanken und ehrlichen Empfindungen rückkoppeln. Sie erkennen, daß jede schlechte Wahl, jede falsche Entscheidung und Fehleinschätzung aus Angst und Ungeduld resultierten, statt sich an den Prinzipien von Liebe und Wahrheit zu orientieren. Die gute Nachricht lautet, daß Sie so etwas kaum mehr tun werden, denn Gebet, Meditation und Reflexion sind Ihre Hauptdiät. In der zweiten Etage entwickeln Sie den Mut, für Ihr Leben als Ganzes die volle Verantwortung zu übernehmen, ohne sich deswegen mit Selbstvorwürfen zu zerfleischen. Wenn Sie sich nicht vom Leben gebeutelt und geschlagen fühlen, können Sie sich allmorgendlich vor dem Spiegel ins Gesicht sehen und erfreut über den Anblick sein. Das nennt man unbeschwert leben! Vielleicht nicht ganz so leicht sind die notwendigen Anpassungen. In der zweiten Etage beginnt nämlich ein wirklicher Wandel, hier wenden Sie das Gelernte an, und die Menschen Ihrer Umgebung müssen sich anpassen. Sie haben gelernt, was zu tun ist, und tun es auf andere Art. Die Leute werden nicht sehr erfreut darüber sein! Ihnen gefiel Ihr altes Du, Ihr berechenbares Du, Ihr hysterisches Du. Jetzt versuchen Sie, anders zu sein, und den Leuten gefällt es nicht.

In der zweiten Etage gewinnt alles, was Sie wissen, eine andere Bedeutung. Aufgeben beispielsweise heißt nicht mehr, daß Sie willens sind, all Ihre Beziehungen aufzugeben. Richtig! Jede Beziehung, die auf dem alten Du basiert, muß sich wandeln, ändern oder gelöst werden! Dies sind die Beziehungen, die Sie dazu verleiten, in Ihr Keller- oder Erdgeschoßverhalten zurückzufallen. Es sind die aus dem Durcheinander Ihres Krams geborenen unverbindlichen Beziehungen der ersten Etage. Wenn Sie in der zweiten Etage ankommen, ist Ihnen vollkommen bewußt, daß Sie einige Menschen und Dinge verlieren werden, wenn Sie aus Ihren alten Mustern ausbrechen. Die Dinge, die Sie einst glücklich machten, können Sie nicht länger glücklich machen. Die Einstellungen und Verhaltensweisen, die einst Ihr Leben ausfüllten und es zu einer dramatischen Inszenierung machten, sind es nicht länger wert, daß Sie Ihre Zeit und Energie auf sie verschwenden. Wahrscheinlich wird es das Schwierigste sein, was Sie jemals tun werden, weil genau hier das alte Du das neue Du herausfordern wird. Das ist ein innerer Konflikt. Lassen Sie sich davon nicht beunruhigen! Sie wissen genau, was zu tun ist. Wenn nicht, seien Sie versichert, daß Sie genau deswegen hier sind, auf der zweiten Etage im Haus des Lebens, um es zu üben und zu beherrschen.

Während Sie zwanglos durch Ihren neuen Wohnraum schlendern, wird Ihnen klar, daß Sie mit den neuen Informationen nun die perfekte Chance haben, Dinge anders zu machen. Das ist wunderbar! Sie wissen nun, daß Ihre Rolle im Leben darin besteht, Menschen zu dienen und sie zu unterstützen, während Sie sich achten. Dies sind die einzigen spirituellen Reiniger, die Sie fürderhin benötigen: Anerkennung, Dienen, Unterstützung und Achtung. Solange Sie diese vier Reiniger in Ihren Beziehungen als Entscheidungs- und Handlungsgrundlage verwenden, wissen Sie auch, daß alles, was Sie tun, sich einfach zum Guten wenden wird – am Ende. Wenn etwas nicht so aussieht, wie Sie es sich vorgestellt haben, sind Sie nicht mehr so dumm, sich deswegen Sorgen zu machen.

Wie ist es dazu gekommen? Wie sind Sie so klug geworden? Irgendwo auf den Stufen zwischen der ersten und zweiten Etage kommt Ihnen, während Sie sich eifrig bemühen, Ihren Kram aus dem Weg zu räumen, eine erstaunliche Erkenntnis. Ihnen wird bewußt, daß Sie nicht allein sind, nie allein waren und niemals allein sein werden. Als Reaktion darauf fühlen Sie sich nicht mehr isoliert. Verstand und Herz sind durch die Kraft bedingungsloser Liebe vereint, was bedeutet, Sie sind sich selbst genug. So sehr lieben Sie sich eben. Das ist wirklich sehr, sehr gut für Sie! Künftig brauchen Sie nichts weiter zu tun, als sich zu erinnern, daß jeder Mensch in Ihrem Leben eine Spiegelung Ihrer selbst und eine Spiegelung Gottes ist. Die Entscheidung, wie Sie Menschen behandeln sollen und welche Behandlung Sie von ihnen erwarten, fällt Ihnen dadurch sehr leicht. Wenn die eigene Realität bedingungslose Liebe heißt, behandelt man alle Menschen so, wie man selber behandelt werden möchte, so, wie man Gott behandeln würde. Und wissen Sie was? Man wird von ihnen ebenso behandelt.

Viele Menschen bleiben auf der zweiten Etage wohnen. Dagegen ist nichts einzuwenden. Man kann an diesem Ort und in diesem Bewußtsein viele Jahre lang leben und absolut zufrieden sein. Man kann hier nach dem Tod des Lebenspartners wohnen oder nach Beendigung einer langjährigen Beziehung. Man kann hier leben, ob man heterosexuell oder schwul, schwarz oder weiß, männlich oder weiblich ist. Die zweite Etage ist wie eine Ruhestandsgemeinschaft – man kommt hierher, um sich auszuruhen, zu verjüngen, nachzudenken und sich des Lebens bewußter zu werden. Man findet Dinge, die einem gefallen und einen beschäftigen, und man macht sich einfach keine Sorgen mehr um das Leben. Man lebt es. Man arbeitet verliebt am Haus. Man arbeitet mit Liebe im Haus. Man hat wundervolle Nachbarn, gute Freunde, und das Leben ist ein angenehmer Traum. Man merkt, daß über einem noch eine Etage ist, und man erkennt, daß man lediglich eine leichte Veränderung vornehmen muß, um auf diese Etage zu gelangen. Es ist der Dachboden.

Sehen Sie den Tisch?

Bevor wir den Dachboden erkunden, beginnen wir mit dem Test »Erkenne, wo du lebst«. Nachdem Sie das folgende Szenario gelesen haben, wählen Sie den Antwortbuchstaben, der Ihre natürliche Reaktion auf die Situation am besten beschreibt. Solange Sie absolut sicher sind, daß Sie noch im Keller leben, bemühen Sie sich bitte nach Kräften, die Wahrheit zu sagen.

Rose und John lernten sich in ihrem ersten Collegesemester kennen. Sie fingen als Studienfreunde an. Ihre Beziehung entwickelte sich und blühte im Zuge der vereinten Anstrengungen bei der Erkundung ihrer Körper auf. Beide waren recht vernünftige, fleißige Studenten und sahen einer strahlenden, erfolgreichen Zukunft entgegen – er als Maschinenbauingenieur, sie als Spezialistin für Telekommunikation. In ihrem letzten Studienjahr waren sie mehr als gute Kumpel, aber noch nicht verlobt. Die beiden verband mehr als eine flüchtige Liebschaft, aber ihre Bindung war noch nicht so tief, daß eine Verlobung angebracht gewesen wäre. Sie befanden sich in der Zwischenzeit ihrer Beziehung. Die Sache war ernst, aber so ernst nun auch wieder nicht. Sie hatten Pläne, individuelle und gemeinsame, aber sie waren einfach noch nicht soweit, diesen Plänen entsprechend zu handeln. Sie hatten einander nie betrogen, nicht, weil sie es so vereinbart hatten, sondern freiwillig. Die Dinge hatten sich einfach irgendwie in diese Richtung entwickelt, und beide waren ganz zufrieden damit.

Im vorletzten Semester erzählte John Rose, daß er ein Auge auf eine Studentin aus dem dritten Studienjahr geworfen habe. Sie erinnere ihn in vielerlei Hinsicht an Rose. Dann meinte er, daß er sie gern näher kennenlernen würde, um zu sehen, ob er mit ihr zusammensein könnte. Er erzählte Rose, er wolle ihr gegenüber ehrlich sein, so sehr respektiere er sie einfach. Wenn Sie Rose und die ausgeglichene junge Frau, die Sie sind, wären – welche der nachfolgenden Antworten würden Sie, eingedenk der Länge und Intensität Ihrer Beziehung mit John, geben?

A) Ich möchte, daß du dir bei deiner Beziehung sicher bist. Da wir vier Jahre zusammen waren, denke ich, solltest du ausprobieren, wie es mit einer anderen läuft. Aber, bitte, benutze Kondome, wenn du mit ihr schlafen willst.
B) Wenn es das ist, was du möchtest, tu es. Ich vertraue dir, daß du das Richtige tun wirst. Ich fühle mich in keiner Weise bedroht. (Sagt sie zu John, meint es aber nicht wirklich!)
C) Bist du komplett übergeschnappt? Wovon, zum Teufel, sprichst du? Das kannst du nicht machen! Denkst du, ich werde einfach hier sitzen und Däumchen drehen, während du dich mit irgendeiner Mieze aus L. A. herumtreibst? Ich hasse dich! Ich hasse dich! Ich habe gedacht, du liebst mich! Wie konntest du an so etwas überhaupt nur denken?
D) Sie bleiben ganz ruhig. Verlassen das Wohnheim. Gehen die Straße runter zu den Eisenbahngleisen, wo Sie sich todesmutig auf die Schienen legen und Scotch direkt aus der Flasche trinken.

Wenn Sie Antwort A wählen, verhalten Sie sich wie jemand aus der zweiten Etage. Sie wissen, daß Sie das Notwendige tun müssen, was in diesem Falle Aufgeben und Vertrauen bedeutet. Sie erkennen, daß Liebe nicht besitzergreifend ist. Sie wissen, daß Sie nicht verlieren können, was für Sie bestimmt ist, und daß, wenn etwas geschieht, es eben geschieht. Sie schätzen Johns Ehrlichkeit und sind zuversichtlich, daß Ihre Freundschaft nicht darunter leiden wird, wohingegen Ihre Liebesbeziehung sich sehr wohl verändern könnte. Sie geben ihm Ihren Segen und lassen ihn in der Gewißheit ziehen, daß er Sie über den Fortgang der Beziehung auf dem laufenden halten wird. Wenn er zu seiner ersten Verabredung geht, beten Sie um innere Ruhe und widmen sich anschließend wieder Ihren Examensvorbereitungen.

Wenn Sie sich für Antwort B entscheiden, verhalten Sie sich wie jemand aus der ersten Etage. Sie wissen, was zu tun ist, wissen aber nicht, wie Sie es tun sollen. Ihr Kram steht Ihnen im Weg! Sie sagen das eine und meinen das andere. Sie sagen nicht, was Sie wirklich denken, weil Sie John nicht zutrauen, daß er Ihre Gefühle achtet und respektiert. Wenn Sie ihm sagten, was Sie wirklich empfinden, könnte er wütend auf Sie werden. Kaum ist er weg, fangen Sie an zu weinen und rufen Ihre Freundin an, um ihr zu erzählen, was passiert ist. Sie sagt Ihnen, was Sie tun müssen, wie Sie es tun müssen und warum Sie es tun müssen. Sie hören zu. Sie weinen. Sonst tun Sie nichts.

Wenn Sie Antwort C wählen, zeigen Sie Erdgeschoßverhalten. Sie wissen nicht, was, geschweige denn wie Sie es tun sollen. Sie kommen sich verraten vor, mißachtet, und Sie haben zweifelsohne Angst. Sie wollen John tatsächlich schlagen, aber er ist viel größer als Sie. Statt dessen werfen Sie ihn hinaus, schreien ihn an, wenn er geht, und rufen daheim bei Mami an. Sie sagt Ihnen, mach dir keine Sorgen, der kommt wieder. Sie wissen, daß Ihre Mutter niemals lügt, aber dieses Mal glauben Sie ihr nicht. Sie sagt Ihnen, Sie sollen am Wochenende nach Hause kommen, sie würde Ihnen etwas Leckeres kochen. Sie legen auf, gehen ins Bett und weinen sich in den Schlaf

Wählen Sie Antwort D, dann führen Sie ohne Zweifel das Drama des Kellerverhaltens auf. In diesem Fall ist Ihr Kopf leer, was bedeutet, daß Sie nicht wissen, wo das Problem liegt, sich aber sicher sind, daß es eines gibt. »Warum ich? Was habe ich getan? Warum passiert so etwas immer mir? Was stimmt nicht mit mir?« Sie haben kein Vertrauen zu John, kein Vertrauen zu sich. Sich auf die Eisenbahngleise zu legen und zu drohen, sich umzubringen, ist Ihre Art, wie Sie John heimzahlen möchten, was er getan hat. Natürlich wissen Sie nicht wirklich sicher, was er getan hat. Sie hoffen, der Schnaps werde Sie betrunken genug machen, damit Sie den Schmerz nicht spüren, wenn der Zug über Ihren Körper hinwegrollt. Natürlich ist auf diesen rostigen alten Schienen seit vierzig Jahren kein Zug mehr gefahren, aber wer weiß das schon?

Die Qualität Ihres Verstandes

Auf dem Dachboden Ihres Hauses hat die Liebe Ihnen eine wundervolle Suite hergerichtet. Sie heißt die Liebe-ist-süß-Suite. Gedanken über ein Leben auf dem Dachboden beschwören vielleicht Bilder von einem dunklen, feuchten, tristen, unbewohnbaren Ort herauf. Doch im Haus des Lebens ist der Dachboden die Zuflucht bedingungsloser Liebe. Es ist ein wunderschöner und weitläufiger Ort mit großartigem Blick auf die prachtvollsten Bilder des Lebens. Es ist ein ruhiger, heiterer Ort, der immerwährenden Liebesbezeigungen förderlich ist. Die Reise nach oben auf den Dachboden erleichtert einen Wandel der Wahrnehmung. Es ist dieser Wandel, der uns hilft, Beziehungen auf der Grundlage bedingungsloser Eigenliebe einzugehen. Darüber hinaus ist es dieser Wahrnehmungswandel, der es einem ermöglicht, nicht nur zu zeigen, daß man weiß, was Liebe ist, sondern auch, daß man fähig ist, stets liebevoll zu handeln. Die Liebe-ist-süß-Suite befindet sich ganz weit oben im Haus des Lebens, weshalb wir das Aufspüren wahrer Liebe wahrscheinlich mit einem »Gipfel«-Erlebnis vergleichen.

Auf dieser Ebene des Lebens existiert nur die Liebe. Nichts sonst. Ihre Aufgabe ist es, der Liebe in jedem Aspekt Ihres Lebens Geltung zu verschaffen. Sie überschütten sich mit Liebe. Sie lassen sich von anderen mit Liebe überschütten. Auf dem Dachboden erkennen Sie vielleicht, daß in Ihrem Bewußtsein noch ein paar offene Probleme herumschwirren, aber lassen Sie sie ruhig weiterschwirren. Sie wissen, daß die Liebe sich ihrer zur rechten Zeit auf geeignete Weise annehmen wird. Sollten Sie während Ihres Aufenthaltes auf dem Dachboden aus irgendeinem Grund Liebe vermissen lassen, erfolgt die Antwort so postwendend und ist so störend, der Schmerz so entsetzlich, daß Sie gezwungen sind, sich wieder eine Haltung der Liebe zu eigen zu machen. Auf dieser Ebene des Lebens ist die Liebe Ihr Frieden. Liebe ist Ihre Stärke. Liebe ist Ihr Reichtum. Liebe ist Ihre Gesundheit. Für Sie gibt es nur die Liebe. Sie überschütten absolut alles und jeden mit Liebe. Dies ist der Ort, an dem Sie leben, wenn Sie Ihr ganzes Dasein der Liebe überlassen.

Es gibt nur einen Weg für einen Bewußtseinswandel weg von abhängigen Bindungen hin zu friedlicher, bedingungsloser Liebe – der Schaffung neuer Liebeserwartungen, basierend auf Achtung, Respekt und Unterstützung. Achten Sie darauf, was *Sie* empfinden, indem Sie daran glauben, daß Ihre Wünsche erfüllt werden. Respektieren Sie *Ihren* Standort im Leben, indem Sie verstehen, daß Sie beizeiten, sobald Sie soweit sind, weiter voranschreiten werden. Unterstützen Sie sich durch die Weigerung, sich mit weniger als dem Gewünschten zufriedenzugeben. Das ist Ihr Fundament – das, was Sie tun, und die Art und Weise, wie Sie sich behandeln. Um dieses neue Fundament in Ihrem Bewußtsein zu verankern, müssen Sie auf die Herausforderungen des Lebens neue, auf Liebe basierende Antworten finden. Wer sich zu Ihnen hingezogen fühlt, wird Ihrem Grad an Selbsterkenntnis und Engagement für die Liebe ebenbürtig sein. Wenn nicht, müssen Sie eine Wahl treffen, und Sie werden keine Angst haben, sie in einer Weise zu treffen, die Ihnen Ehre macht.

Auf dem Dachboden zu leben bedeutet nicht, daß die Erfahrungen in Keller, Erdgeschoß, erster und zweiter Etage keine Versuchung mehr darstellen. Es bedeutet, daß man die Erfahrung als das erkennt, was sie ist, und sich ändert. Es bedeutet, daß man mit seiner Änderung die Heilung und Entwicklung eines anderen Menschen erleichtert. Dies ist das Schöne am Leben auf dem Dachboden und sein letzter Zweck – man wird zum Lehrer. Man wird zum Vorbild. Als lebendiges Beispiel für Liebe lehrt man andere ihre volle und wahre Bedeutung. Jesus hat hier gelebt. Buddha hat hier gelebt. Sie lehrten die Liebe, indem sie die Liebe lebten. Mutter Teresa hat hier gelebt. Sie alle gaben selbstlos etwas von sich her, im Namen der Liebe und um der Liebe willen. Hier auf dem Dachboden werden wir alle geboren, um zu leben. Hier leben wir, wenn wir, was auch immer geschehen mag, verliebt bleiben.

Es ist Zeit, unsere Mops, Besen und Staubtücher in die Hand zu nehmen und ein bißchen Frühjahrsputz zu machen!

Der Keller

Es ist wieder diese wunderbare Zeit im Jahr, wenn alles draußen aufzuleben und zu blühen beginnt. Es ist ebenfalls die Zeit, da wir bemerken, daß alles drinnen feucht, dunkel und staubig wirkt. Alles ist so schmutzig! Wir beeilen uns, das Durcheinander zu beseitigen, und obwohl wir es nicht zugeben wollen, sehen unsere Beziehungen oft ebenso aus – ein einziges Durcheinander!

Wenn wir hinaussehen, scheint es, als würden alle anderen ein perfektes Leben führen. Dann schauen wir wieder auf das, was wir haben … überall Schmutz und Unordnung! Wir haben über die Jahre so viel Kram angehäuft, daß es unmöglich geworden ist, den Überblick zu behalten oder zu wissen, was man damit anstellen soll. Unser Haus, unser Beziehungshaus braucht dringend einen Frühjahrsputz. Es ist Zeit, aufzuräumen, auszufegen und alten, nutzlosen, aufgetragenen Kram loszuwerden, den wir die ganze Zeit mitgeschleppt haben.

Kapitel 3

Frühjahrsputz

Es waren vierzehn Jahre gewesen. Vierzehn lange, passive Jahre. Sie waren nicht alle schlecht gewesen. Eigentlich waren sie überhaupt nicht schlecht gewesen, nur lang. Es war drei Tage vor dem fünfzehnten Jahr, als ihm klar wurde, daß er es einfach nicht mehr aushielt. Jack konnte kein weiteres Jahr mehr bei ihr bleiben und sich ihr permanentes Jammern und Lamentieren anhören. Er mußte gehen, und er wußte es. Jetzt würde er es auch sie wissen lassen. Helen würde denken, er mache sich einen Spaß, wieder einmal. Sie würde ihn beschuldigen, eine andere Frau zu haben, wieder einmal. Sie würde schreien, weinen und ihn beschimpfen, wieder einmal. Genauso, wie sie es in den Jahren drei, sieben und zwölf getan hatte, als er ähnliche Ankündigungen gemacht hatte. Er liebte sie, aber zwischen ihnen funkte es einfach nicht mehr. Vielleicht lag es überhaupt nicht an ihr. Könnte sein, dachte er, daß in Wirklichkeit er es war. Vielleicht war er dumm, schwach oder, wie sie es ausdrückte, *hoffnungslos beziehungsunfähig*. Er würde alle Last und Schuld auf sich nehmen und der böse Junge sein, aber er wußte, er könnte und würde kein weiteres langes Jahr mehr bleiben. Er wußte, er *liebte* sie, aber er war nicht in sie verliebt, und er mußte gehen. Er würde sie weiter lieben, während er aus der Tür ging, denn seine Zwischenzeit war zu lang gewesen.

Es ist Zeit! Sie haben es lange genug hinausgezögert. Die Dinge türmen sich auf, und Sie finden nicht das, was Sie suchen. Auf Beziehungen bezogen heißt das, daß Sie nicht dahinterkommen, was los war, was los ist oder was Sie daran ändern sollen. Da ist so ein fauliger Geruch, den Sie nicht lokalisieren können. Ihnen ist aufgefallen, daß in den Wänden Ihres Lebens kleine Löcher sind. Vielleicht Termiten? Etwas, das genau am Kern des Gebäudes nagt, dem Gebäude Ihres Lebens und Ihrer Verhältnisse. Wenn Sie den Raum, den Ihr Leben beansprucht, absuchen, sieht alles ganz schön staubig aus. Ihr Kopf ist überladen, verstopft, und Sie brauchen Luft zum Atmen. Sie sind zu der Einsicht gekommen, daß Sie die Ecken Ihres Verstandes entrümpeln müssen, einfach *müssen*, daß Sie unter der untersten Schicht Ihres Herzens Staub wischen und Ihre Überzeugungen, Vorstellungen und Wahrnehmungen ändern müssen, die wie Kommodenschubladen all die guten Dinge enthalten, die Sie angesammelt haben. Es ist Zeit, jedes Zimmer zu lüften, so daß Sie tief Luft holen können und nicht ersticken. Es ist Zeit für den Frühjahrsputz.

Warum konnte Jack sich nicht zusammenreißen? Gott wußte, daß sie versucht hatte, ihm zu helfen, so gut sie nur konnte. Sie sagte ihm, was er tun sollte und wie er es tun sollte. Sie hatte ihm mindestens hundertmal oder öfter gesagt, wie sie schneller vorankämen und ihrem Leben mehr Schwung geben könnten. Hatte er ihr zugehört? Nein! Er kam ständig mit neuen Ausflüchten – er könne nicht aus der Stadt wegziehen, sich eine neue Stelle suchen, ein neues Haus kaufen, öfter mit ihr schlafen. Sie hatte es satt! Sie hatte ihn satt! Aber sie liebte ihn. Da war etwas an ihm, das sie liebte. Vielleicht lag es an ihr. Vielleicht, dachte sie, war mit ihm die ganze Zeit alles in Ordnung gewesen. Möglich, daß sie selbstsüchtig war oder, wie er gesagt hatte, *unglaublich unersättlich*. Sie hatte ihr Bestes getan, sich zu ändern, aber es klappte nicht. Sie reiste gern. Er las gern. Sie liebte Geld und schöne Dinge. Er liebte sichere Investitionen. Sie mochte Sex. Er mochte Fernsehen. Es war ein heilloses Durcheinander! Ein richtiges Durcheinander! Sie mußte es noch vor der Feier ihres fünfzehnten Hochzeitstags aufräumen.

Es ist Drecksarbeit, aber man muß sie erledigen!

Das ganze Haus auf Vordermann zu bringen ist eine Zumutung, aber es ist etwas, das wir alle machen müssen. Jeder weiß, daß das Großreinemachen um so nötiger wird, je länger man sich davor drückt. Wir sprechen hier davon, wie man die Staubmäuse in den Gehirnspalten los wird. Es sind die angesammelten alten Verletzungen und Schmerzen. Wir reden von der Entfernung des Schimmelpilzes, der sich im Herzen gebildet hat. Das bezieht sich auf die Menschen, denen man nach all den Jahren *noch immer* böse ist. Nicht vergessen wollen wir die Notwendigkeit, das Alte wegzuwerfen, jene Dinge, die man in der Vergangenheit getan hat, und jene Menschen, mit denen man sie getan hat. Ja, wir sprechen über jene Dinge, die man sich noch immer vorwirft und die man sich von anderen vorwerfen läßt. Der Zweck dieser Reinigung ist es, Verständnis für das, was man hat, zu entwickeln und Raum für etwas Neues zu schaffen.

Was dachte er, als er sie heiratete? Denken ist hier das entscheidende Wort! Jack gab zu, daß er sich, als er Helen kennenlernte, nicht allzu viele Gedanken gemacht habe. Er war einsam damals. Er kam sich damals wie ein Versager vor. Er hatte das Gefühl, als komme sein Leben nicht richtig auf Touren, und dann tauchte Helen auf. Sie gab ihm Hoffnung. Helen sah in Jack etwas, das er selber nicht sah. Sie motivierte ihn. Sie inspirierte ihn. Als sie noch jünger gewesen war, hatte sie ihn wirklich anmachen können! Aber jetzt ging sie ihm nur noch auf die Nerven. Hackte auf ihm herum. Sagte ihm all die negativen Dinge, die er immer von sich geglaubt hatte. Sie war genau wie seine Mutter: ein Tatmensch, flatterhaft, eine Nervensäge vor dem Herrn! Er war genau wie sein Vater: ein geselliger Mensch, zufrieden mit einem Bier und einem guten Fernsehprogramm, ein Pfennigfuchser, der Angst vor der Zukunft hatte. Seine Eltern waren wegen der Kinder zusammengeblieben. Jack und Helen hatten, Gott sei Dank, keine Kinder. Einmal hatten sie es versucht, und das Kind war tot geboren worden. Daraufhin war Helen ein für allemal die Lust auf weitere Versuche vergangen.

Wir tun es nicht gern – saubermachen. Wir wollen es besonders dann nicht tun, wenn es schön draußen ist, wenn alles scheinbar reibungslos läuft. Wer möchte schon mit Fegen, Staubputzen, Wischen und Möbelrücken belästigt werden, wenn er ein gutes Buch lesen oder im Café Eistee schlürfen kann? Vielleicht schieben wir es deshalb so lange auf? Wir wissen, es muß gemacht werden, aber wir können uns offenbar einfach nicht dazu aufraffen. Genau das geschieht in unseren Beziehungen. Wir wissen, daß bestimmte Dinge gesagt, getan oder unterlassen werden müssen, aber wir können uns offenbar einfach nicht dazu durchringen. Wie die Reinigung eines Hauses kann einen auch die Reinigung einer Beziehung lähmen, so als sei zuviel Arbeit und zuwenig Zeit vorhanden. Wenn das Haus oder die Beziehung wirklich in Gefahr sind, glauben wir aus irgendeinem Grund, daß wir einfach nicht das Zeug dazu haben, zu tun, was getan werden muß. Wir wollen Hilfe. Jemand muß uns helfen, die Arbeit zu erledigen. Diese Hilfe taucht normalerweise in Form eines Problems auf, Probleme sind eine starke Motivation, um in Beziehungen, in Herzensangelegenheiten und im Haus aufzuräumen.

Helens Plan war komplett ins Auge gegangen. Sie dachte allen Ernstes, wenn sie etwas mit einem anderen Mann anfinge, dann käme der Mann, den sie wirklich wollte, sie holen. Einzig aus diesem Grund fing sie an, sich mit Jack zu treffen. Sie dachte, sie könnte Jamie wütend und eifersüchtig genug machen, damit er zurückkäme. Sie irrte sich! Dabei gerieten die Dinge außer Kontrolle. Die Leute fingen an, ihr zu erzählen, was für ein netter Kerl Jack sei und wie sehr sie sich für sie freuten. Wie konnte sie die Leute enttäuschen! Wo ihre Mutter ihr doch immer eingeschärft hatte: Enttäusche die Leute nie. Bevor sie wußte, wie ihr geschah, hatte Mami die Hochzeit geplant. Sie konnte nicht alles stehen- und liegenlassen. Sie hätte schon gekonnt, aber sie hatte nicht den Mut dazu. Außerdem hatte sie mit der Zeit angefangen, Jack zu mögen, ja, ihn sogar ein wenig zu lieben, ungeachtet der Tatsache, daß er nicht der oder das war, was sie heiraten wollte.

Aber sie tat es. Sie heiratete Jack, und jetzt versuchte sie herauszufinden, warum.

Sie können nicht in einem schmutzigen Keller spielen!

Wenn Sie nicht das tun, was Sie glücklich macht, werden Sie schließlich ungehalten und ärgerlich. Viele Kellerbewohner sind so. Sie nehmen ihr Glück nicht selber in die Hand und machen dann andere für ihren Kummer verantwortlich. In Wirklichkeit tun sie nichts anderes, als sich für sich selbst zu entschuldigen. Kellerbewohner haben jede Menge Entschuldigungen parat, um zu erklären, warum sie sind, wie sie sind, und warum sie nicht das tun können, was sie möchten. Sie sind Opfer – Opfer des Lebens und, wie könnte es anders sein, Opfer der Liebe. Sie scheinen nie jemanden finden zu können, der sie so liebt, wie sie geliebt werden möchten. Immer werden sie betrogen, schlecht behandelt, verbraucht und abgestoßen. Sie können sich den Grund beim besten Willen nicht erklären. Warum? Weil Kellerbewohner es sich selber angetan haben. Sie haben ihre Herzenswünsche ignoriert, um das zu tun, was sie für richtig hielten. Jack und Helen waren beide Kellerbewohner. Keiner von beiden tat, was sie oder er eigentlich tun wollte, und keiner sprach diesbezüglich die Wahrheit.

Drei Jahre lang taten sie so, als sei alles in Ordnung, bis das Unglück geschah. Helen entdeckte, daß sie schwanger war. Etwa um dieselbe Zeit kam ihr außerdem zu Ohren, daß Jamie eine ihrer alten Freundinnen von der High School heiraten würde. Zuerst ging sie vor Wut an die Decke. »Wie kann er nur?« Dann fiel ihr ein, daß sie es gewesen war, die zuerst geheiratet hatte. »Wie konnte ich nur so dumm sein?« Nun machte sie sich Vorwürfe und erging sich in Selbstmitleid. Wut und Selbstgeißelung steigerten sich zu einem katatonischen Zustand der Depression, der sie beinahe umbrachte und – davon war sie überzeugt – das Baby, das sie in sich trug, tötete.

Der Aufbau einer Beziehung ähnelt in mancherlei Hinsicht der Zubereitung einer Mahlzeit. Man braucht die richtigen Zutaten in der richtigen Kombination, damit die Sache gelingt. Zur Vorsicht probiert man das Gericht beim Kochen; so vermeidet man unliebsame Überraschungen. Wenn das Gericht irgendwann nicht richtig schmeckt, muß man vielleicht noch eine Kleinigkeit hinzufügen. Doch diese Zutat garantiert nicht, daß das Gericht auch tatsächlich gelingt. Es gibt Zeiten, da können zu viele oder zu wenige Zutaten alle Bemühungen zunichte machen. Manchmal gibt man auch das Falsche hinzu. Um diesen Irrtum zu korrigieren, gibt man noch etwas hinzu. Ein sicheres Gespür rät, das ganze Gericht wegzuwerfen und noch einmal von vorn anzufangen, aber man möchte das, was man hat, nicht verschwenden. Dabei will man lediglich die Angst kaschieren, man schaffe es nicht, das Gericht vernünftig zuzubereiten. Das, was man anfangs getan oder versäumt hat, später auszugleichen, funktioniert beim Kochen manchmal. In Beziehungen klappt es fast nie.

In einer Beziehung müssen die richtigen Zutaten von Anfang an vorhanden sein. Unterwegs zu probieren oder abzuwiegen hilft, nicht vom Wege abzukommen. Doch wenn die richtigen Zutaten am Anfang nicht dabei waren, kann das Hinzufügen weiterer Dinge alles nur noch schlimmer machen. Wer das Ende wissen möchte, der schaue sich den Anfang an! Der Versuch, eine schlechte Ehe durch ein Baby zu retten, funktioniert selten. Der Versuch, eine scheiternde Beziehung durch einen Wohnortwechsel zu retten, funktioniert kaum. Mehr Geld zu verdienen, macht unvereinbare Differenzen nicht vereinbar. Ein neues Haus mit einer Riesenhypothek zu belasten, trägt wenig zur Verbesserung der Kommunikation bei. Rühren diese Probleme an die Wurzel, den Kern der Beziehung, und man fügt etwas hinzu, dann ist das so, als behandle man Krebs mit Heftpflaster. Eine neue Zutat mag der Sache in all diesen Fällen einen besseren Anstrich geben, auf lange Sicht jedoch ist Krebs ebensowenig durch Heftpflaster heilbar, wie Vertuschungen den Kernproblemen einer schlechten Beziehung auf den Leib rücken können! Der einzige Weg, eine unerquickliche Beziehung zu heilen, ist zuzugeben, daß etwas ganz Entscheidendes fehlt. Hat man sich das einmal eingestanden, so muß man sich die Mühe machen wollen, herauszufinden, welches diese entscheidende Zutat ist. Man muß seine Schritte zurückverfolgen und sich erinnern, was man getan und was man unterlassen hat. Hat man die fehlende Ingredienz erst einmal entdeckt, so kann das sehr wohl heißen, daß man die ganze Sache lassen und noch einmal von vorne anfangen muß.

Als das Baby starb, war Jack außer sich vor Trauer. Er hatte so viele Hoffnungen in dieses Kind gesetzt. Er hatte gehofft, das Baby würde ihre Beziehung verbessern, ihnen etwas Gemeinsames geben, etwas, an dem sie beide ein Interesse hätten. Wie konnte ihr Baby so einfach sterben? Jack wollte wissen, warum. Er verlangte zu wissen, warum. Helen wußte, warum. Sie wollte Jacks Kind nicht bekommen. Sie wollte Jamies Kinder bekommen. Sie war überzeugt, daß seine Heirat diese Möglichkeit zunichte gemacht hatte, und sie war sicher, daß sie das Kind in ihrem Bauch getötet hatte. Jack und Helen mußten sich aneinanderklammern, nur um den Tag zu überstehen. Damals verwechselten sie Bedürftigkeit mit Liebe. Indem sie ihre Bedürfnisse austauschten, ohne ernsthaft die Absicht zum Aufbau einer ehrlichen Beziehung zu haben, gerieten sie nur noch mehr in Verwirrung. So groß war die Verwirrung, daß sie glaubten, ihre Ehe retten zu können. Jack legte bei dem Versuch vollkommene Passivität an den Tag: »Laß sie einfach tun, was sie will, und mach keinen Ärger!« Helen entwickelte unglaubliche Aggressionen: »Ich werde tun, was ich will, und er sollte besser den Mund halten!« Jack zog auf die Couch um, erging sich in Selbstmitleid und fragte: »Warum ich?« Helen konzentrierte sich ganz darauf, das Notwendige zu tun, um alles zu überstehen – die Schuld, die Scham, die Angst, daß Jack herausfände, was sie getan hatte. Sie erkannten beide, daß die Ehe ein Fehler gewesen war. Er dachte, es sei ihr Fehler – sie hätte ihn nicht heiraten sollen. Sie dachte, es sei sein Fehler – er hätte sie nicht heiraten sollen. Die im Keller leben, wissen wirklich nicht, wo's langgeht. Sie waren beide fehl am Platze.

Die Gegenwart der Liebe ist eine heilende Kraft. Um die Auswirkungen dieses Heilungsprozesses in jedem Aspekt des Lebens zu entdecken und zu erleben, kamen wir alle auf die Welt. Es ist manchmal schwer, dies zu erkennen, weil wir in der Zwischenzeit die Liebe, die wir uns wünschen, nicht in der gewünschten Form erhalten. Die Zwischenzeit ist oft eine Zeit der Unbestimmtheit. Man erlebt eine vage Unruhe, die man nirgends so recht festmachen kann. Sie ist im Kopf. Nein, in der Brust. Nein, im Herzen. Nach außen hin macht man den Eindruck, als sei alles in Ordnung, aber im Innern geht etwas anderes vor.

Manchmal ist dieses andere Etwas Traurigkeit. Als vollführe man einen Balanceakt und sei im Begriff zu fallen. Man versucht, sich festzuhalten, festen Boden unter den Füßen zu behalten, aber langsam, Stück für Stück, wird einem bewußt, daß man selber oder die Beziehung dabei ist, in die Brüche zu gehen. Es macht einen traurig, aber es scheint nichts zu geben, was man dagegen tun kann. In der Zwischenzeit muß man sich daran erinnern, daß gerade, wenn die Dinge auseinanderzufallen scheinen, sie in Wirklichkeit an die richtige Stelle fallen – die göttliche Stelle, dorthin, wo sie bei jedem Beteiligten sein sollten. Wenn man sich in der Zwischenzeit befindet, dann befindet man sich in der Vorbereitungsphase der Heilung. Man wird auf die großartigste Erfahrung vorbereitet, die das Leben bereithält – die bedingungslose Liebe. In der Zwischenzeit muß man willens sein, die inneren Vorgänge, die Verwirrung und Hilflosigkeit, die man spürt, auszuhalten. Doch denken Sie daran, die Zwischenzeit ist kein Dauerzustand. Sie ist ein Heilungsprozeß.

Jede Heilanstrengung hat Prozeßcharakter. Der erste Schritt besteht in der Bereitwilligkeit, zu beten und Fragen zu stellen. Wir müssen den Versuch aufgeben, herauszufinden, was los ist! Wenn Sie gewußt hätten, womit Sie sich unglücklich oder verrückt machten, hätten Sie es nicht getan. Das sollte Ihnen früher oder später bewußt werden. Also Schluß damit! Beten

Sie! Fragen Sie! Um das zu können, müssen Sie willens sein, stillzuhalten, alles Reden und Denken, jedes heftige Pochen zu unterdrücken. Es wird wohl etwa dreißig Sekunden dauern, aber dreißig Sekunden können eine lange Zeit sein, wenn man Angst hat, verletzt oder verwirrt ist. Die gute Nachricht lautet, daß das Gebet hilft, die Konfusion zu lindern. Ist Ihr Kopf erst einmal klar, müssen Sie sich unbedingt drei prüfende Fragen stellen:

1. Was empfinde ich?
2. Was möchte ich?
3. Was halte ich von meinen Wünschen?

Sind die Fragen einmal gestellt, beginnt die Heilung, und die Antworten sprudeln nur so hervor. *Die Antworten liegen stets im Umfeld der Fragen.* Doch Sie müssen offen, empfänglich und willens sein, Antworten zu hören.

Unsere Empfindungen rühren stets an den Kern unserer Erfahrungen. Empfindungen und Gefühle sind die Kraft, die uns motiviert, zu handeln und zu sprechen. Empfindungen sind oft die Antworten hinter den Fragen, vor denen wir in unseren Beziehungen stehen. Wenn Sie den Draht zu Ihren Empfindungen herstellen, dann halten Sie einen wichtigen Schlüssel zum Verständnis Ihrer früheren und momentanen Handlungen in Händen. Empfindungen sind die Samenkörner, Erfahrungen die Früchte. Um die Zeit, wenn die Samen Früchte tragen, befinden wir uns gewöhnlich mitten in einem heillosen Durcheinander. Wir reagieren auf das Durcheinander mit hektischer Betriebsamkeit und versuchen aufzuräumen, wenn wir eigentlich die Samenkörner ausgraben, das heißt unseren Empfindungen auf den Grund gehen sollten. In einer Beziehung dürfen Sie keinesfalls den Kontakt zu Ihren Empfindungen verlieren, damit Sie die Motive Ihres Verhaltens bestimmen können.

Normalerweise bestimmen unsere Empfindungen unsere Wünsche.

Wichtiger noch: Was man von seinen Wünschen hält, bestimmt immer die Handlungsweise. Wenn man meint, nicht das bekommen zu können, was man sich wünscht, legt man anderen gegenüber möglicherweise Wut oder Groll an den Tag. Wenn man der Meinung ist, die Wünsche seien falsch, oder glaubt, man befinde sich im Irrtum, sie überhaupt zu hegen, zeigt man vielleicht Angst – Angst, jemand könne einem auf die Schliche kommen. In allen Beziehungen bestimmen die eigenen Wünsche und ihre subjektive Einschätzung die Art und Weise des Umgangs mit dem Partner. Auf einer sehr persönlichen und intimen Ebene helfen diese Empfindungen und Überzeugungen beim Abstecken der eigenen Grenzen, das heißt, wieviel man sich vom anderen gefallen läßt und wie man den anderen behandelt. Wenn die Beziehung einen anödet oder in die Brüche geht, muß man sich selbst durch Fragen prüfen. Das ist kein Versuch der Selbstanalyse. Doch es ist die einzige Möglichkeit, sicherzustellen, daß man sich nicht verliert, während man sich mit jemand anderem vereinigt oder mit ihm zusammenbleibt.

Die Reaktion auf die eigenen Empfindungen nennt sich Zwischenzeit-Verhalten. Es ist das Verhalten, das einen in Beziehungen in Schwierigkeiten bringt. Es ist das passive Verhalten, bei dem einem nicht wohl zumute ist und man sich schwach, dumm oder wie ein Trottel vorkommt. Und es ist das aggressive Verhalten, das sich in Wut gegenüber anderen äußert und einem Schuld- oder Schamgefühle verursacht. Die aus solchem Verhalten resultierenden Erfahrungen münden in die Auffassung, Liebe tue weh. Liebe tut nicht weh! Sie heilt! Was weh tut, sind die im Namen der Liebe begangenen Handlungen oder Versäumnisse. Sie sind der Ursprung der passiven beziehungsweise aggressiven Verhaltensmuster, die einen verrückt machen! Und wissen Sie was? Dieses Verhalten hat rein gar nichts mit Liebe zu tun. Ganz im Gegenteil, es ist der Kern der Ängste und Hirngespinste, die uns alle ins Herz der Zwischenzeit-Erfahrung führen.

Der Heilungsprozeß, der Sie dem höchsten Erlebnis von Eigenliebe und bedingungsloser Liebe näherbringt, funktioniert, gleichgültig, ob Sie sich in einer intimen Beziehung befinden oder nicht. Sie können Ihre momentane Tätigkeit jederzeit unterbrechen und sich Ihrer Person zuwenden. So fällt es Ihnen leichter, zu sagen, ob Sie gerade eine heilende Erfahrung machen oder sich bei Ihren Handlungen von giftigen Emotionen leiten lassen. Entscheidend ist, daß Sie die Gründe für Ihre Handlungsweise kennen, damit Sie anfangen können, das Haus sauberzumachen. Zu diesem persönlichen, inneren, emotionalen Hausputz gehört die Entfernung von allerlei Gerümpel, Durcheinander und Müll aus Ihren geistigen und emotionalen Wandschränken. »Schätzchen, ich kann ohne dich nicht leben« ist Gerümpel! »Mit mir stimmt wohl etwas nicht« ist absoluter Müll. »Mit dir stimmt wohl etwas nicht« ist die Ausgeburt eines verwirrten Gehirns. Neunundneunzig Prozent von dem, was Sie um sich herum sehen, entspringt Ihrem eigenen Kopf!

Wir möchten eine gute Meinung von uns haben, und wir glauben, eines anderen zu bedürfen, der uns dabei hilft. Beseelt von dieser Hoffnung stürzen wir uns in Beziehungen. Doch die Liebe hat andere Pläne. Die Liebe möchte, daß wir heilen! Die Liebe hat fest beschlossen, daß wir heilen. Sie zwingt uns, sauberzumachen, zu fegen und den Abfall vergangener Verletzungen, Scham und Verwirrung auszusondern. Unsere Beziehungserfahrungen sind Teil des Heilungs- und Reinigungsprozesses der Liebe. Das Leben benutzt Beziehungen wie Spiegel, die unseren Kram reflektieren und uns helfen, Ansprüche darauf geltend zu machen. Natürlich sind wir uns dessen nicht bewußt. Also versuchen wir in der Zwischenzeit, während die Liebe uns zu heilen sucht, uns unter dem Bettvorleger zu verstecken.

Das Verbergen von Gefühlen und Gedanken in Beziehungen und Versuche, die eigene Handlungsweise zu kaschieren, sind der Inbegriff einer Zwischenzeit-Erfahrung im Keller.

Heimlichtuerei zählt zu den zahlreichen Spielchen und Tricks, die wir uns ausdenken und deren wir uns bei der Suche nach Liebe bedienen. Heimlichtuerei treibt uns zu Handlungen, die nicht in unserem eigenen Interesse liegen. Manchmal funktioniert das Ausweich- und Versteckspiel. Zumindest *denken* wir dann, es ginge uns besser, und wir *glauben*, die Dinge liefen wunschgemäß. Wir fühlen uns vorübergehend wohl, aber dieser Zustand ist selten und nicht von Dauer. Früher oder später werden wir entweder passiv gestört, unfähig, unsere Empfindungen auszudrücken, oder wir reagieren auf eine Erfahrung unangemessen mit wütender Aggression.

Wir werden wütend, wenn Beziehungen nicht nach Plan laufen, wissen aber häufig nicht so recht, was wir dagegen tun sollen. Durch unsere Erfahrungen mahnt die Liebe, der Heiler, uns ständig: »Halte ein! Befrage dich! Sag dir die Wahrheit!« Hören wir zu? Natürlich nicht! Wir machen Ausflüchte. Wir verstecken uns weiter. Wir wollen uns nicht mit unserer Person beschäftigen, wollen die Wahrheit über unsere Empfindungen und die daraus resultierenden Handlungen gar nicht hören. Als nächstes wird nämlich der Bettvorleger weggezogen! Das Herz blutet, und die Liebe, oder was wir für Liebe hielten, ist vor unserer Nase geplatzt wie eine Seifenblase – wieder einmal. Wir wollen tapfer sein in der Zwischenzeit, aber wir sind verletzt. Wir wollen nicht stehenbleiben, aber wir haben Angst. Irgendwo im Hinterkopf ertönt eine lästige Stimme. Es ist die Stimme der Liebe, die flüstert: »Schnapp dir einen Mop und fang an zu fegen, damit wir Ordnung in dieses Durcheinander bringen. Als erstes wollen wir uns und allen hier Beteiligten die Wahrheit sagen.« Heilen beginnt mit der Wahrheit.

Das große Darunter

Wer herauszufinden sucht, was Liebe *ist*, entdeckt zwangsläufig, was Liebe *nicht ist*. Kleine Gefühle erzählen oft große Geschichten. In der Liebe geht es nicht darum, Gefühle zu ignorieren. Liebe versucht nicht zu kontrollieren, was jemand tut. Bei Angst verhält Liebe sich nicht still. Unsere Eltern stellten ihre Liebe zu uns unter Beweis, indem sie unsere Grundbedürfnisse erfüllten, während wir heranwuchsen und lernten, auf eigenen Füßen zu stehen. Dies ist die Abmachung, die Eltern mit dem Leben treffen, wenn sie sich einig sind, neues Leben in die Welt zu setzen. Das Leben erwartet von uns nicht, daß wir die Leistung der Bedürfnisbefriedigung auf die Liebe-Beziehungs-Gleichung übertragen. Wahre Liebe kann es nur zwischen Gleichen geben. Diese Gleichheit ist nicht ausdrücklich auf Einkommen oder Ausbildung begrenzt. Sie umfaßt eine Gemeinsamkeit hinsichtlich der Erwartungen und Wünsche von Menschen innerhalb und außerhalb von Beziehungen. Unter anderem deshalb ist es wichtig, daß wir willens sind, mit unseren wirklichen Wünschen nicht hinter dem Berg zu halten. Anderen nach dem Mund zu reden, um zu bekommen, was man möchte, kommt nicht in Frage.

Die Seele ruft jene Erfahrungen und Menschen auf den Plan, die der Entwicklung oder Neustrukturierung der seelischen Identität förderlich sind. Diese Identität ist das reinste Wesen der Liebe. Liebe heißt wählen. Wir wählen entweder ein Leben als Spiegelung der Liebe, die wir sind, oder wir wählen dieses Leben nicht. Am Ende zeigen die Menschen in unseren Beziehungen uns, was wir tun müssen, um die Liebe zu wählen. Die Erfahrungen unserer Beziehungen entpuppen sich als die Mittel, durch die wir lernen können, zuerst die Eigenliebe zu wählen. Genau in der Mitte von allem erklingt in der Seele die Stimme Gottes, der sanft daran erinnert: »Du bist nach meinem Bild und meiner Gestalt gemacht, nun handle auch danach! Ändere dein Verhalten!« Unser Leben ist Gottes Liebesdienst, und wir sind verpflichtet, es so zu leben, daß unsere Seele durch die Liebe gerettet wird. Zuerst muß man willens sein, gerettet zu werden. Und man muß willens sein, geliebt zu werden.

Der Keller im Haus des Lebens konfrontiert uns mit Überlebensfragen: wie wir überleben, was zum Überleben notwendig ist, was andere von uns verlangen und was wir ihnen geben müssen, um zu überleben. Überlebensfragen wurzeln gewöhnlich in Erfahrungen im Zusammenhang mit körperlichem Wohlbefinden und Liebesbezeigungen. Als Kinder nehmen wir bewußt zuerst unseren eigenen Körper und die Körper der Menschen unserer unmittelbaren Umgebung wahr. Wir lernen durch die Art, wie wir berührt werden, durch das, was wir zu essen bekommen, wie und ob wir gefüttert werden, und durch das, was wir sehen, hören und fühlen. Schon früh lernen wir, unseren Körper um andere Körper herumzunavigieren, damit uns nichts passiert. Diese mit körperlichem Überleben und innerer Zufriedenheit verbundenen navigatorischen Fragen tauchen einzeln oder gebündelt auch in Beziehungen auf. Es sind die Fragen, aus denen wir die Skalen auf unserem geistigen Kompaß entwickeln. Keller oder frühe Lebenserfahrungen lehren uns auch, inwieweit wir uns auf unser geistiges und körperliches Wohlergehen berufen oder darauf verzichten müssen, um Liebe zu erhalten.

Im Alter von fünf Jahren besitzen wir einen recht ausgeprägten Sinn für den Zusammenhang zwischen Geist, Körper und Überleben. Jeder kennt die Geräusche und Bewegungen, die damit enden, daß man eins auf den Po bekommt oder in der Ecke stehen muß. Wahrscheinlich hat man etwas über das Teilen gelernt. Daß es bedeutet, man muß geben, was man hat, um jemand anderen glücklich zu machen. Wenn man Menschen liebt, dann möchte man, daß sie glücklich sind, was bedeutet, man muß lernen, sich von seinem Kram zu trennen. Man sagt sich, man sei glücklich, wenn die anderen glücklich sind. Während man vom Teilen erfährt, erfährt man von Dein und Mein und was einem geschehen kann, wenn man beides verwechselt. Es summiert sich zu mehr Informationen darüber, wie man verletzt werden kann.

Dann ist man sieben oder acht Jahre alt, und man hat gelernt, daß der eigene kleine Körper, der einmal niedlich genug war, jedem gezeigt zu werden, jetzt irgendwie Anstoß erregt. Es ist vollkommen verständlich, daß man dies als Kind mit »Etwas stimmt nicht mit mir!« übersetzt. Man muß den Körper bedeckt halten und ihn keinesfalls in der Öffentlichkeit erwähnen. So lernen wir alle, uns zu verstecken. Man weiß vielleicht nicht so genau, was »Öffentlichkeit« überhaupt ist, aber man weiß, sie lebt auf der anderen Seite der Badezimmertür, dort, wo die Fremden sind. Fremde sehen so aus wie die anderen Leute, die einen lieben, aber Fremde können einem weh tun. Sie tun einem entweder weh, weil man so niedlich ist, oder aus keinem ersichtlichen Grund. Um Verletzungen durch Fremde oder gar durch manche der alten Bekannten zu überstehen, lernt man, was man wie und wann sagen darf, denn als man diese Dinge das letzte Mal durcheinanderbrachte, erlebte man entweder Zorn, Wut oder Schmerz. In vielerlei Hinsicht ist das Leben ein riesiger Laufstall geworden, in dem man eine Menge über die eigene Fähigkeit, mit so wenig Schmerz wie möglich zu überleben, gelernt hat. Durch unsere Kindheitserlebnisse lernen wir, daß Liebe eine Situation sein kann, in der man als Gewinner und Verlierer dasteht und gute Aussichten hat, viel zu verlieren und gehörig zu verletzen. Um Schmerz zu vermeiden, wird uns sehr klar, was wir für unser Überleben tun müssen.

In Beziehungen sind Kellerbewohner von Überlebensfragen förmlich besessen. Sie klammern sich an Menschen, um zu überleben. Und sie klammern sich aus purem Überlebenswillen an Beziehungen, wie unerfreulich sie auch sein mögen oder wie wenig sie auch funktionieren. Ein mißhandelter Ehegatte lebt im Keller. Wer in einer Beziehung von einem trunk- oder drogensüchtigen Partner abhängig ist, lebt im Keller. Untreue ist eine Kellertechnik. Man schläft mit jedem, um sicherzustellen, daß die Gefühle für den Partner überleben. Wenn man eine Keller-Zwischenzeit erlebt, schiebt man alle absonderlichen Überzeugungen und Verhaltensweisen auf sein Überlebensbedürfnis.

Wenn Sie sich oder jemand anderen sagen hören: »Ich habe

keine Wahl, ich muß tun, was ich tun muß«, dann können Sie sicher sein, daß Sie sich in der Gesellschaft von jemandem befinden, der im Haus des Lebens gerade eine Zwischenzeit im Keller verbringt. Und machen Sie sich bewußt, daß dieser Mensch keine Ahnung vom Wesen oder Ursprung der wahren Probleme hat, vor denen er steht. Wo keine Wahl ist, ist auch keine Liebe. Wenn Sie vollauf mit Fragen des Lebens und des Todes beschäftigt sind, ist es sehr schwierig, eine bewußte, auf Liebe gründende Wahl zu treffen. Überlebensentscheidungen sind eher Reaktionen denn Kreationen. Überlebensmotive werden eher aus Verzweiflung denn aus Verlangen geboren. Überlebensinstinkte sind die übertriebene und aggressive Kraft der Geburtskonstellation. Wenn Sie glauben, es gehe um Ihr Überleben, scheren Sie sich nicht darum, was Sie tun oder wie Sie es tun. Sie schreien sich die Lunge aus dem Hals und rudern mit den Armen, weil Sie überleben müssen.

Wir können zu uns oder sonst jemandem erst eine ehrliche, achtbare oder liebevolle Beziehung entwickeln, wenn wir unsere Überlebensfragen geklärt haben. Solange wir glauben, daß jemand anders einen Teil des Lebens besitzt oder uns möglicherweise vorenthält, der entscheidend für unser Überleben ist, werden wir weder die Wahrheit sagen noch unsere Gefühle äußern; unser Selbstwertgefühl, unsere Selbstachtung und Wertschätzung sind eingeschränkt; und wir leugnen die natürlichen, normalen Reflexe und Instinkte von Geist und Körper. Wenn man glaubt, Teile von sich aufgeben zu müssen, um Verletzungen aus dem Wege zu gehen oder zu überleben, dann verbringt man im Haus des Lebens eine Zwischenzeit im Keller. Man wird zum Opfer. Kinder müssen sich häufig wie Opfer der »Großen« vorkommen. Im Keller bemitleidet man sich, oder man schmollt und stampft mit den Füßen. Man möchte sich zusammenreißen, ist jedoch überzeugt davon, daß man keinen Einfluß auf die eigenen Lebensumstände hat. Jemand anders ist zuständig.

Wenn Sie im Keller leben, dann jammern und klagen Sie darüber, wie schrecklich es ist. Sie konzentrieren sich auf all die »schlimmen Dinge«, die passieren könnten, sollten Sie versuchen, Ihren Platz im Leben zu verändern. Soweit es um Beziehungen geht, haben Sie aufgegeben oder sind zu dem Schluß gekommen, daß eine halbherzige Beziehung besser ist als gar keine Beziehung. Sie müssen nehmen, was Sie kriegen können. Eines Tages geht Ihnen auf, daß das, was Sie gedacht haben, nicht funktioniert, oder vielleicht haben Sie überhaupt nicht gedacht. Sie haben reagiert, verheimlicht, versucht zu überleben. Allmählich wird Ihnen bewußt, daß es eine bessere Art zu leben gibt. Sie möchten Ihre Lebensbedingungen ändern. Der Schlüssel liegt in der Erkenntnis, daß es für Sie gar nicht mehr ums Überleben geht. Überlebt haben Sie. Jetzt möchten Sie sich weiterentwickeln, Erfolg haben.

Ist der Blick getrübt, dann ist gründliche Reinigung vonnöten!

Während einer Keller-Zwischenzeit erlebt man nicht nur beklemmende Gefühle. Man erlebt, wie Gefühle unter höchst dramatischen, bis an die Schmerzgrenze gehenden Umständen zutage gefördert werden. Überleben kann schließlich schmerzhaft und dramatisch sein. Ein Kellerbewohner versucht vielleicht, seinen Kummer in Alkohol zu ersäufen, oder ergibt sich der Völlerei. Beides funktioniert selten! Wenn im Innern etwas nicht stimmt, drängt es an die Oberfläche. Und wenn das geschieht, bemerken es die Leute. Möglich, daß sie einen darauf ansprechen, aber wer im Keller lebt, kann keine Kritik vertragen. Man denkt, die Leute hacken nur auf einem herum. Man ist verwirrt, und das Leben verläuft gewöhnlich ein wenig chaotisch. Man hat Angst und scheint laufend Erfahrungen zu machen, die diese Angst nur noch verstärken. Im Keller hat man dem, was in einem hochkommt oder um einen herum vorgeht, keine Beachtung geschenkt, was zur Folge hat, daß die Leute einen nun anstarren, weil sie wissen, daß da etwas sehr im argen liegt. Die Leute wissen es, man selbst aber nicht.

Wenn Sie sich im Keller oder in einer kellerähnlichen Beziehung wiederfinden, wenn Sie glauben, Opfer zu sein, und das Gefühl haben, Ihr Überleben stehe auf dem Spiel, wenn Sie sich auf alles Unangenehme konzentrieren, das in Ihrem Leben geschah – *halten Sie ein*! Es gibt ein Problem, das Ihnen möglicherweise überhaupt nicht bewußt ist und an die Oberfläche drängt. Ihre eigenen Ängste und Überzeugungen könnten Teil des Problems sein. Eine Rolle spielen könnte außerdem, daß die Programmierung Ihrer Kindheit zutage tritt. Es könnte sehr gut sein, daß Sie wiederholen, was Sie gehört haben, oder tun, was Sie andere haben tun sehen, als Sie Kind waren. Wenn dies der Fall ist, müssen Sie sich einen Augenblick Ihren Empfindungen und Gedanken zuwenden. Das hilft Ihnen, sich des Verhaltensmusters bewußt zu werden. Haben Sie das Schema dessen, was Sie normalerweise unter diesen oder ähnlichen Umständen tun, erst einmal erkannt, dann können Sie eine neue Strategie wählen. Gegen den von Ihnen eingeschlagenen neuen Weg haben Ihre alten Methoden keine Chance. Doch es bedarf wiederholter und beständiger Übung, bevor die neue Methode in Ihr Bewußtsein integriert werden kann. Übung macht den Meister!

Liebe ist die Erfahrung von Freude, Frieden, Erfüllung, Entschlossenheit, Harmonie, Fülle und Dienen. Es sind oft genau die Dinge, die wir in einer Beziehung finden möchten. Gewöhnlich sind es genau die Dinge, die wir in der Beziehung zu uns selbst unmöglich finden zu können glauben. Nur wenigen wird beigebracht, daß genau die Dinge, die man sucht, im Innern schlummern. Wir müssen die alten Liebesrezepte, die uns verabreicht wurden, löschen: »Tu dies aus Liebe. Tu das, damit du Liebe bekommst. Sei so, damit du weitergeliebt wirst.« Liebe ist ganz und gar nicht das, was wir tun. Sie ist die Erfahrung dessen, wer man ist. Durch Liebesbeziehungen suchen wir mehr über uns, die Wahrheit über uns zu erfahren. Wir müssen neue Ideen, neue Vorstellungen und mehr Wahrheit über unsere Identität in unsere Beziehungen einfließen lassen. In der Zwischenzeit, während wir alte Programmierungen löschen, können Beziehungen anstrengend sein. Zu erkennen, wo man steht und wo man stehen möchte, kann sehr reizvoll sein, ebenso wie all die Mühe, die man auf sich nehmen muß, um dorthin zu gelangen.

Ihre Meinung über sich spiegelt sich in den Menschen wider, mit denen zusammenzusein Sie sich entschließen. Jede Wahl verschafft Ihnen die Gelegenheit, in Einklang mit dem innersten Kern Ihres Wesens, Ihrer Seele, zu handeln. Unsere Beziehungen und die Menschen in diesen Beziehungen sind die Werkzeuge Gottes, unsere Seele zu erheben. Gott, der Schöpfer des Lebens, möchte, daß Sie eine höhere Meinung von sich haben, sich besser behandeln, letzten Endes andere besser behandeln und sich von ihnen besser behandeln lassen. Gott wünscht, daß wir unser Liebesempfinden schärfen und das Liebesschwingen in uns verstärken, damit wir der Kraft gewachsen sind, die uns ganz tief in die Seele eingepflanzt wurde. Beziehungen sind die am leichtesten verfügbaren Mittel, uns in Kontakt mit unserer Definition von Liebe zu bringen oder uns von ihr zu entfernen. Ob es sich um Eltern, Familienmitglieder, Arbeitskollegen oder sonstige Bekannte, Kinder oder Fremde handelt, die Beziehung zu diesen Menschen kann das, was Sie im Namen der Liebe tun und wie Sie es tun, prägen, formen und neu strukturieren.

Gott ist Liebe! Aber wie viele von uns wissen wirklich, was das bedeutet? Wie viele von uns haben eine verzerrte Wahrnehmung von Gott oder gar eine noch ärgere Vorstellung von der Liebe? Es sind sehr viele, und deshalb sehen unsere Beziehungen so seltsam aus. Beziehungen sind immer ein Spiegel dessen, was wir zu Hause gesehen, gehört und gelernt haben. Mit anderen Worten, wie immer Liebe und Geliebtwerden bei Ihnen zu Hause aussahen, was immer man Ihnen darüber beibrachte, wie Sie Liebe bekämen oder festhielten – diese Lektionen sind die wichtigsten Zutaten Ihres Liebesrezepts. Dann gibt es noch all jene, für die Gott nirgendwo in dem Bild existiert, was zur Folge hat, daß diese Menschen, was die Liebe, Gott, sie selbst und die Wahrheit über all diese Dinge betrifft, im dunkeln tappen. Irgendwann entdecken wir alle die Wahrheit. Dazu müssen wir Gott wieder in den Mittelpunkt rücken. Sobald wir es tun, werden unsere Beziehungen zu Löschmechanismen, die uns helfen, uns der Wahrheit über Gott, uns selber und die Liebe zu erinnern, sie zu erfahren und ihr gemäß zu leben. Der Schlüssel zum fast schmerzlosen Erreichen dieses Ziels heißt Bereitwilligkeit.

Bereitwilligkeit ist ein großartiger Kellerreiniger!

Ist Ihnen erst einmal bewußt, daß Ihr Fundament Risse hat und daß diese Risse für Ihre riskanten Handlungen verantwortlich sind, müssen Sie Bereitwilligkeit entwickeln, Ihr Verhalten zu ändern. Sie haben die Erfahrungen und Beziehungen der Keller-Zwischenzeit überstanden, und obwohl Sie Ihre Probleme vielleicht an der Wurzel immer noch nicht fest im Griff haben, erkennen Sie die ausgezeichnete Gelegenheit, die sich Ihnen bietet. Sie ist ein Segen, der dem Menschen vorbehalten ist. Der Mensch besitzt die Fähigkeit, sich eines anderen zu besinnen – in bezug auf seine eigene Person, sein Leben und die Liebe. Bereitwilligkeit ist der Schlüssel, um aus der Gelegenheit, sich aus dem Keller zu befreien, Vorteil zu ziehen. Da Sie willens sind, verstehen Sie jetzt, daß die Keller-Erfahrungen der Zwischenzeit vorbereitende Kunstgriffe waren. Es waren die Kunstgriffe, deren sich das Leben bedient, um Sie auf die ernsthafte Arbeit vorzubereiten, die vor Ihnen liegt. Sie sind dabei, zu einer aufregenden Reise aufzubrechen – zur Reise durch das Haus der Liebe.

Ich bin mir sicher, Sie wissen bereits, daß dies eine mühevolle Reise werden wird. Was Sie vielleicht nicht wissen: Es winken mannigfache Belohnungen. Um sich alles, was Ihnen angeboten wird, in vollem Umfang zunutze machen zu können, müssen Sie gereinigt sein. Bereitwilligkeit ist wie ein antibakterielles Desinfektionsmittel, das den Pilz und die Spinnweben entfernen wird, die sich durch frühere Erfahrungen und Beziehungen angesammelt haben. Sollten Sie viel Zeit im Keller verbracht haben, stellen Sie vielleicht fest, daß sich bei Ihnen Ärger aufgestaut hat. Bereitwilligkeit ist ein ausgezeichneter Reiniger, und er kann dazu dienen, den Ärger wegzuwischen. Sobald Sie willens sind, sich weiterzuentwickeln, entdecken Sie, daß Sie überhaupt nicht böse auf jemanden sind, weil er Ihnen etwas angetan hat. In Wirklichkeit sind Sie wütend auf sich! Sie sind wütend, weil Sie nun verstehen, wie Sie selbst zu Ihren Erfahrungen beigetragen haben. Sie erkennen auch, daß diese Erfahrungen darauf abzielten, Ihnen die Wahrheit über sich zu vermitteln und Sie an die Wahrheit über Gott zu erinnern, die Liebe, die in Ihrem innersten Wesen schlummert.

Bereitwilligkeit ist außerdem ein ausgezeichneter Reiniger, der den Blick schärft. Er versetzt Sie in die Lage, sich in anderen Menschen zu sehen. Wenn Sie eine Beziehung eingehen, begegnen Sie sich in den Handlungen, den Verhaltensweisen und den Überzeugungen derjenigen, die in dieser Beziehung engagiert sind. In gewisser Weise werden diese Menschen genau das tun und Ihnen das sagen, was Sie selber bereits getan und sich gesagt haben. Sie begegnen all den Dingen über sich, die Sie kennen, und manchen, die Ihnen überhaupt nicht bewußt sind. Sie werden Ihrer guten Seite, Ihrer schlechten Seite und der Seite, für die Sie wahrscheinlich gar keinen Namen haben, begegnen. Weil Bereitwilligkeit wie ein antibakterielles Mittel wirkt, entfernt sie die Erreger von Schuld, Scham, Zorn, Angst und Groll, die Ihnen die Möglichkeit verwehren konnten, wirklich klar zu sehen. Einmal davon befreit, können Sie genau sehen, für wen Sie sich halten, indem Sie sich anschauen, was Sie bei anderen Menschen erwarten und tolerieren.

Großzügig angewendet, entfernt Bereitwilligkeit die abgewetzten Stellen von den Wänden des Herzens. Wenn Sie andererseits Widerstand an den Tag legen, stellen Sie möglicherweise fest, daß Ihre Toilette verstopft ist! Sollten Sie an einem Punkt Ihrer Reise bemerken, daß Sie nicht weiterkommen oder blockiert sind, möchten Sie sich vielleicht hinsetzen, tief Luft holen und sich in Erinnerung rufen: »Das bin nicht wirklich ich! Ich werde mir etwas anderes aussuchen! Ich werde mich eines anderen besinnen!« Damit würden Sie auf bewundernswerte Weise Bereitwilligkeit zeigen. Manchmal jedoch werden Sie in den Spalten einige hartnäckige Flecken und festsitzenden Schmutz entdecken, denen Sie kräftig zu Leibe rücken müssen. Sollte dies der Fall sein, weinen Sie! Während Sie weinen, vergeben Sie sich, daß Sie glaubten, jemals etwas falsch gemacht zu haben. Denken Sie daran, daß all Ihre Handlungen Reaktionen auf das waren, was Sie sich abgewöhnen mußten. Wenn Sie mit dem Weinen, Vergeben und Erinnern fertig sind, gehen, nein rennen Sie zum nächsten Spiegel, schauen sich fest in die Augen und sagen: »Ich liebe dich sehr!«

Was Sie geben, das erhalten Sie!

Jack begann das Gespräch damit, daß er Helen sagte, wie sehr er sie liebe. Dann sagte er ihr, daß er weggehe. Bevor Sie noch den Mund aufmachen konnte, fuhr er fort und sagte, er sei dankbar für die Zeit, die sie miteinander verbracht hätten, daß er aber der Ansicht sei, es sei für sie beide das beste, wenn sie sich trennten. Er legte ein Geständnis ab, wobei er so tat, als höre er nicht, wie sie lachte, oder sehe nicht, wie sie den Kopf schüttelte. Richtig! Er gestand, ihre Heirat sei sein Versuch zur Steigerung des eigenen Wohlbefindens gewesen. Damals sei ihre Ehe ihm wie ein Segen erschienen, aber heute, nach all den Jahren, erkenne er, wie unfair die Heirat ihnen beiden gegenüber gewesen sei. Helen stand jetzt auf, also setzte Jack sich und fuhr fort.

Es sei der Tod des Babys gewesen. Nachdem das Baby gestorben sei, habe er nicht die Kraft oder den Mut finden können, sie zu verlassen. Er habe trotz allem die Hoffnung nicht aufgegeben, daß sie es sich anders überlegen würde und ein weiteres Kind bekäme. Ob sie sich noch erinnere, wie sie darüber gesprochen hätten, Kinder zu haben? Sie setzte sich wieder hin, also stand er auf. Kinder hätten ihnen vielleicht etwas Gemeinsames gegeben, und sie hätten etwas anderes zu tun gehabt, als aufeinander herumzuhacken. Warum habe sie keine Kinder mit ihm gewollt? Sei er wirklich so schlimm? Sei sie ihm deshalb immer so gleichgültig begegnet, selbst wenn sie miteinander schliefen? Die ganze Zeit schien es, als sei sie mit ihren Gedanken ganz woanders. Körperlich weit weg oder bei jemand anderem, jedem, nur nicht bei ihm.

Sie weinte, also setzte er sich neben sie, nahm sie in den Arm, und auch er weinte. Was war aus seiner Freundin geworden? Er erinnerte sich, was für gute Freunde sie einst gewesen waren. Er konnte alle Dinge aufzählen, die sie während der vergangenen vierzehn Jahre getan und nicht getan hatte, um ihre Freundschaft zu zerstören, aber all das zählte jetzt nicht. Er wußte, sie war unglücklich, und er war es auch. Er war unglücklich mit sich und seinem Leben. Er brauchte ein wenig Zeit, um nachzudenken, sich wieder zu fangen und vom Fernseher loszukommen. Er war bereit, ihr alles zu geben, was sie wollte. Er war nicht wütend, er war unglücklich! In tiefster Seele war er unglücklich, und dagegen mußte er etwas tun. Er glaubte nicht, daß er es in der Ehe tun könne. Er wollte es nicht in der Ehe tun. Er wollte gehen. Er mußte gehen. Es tat ihm leid, daß er nicht schon früher gegangen war. Wenn, wäre es vielleicht jetzt nicht so schmerzhaft. Ob sie ihn, bitte, ohne Theater gehen lassen könne? Selbst wenn sie Theater machte, würde er gehen. Was wollte sie? Was konnte er tun?

Unsere Lebensumstände und Erfahrungen wurzeln im Seelenleben. Diese Erfahrungen heilen einen entweder oder machen einen zum seelischen Krüppel. Werden der Gleichung des Lebens Liebe und Bereitwilligkeit hinzugefügt, dann wird man trotz all der Male, bei denen man schlecht wählte oder sich falsch entschied, geheilt. Zum ersten Mal in ihren vierzehn gemeinsamen Jahren erzählte Helen Jack genau, warum sie ihn geheiratet hatte. Als sie sich sagen hörte, daß sie versucht habe, ihre Jugendliebe eifersüchtig zu machen, war sie verblüfft. Wenn man willens ist, geheilt zu werden, erwischt man sich dabei, daß man Dinge sagt und tut, die man unter normalen Umständen aus Angst nicht sagen und tun würde. Helen fuhr fort und gab zu, daß sie seine Kinder nicht gewollt habe, weil sie in der Hoffnung gelebt habe, daß Jamie eines Tages zu ihr zurückkommen werde.

Sie gestand auch, daß es schrecklich sei, aus so einem Grund zu heiraten, und es tue ihr ewig leid. Sie habe ihre gesamte Ehe in Wut und Schmerz verbracht. Helen wurde klar, daß sie niemals über die Tatsache hinweggekommen war, daß

Jamie sie zurückgewiesen hatte. Sie erkannte ebenfalls, daß sie Jack nie eine Chance gegeben hatte. Auch das tat ihr leid. Sie wollte nicht, daß Jack ging, aber sie wollte auch nicht, daß er blieb. Sie hatte Angst. Sie war verwirrt. Auch sie brauchte ein wenig Zeit, um nachzudenken, sich wieder zu fangen und herauszufinden, was sie mit dem Rest ihres Lebens anfangen würde. Das einzige, was sie von ihm wollte, war, daß er still und leise ging und es nicht ihrer Mutter erzählte. In der Zwischenzeit konnte er bleiben, bis er eine neue Bleibe gefunden hatte. Jack blieb noch etwa zwei Jahre mit Helen in dem Haus wohnen. Er ging ungefähr um die gleiche Zeit, als Jamie sich von seiner Frau scheiden ließ.

Das Erdgeschoß

Was ist denn das für ein Geruch? Schrecklich! Ist Ihnen schon aufgegangen, daß er Ihnen nur in die Nase steigt, wenn Sie den Kühlschrank öffnen? Etwas ist faul im Staate Dänemark! Das Problem ist, Sie haben nicht die leiseste Ahnung, was. Könnte das grüne Zeug in der Schüssel sein oder das braune in der Folie. Vielleicht das krause rosa Zeugs, das einmal rot war und jetzt am Rand des Gemüsefachs vor sich hin gärt. Wie Sie es hassen – den Eisschrank auszuräumen. Es ist eine ekelhafte und zeitraubende Pflicht. Sie schieben es seit Tagen, nein, seit Wochen vor sich her, und so machen es alle. Warum kommen immer nur Sie bei der Erledigung der Drecksarbeit nicht voran? Jetzt müssen Sie sie machen, weil jeder weiß, daß Sie ein Problem haben. Jedesmal, wenn Sie diese Tür öffnen, wissen alle, einschließlich der Gäste, daß in Ihrer Mitte etwas sehr Ekelhaftes und Anrüchiges gedeiht. Also, Sie können es nicht mehr auf die lange Bank schieben. Es ist zu peinlich. Gott sei Dank gilt das gleiche nicht für die schmutzige Wäsche! Wenigstens können Sie verheimlichen, daß …

Aber warum? Warum lassen wir den Berg anwachsen? Ob es sich nun um schmutzige Wäsche oder ein Beziehungsproblem handelt, es wäre so viel leichter, wenn wir uns alles der Reihe nach vornehmen würden. Jedesmal, wenn wir vor dem Riesenhaufen stehen oder einen hitzigen Streit haben, versprechen wir uns hoch und heilig, daß wir es beim nächsten Mal so machen werden. Lüge! Lüge! Unterhosen in Flammen! Ihre dreckigen Unterhosen brennen – alle zwölf Beutel! Auch die, die Sie ganz unten im Wandschrank verstecken wollten! Inzwischen müßten Sie doch wissen, daß eine Sache immer schlimmer wird, je länger man sie aufschiebt! Am Ende zieht der faulige Geruch überall ein, oder der Beutel platzt, und Ihre ganze verschmutzte Unterwäsche liegt überall auf dem Boden verstreut, oder die aufgestaute Wut führt zum Streit. Ob Kühlschrank, schmutzige Wäsche oder kleine Probleme, die sich wie Mehltau auf Ihre Beziehungen legen – *kümmern Sie sich darum*! Jetzt – bevor Sie in Verlegenheit geraten oder verletzt werden.

Kapitel 4

Schmutzige Wäsche waschen

Lynn und Steve waren seit einer Ewigkeit verheiratet – neunzehn Jahre. Sie hatten zwei wundervolle Kinder, einen Jungen von fünfzehn und ein Mädchen von dreizehn Jahren. Steve war der einzige Mann, den Lynn je gekannt hatte, wenn Sie wissen, was ich meine – er war ihr erster Liebhaber. Nun war er ihr Ehemann und, wie sie dachte, ihr bester Freund. Sie führten eine ganz passable Ehe. Lynn war eine äußerst intelligente Frau, wirklich großartig. Steve war ein Fabrikarbeiter, der Krawatten trug. High-School-Absolvent. Kein Holzlagerarbeiter, aber Büroarbeiter in einer staatlichen Behörde, eine Ebene über dem Kellergeschoß. Lynn arbeitete ganztags und ging abends zur Schule. Sie waren ein bißchen knapp bei Kasse, mußten sich aber nicht wirklich einschränken, wenn Sie wissen, was ich meine.

Etwa um die Mitte ihres neunzehnten Ehejahres begann Steve sich wie ein unzurechnungsfähiger Schwachkopf zu benehmen. Ein unzurechnungsfähiger Schwachkopf glaubt, eine Lizenz dafür zu besitzen, Dummheiten zu machen. Steve kam unter der Woche nicht mehr nach Hause! Es ist eine Sache, am Wochenende auszubleiben, aber nur ein Narr bleibt während der Woche nachts weg. Er hatte nie einen Pfennig Geld. Aber wie oft kann einem schon in einem Monat die Geldbörse gestohlen werden, selbst in L. A.! Lynn kam nicht dahinter, was zum Kuckuck eigentlich los war. Nach einem kleinen ehelichen Verhör entdeckte sie, daß ihr bester Freund, ihr Ehemann, ein Kokainproblem hatte. Er gab sein ganzes Geld dafür aus und trieb sich dort herum, wo es verkauft wurde. Kurz nach dieser bestürzenden Offenbarung vermasselte Steve auf der Arbeit alles so gründlich, daß man ihn feuerte. In Wirklichkeit war es wegen der Drogengeschichte – man kam dahinter, daß er Drogen auf Regierungsgelände genommen hatte.

Das Leben kann hart sein, aber Gott ist immer gut! Weil Steve die Stelle schon so viele Jahre hatte, wurde er nicht direkt gefeuert. Man forderte ihn auf, zu kündigen, und versprach ihm, sein Lebenslauf würde makellos bleiben. Lynn stellte sehr wenige Fragen, und Steve gab keinerlei Erklärungen ab. Nach ein wenig ehelichem Drängen unterzog Steve sich einer Drogentherapie, und Lynn stand diese Zeit gemeinsam mit ihm durch. Neun Monate nach dem fünfzehnmonatigen Entzug hatte Steve noch immer keine Arbeit gefunden. Lynn tat alles, was in ihren Kräften stand, um Ehe und Haushalt zusammenzuhalten. Nun mußten sie wirklich kämpfen! Freunde liehen ihnen Geld, denn Lynn war die Art Mensch, für die man tut, was man kann, um zu helfen. Steve andererseits kam nachts nicht nach Hause.

Um das Spiel zu spielen, muß man die Regeln kennen!

Sie sind die Liebe, die Sie suchen. Sie sind die Gesellschaft, die Sie sich wünschen. Sie sind Ihre eigene Vervollkommnung, Ihre eigene Ganzheit. Sie sind Ihre beste Freundin, Ihr bester Freund, Ihre Vertrauensperson. »Sie sind«, wie die Dichterin Audre Lourde schrieb, »der Mensch, den Sie suchen.« Sie sind der einzige Mensch, der tun kann, was Sie von anderen erwarten. Wenn Sie auf der Suche nach Liebe oder Arbeit oder Melonen hinaus in die Welt gehen, machen Sie sich klar, daß Sie Ihre Waren anbieten – Ihre Seele, Ihren Verstand und Ihren Körper. Wenn Sie von dem, der Sie sind, und dem, was Sie sind, keine hohe Meinung haben, wie können Sie erwarten, für Ihre Waren Pfund für Pfund, Stück für Stück passende Abnehmer zu finden? Wenn Sie zur Liebesversteigerung gehen, ohne die Wahrheit über sich zu kennen, dann, meine Lieben, kommen Sie ganz schön in Schwierigkeiten! Packen Sie Ihre

Sachen, und gehen Sie nach Hause! Tun Sie es nicht, dann wird Sie das, was Sie dort draußen in der Welt wahrscheinlich entdecken werden, aus der Fassung bringen.

Wenn Sie etwas wissen, dann handeln und leben Sie danach. Wenn Sie von einer Sache gehört haben, dann versuchen Sie, etwas darüber herauszufinden. Die meisten von uns versuchen herauszufinden, was sie tun können, um ihre Beziehungen zu verbessern, sie vor dem Scheitern zu bewahren, weil sie es übersprungen haben, *sich* zu lieben, und gleich zum *Dich*-Lieben übergegangen sind. Eigenliebe bedeutet, sich Zeit zu nehmen, um sich selbst anzulächeln, sich zuzuhören und zärtlich zu umarmen. Haben wir dafür nie Zeit aufgewendet, dann wird uns das, was wir in Beziehungen suchen und worauf wir hoffen, weiterhin entwischen. Diese Erfahrung – absolute und aufrichtige Anerkennung, vertrauensvolle Unterstützung und Selbstachtung – ist die einzige Erfahrung, der wir bedürfen, um aus jeder Beziehung eine gute Beziehung zu machen. Wenn wir über diese Art von Eigenliebe verfügen, sind wir mehr als willens, die manchmal unangenehme Arbeit auf uns zu nehmen, die erforderlich ist, um eine Beziehung einzugehen, aufzubauen und zu erhalten. Ohne diese Eigenliebe sind wir dazu verdammt, uns in einem riesigen Durcheinander heillos zu verirren.

Wenn man nach einem neuen Heim sucht, nimmt man sich Zeit für die Klärung bestimmter Details – die Größe der Küche, die Anzahl der Schlafzimmer und Badezimmer –, und man würde sich über die eigenen Sonderwünsche klarwerden, bevor man sich auf dem Immobilienmarkt umsähe. Das gleiche gilt für die Suche nach Liebe. Bevor Sie anfangen zu suchen, müssen Sie wissen, wonach Sie suchen. Manche stürzen sich auf den Markt, betasten Bohnen und Melonen, nehmen das, was sich gut anfühlt, gut aussieht oder gut riecht, ohne wirklich zu begreifen, *was gut ist*. Was für Sie gut ist, paßt zu Ihren Sonderwünschen. Was für Sie gut ist, erweitert Ihre größte Selbsterfahrung. Was für Sie gut ist, erweitert Ihr Bewußtsein und verhilft Ihnen zu einer höheren Erkenntnis dessen, was Ihnen im Leben *zu Ihrem Wohlergehen* noch fehlt.

Was für Sie gut ist, wird sich letzten Endes als gut für jene erweisen, die Sie bitten, an Ihrem Leben teilzuhaben.

Nachdem Steve sich mehrere Wochen lang wie ein Schwachkopf benommen hatte, entschied Lynn, daß es Zeit für eine kleine eheliche Ermittlung sei. Eines Abends folgte sie Steve und fand seinen Wagen in der Beacon Street geparkt, einer Straße mit lauter Wohnhäusern. Ein paar Abende später überredete Lynn eine Freundin, die ein Auto hatte, ihr zu helfen. Genau wie sie vermutet hatte, fanden sie den Wagen um zwei Uhr morgens vor einem Haus in der Beacon Street abgestellt. In den nächsten zwei Wochen gingen Lynn und ihre Freundin jeden Abend in der Beacon Street auf Autoschau. Jeden Abend war der Wagen vor einem anderen Gebäude geparkt, wodurch es ein wenig schwierig wurde, präzise zu sagen, wohin Steve ging – aber er ginge geradewegs zur Hölle, sollte Lynn ihn jemals zu fassen kriegen! Da die beiden nie gesehen hatten, wie er eines der Gebäude betrat oder wieder herauskam, hatten sie keine Ahnung, in wessen oder welche Wohnung Steve ging. Lynn meinte, eheliche Geduld sei kaum zu übertreffen.

In der Zwischenzeit erwähnte Lynn die Sache gegenüber Steve mit keinem Sterbenswörtchen – sie konfrontierte ihn weder mit den Fakten, noch fragte sie ihn. Lynn versuchte ihre Würde zu wahren, die die Beacon Street herauf- und heruntergeschleift worden war. Während sie nach Kräften durchhielt, ließ ihre Freundin nicht ab, Lynns Gedächtnis aufzufrischen: »Er hat in den vergangenen zwei Jahren sein Gehalt die Nase hochgezogen.« Und, fuhr sie fort, »er arbeitet nicht«. Außerdem wies sie Lynn darauf hin: »Du ernährst ihn, und während er deinen Kühlschrank leerfrißt, hat er nichts Besseres zu tun, als sich eine andere Frau anzulachen!« Sie war noch nicht fertig. »Reiß dich zusammen, Mädchen! Wenn das Liebe ist, dann, bitte, hasse mich!« Wie immer hörte Lynn gut zu, war aber mit einer Antwort rasch bei der Hand: »Keine Scheidung! Das wäre Sünde! Meine Kinder lieben ihren Vater, und das werde ich ihnen nicht antun. Er ist mein Mann, und wir können damit fertig werden.« In der Zwischenzeit betete Lynn unablässig. Irgendwann dachte sie sogar daran, eine Wahrsagerin aufzusuchen, um einen Hinweis auf die richtige Adresse zu erhalten.

Schließlich ging Lynn, natürlich mit Hilfe der Freundin, um acht Uhr morgens in die Beacon Street – sie hatte das Schema durchschaut. Steve ging stets um kurz vor siebzehn Uhr aus dem Haus, bevor Lynn von der Arbeit nach Hause kam. Er blieb die ganze Nacht weg, und wenn Lynn um neun Uhr morgens von ihrer Arbeitsstelle aus zu Hause anrief, war er zurück. Das bedeutete, er mußte sein Versteck in der Beacon Street gegen halb neun Uhr morgens verlassen. Es war die Idee der Freundin, sich – buchstäblich – im Gebüsch auf die Lauer zu legen und auf ihn zu warten. Spannung! Drama! Das niedliche kleine Hündchen, das sie schier zu Tode erschreckte, als es anfing, sich auf Lynns Bein zu erleichtern! Es war beinahe den Tageslohn wert, den es sie beide kostete, die Sache erfolgreich durchzuziehen. Bingo! Um zwanzig nach acht kam Steve aus dem zweiten Gebäude auf der rechten Straßenseite, stieg in den gemeinsamen Wagen und fuhr davon. Jetzt kannten sie das Gebäude – alles, was sie nun noch brauchten, war die Nummer der Wohnung.

Lassen Sie regelmäßig Ihre Augen untersuchen

Worauf schaue ich? Was suche ich? Womit suche ich? Diese drei Fragen sind für die Entdeckung wahrer Liebe unerläßlich. Ob Sie kurz- oder weitsichtig sind oder alles verschwommen sehen, Sie laufen Gefahr, die Liebe zu verfehlen, wenn sie auftaucht. Wenn Sie nicht wissen, wonach Sie suchen sollen oder wo Sie suchen sollen, wie wollen Sie dann erkennen, was Sie wollen, wenn es auftaucht? Wenn Sie ein altes, rissiges, verblaßtes Bild besitzen, das sich an den Ecken wellt, vermissen Sie möglicherweise bestimmte winzige Details, die für das Gesamtbild entscheidend sind. Aus diesem Grund müssen Sie Ihre Wunschvorstellung, Ihr Modell und Ihren Entwurf von der Liebe ständig überprüfen.

Wenn Sie nicht herausfinden, was Sie verletzt, dann haben

Sie vielleicht versucht, sich in eine Situation zu drängen, in die Sie nicht hineingehörten, eine Situation, der Sie entwachsen sind. Wenn Sie den Ursprung Ihrer Verwirrtheit nicht ausmachen können, dann könnte es sein, daß Sie auf die falsche Sache schauen, nach der falschen Sache suchen oder mit der falschen Absicht im Hinterkopf suchen. Liebe erscheint niemals rachsüchtig oder gewaltsam. Sie will niemals schlagen oder niederstrecken. Liebe ist eine expansive Kraft, die uns dazu bringt, zu teilen, zu geben, etwas zu schaffen und zu heilen. Liebe sorgt für einen Antrieb und ermutigt einen, mehr zu tun, sich bei seinen Handlungen mehr von der Liebe leiten zu lassen, mehr zu sein, sich liebevoller zu verhalten und mehr Menschen immer mehr Liebe zu geben.

Zu lieben und geliebt zu werden ist eine große Verantwortung. Das bedeutet, daß Sie sich – ebenso wie diejenigen, die Sie lieben – mit aufgeschlossenem Blick betrachten müssen, wohl wissend, daß nichts so bleibt, wie es ist. Die Dinge entfalten sich manchmal jenseits unserer Wunschvorstellung oder entziehen sich unserem Zugriff. Lieben und geliebt zu werden bedeutet auch, daß Sie stets nach dem Guten Ausschau halten müssen. Den guten Eigenschaften, der guten Anlage, dem Guten, das Ihnen getan und für Sie getan worden ist. Es bedeutet, Sie müssen mit gnädigen und versöhnlichen Augen suchen, mit vertrauensvollen und ehrlichen Augen, mit sanften und freundlichen Augen, mit Augen, die stets jenseits des äußeren Benehmens auf den Kern schauen, das Wesen, die Seele. Möglich, daß Sie das nicht immer wollen. Es wird Zeiten geben, da wissen Sie nicht, wie Sie es bewerkstelligen sollen. Der Schlüssel liegt darin, sich immer wieder zu versichern, daß die Liebe Ihre leitende Kraft ist. Auf diese Weise wird Liebe gegenwärtig sein, unabhängig davon, was Sie tun oder wie Sie es tun.

Wenn man diesen Grad von Verantwortung für sich erst einmal akzeptiert hat, indem man sich vergibt, was man verursacht hat, ist es ein leichtes, jene zu lieben, die dabei eine Rolle spielten. Sodann kann man sich dem nächsten Schritt zuwenden: von anderen bedingungslose Liebe zu empfangen. Für viele ist Geben viel leichter als Empfangen. Zu empfangen bedeutet anzuerkennen, daß alles, was einem zufließt, ein Spiegelbild dessen ist, was man verdient. Wasser steigt bis zum Wasserspiegel, mit der Liebe verhält es sich ebenso. Menschen gewähren Dinge, Möglichkeiten und Mittel, Zeit und Kraft nach Maßgabe der Liebe, die man für sich empfindet und die man anderen gewährt. Somit kann Empfangen eine große Herausforderung sein, denn man muß glauben, daß man verdient, was man erhält.

Es ist sehr schwierig, zu empfangen, wenn man hinsichtlich der Motive der anderen Argwohn hegt. Aus diesem Grund müssen Sie lernen zu vertrauen – sich selbst und anderen Menschen. Vertrauen ist die Hauptzutat bedingungsloser Liebe. Wenn Sie kein Vertrauen haben, werden Sie argwöhnisch sein. Sie werden vielleicht argwöhnen, Sie seien Menschen etwas schuldig. Wenn Sie erst einmal glauben, jemandem etwas schuldig zu sein, dürfte es schwer, wenn nicht unmöglich sein, diesem Jemand gegenüber ehrlich zu sein. Es ist schwer, jemandem die Wahrheit zu sagen, wenn Sie Angst vor ihm haben oder von ihm abhängig sind. Es mag schwer, wenn nicht unmöglich sein, auszudrücken, was Sie empfinden, wenn Sie glauben (was Sie tun), diesem Menschen für die Liebe, mit der er Sie überschüttet hat, etwas schuldig zu sein. Nur wenn Sie sich wieder einmal daran erinnern, daß Sie geliebt werden – und nur dann –, werden diese Gedanken sich zerstreuen. Dann fällt Ihnen ein, daß Sie Liebe in jeder Form verdienen, in der sie sich einstellt.

In dieser seelischen Verfassung können Sie das Ihnen Angebotene offenen Herzens annehmen, ohne das Gefühl haben zu müssen, zu etwas verpflichtet zu sein. Sollte jemand versuchen, Ihnen das Gefühl zu vermitteln, Sie schuldeten ihm etwas, dann können Sie ihn und sich daran erinnern, daß *Gott sich der Menschen bedient*! Gott bedient sich der Menschen, um einen wissen zu lassen, wo im Haus der Liebe man sich befindet. Es ist nicht klug, Gott das Vorrecht streitig zu machen, einem zu zeigen, wie sehr man geliebt wird! Wenn Sie Schwierigkeiten mit dem Empfangen haben, könnte es sein, daß Sie ein paar Schritte versäumt haben. Seien Sie unbesorgt, Sie werden Gelegenheit erhalten, Ihre Schritte zurückzuverfolgen und sich Klarheit über das zu verschaffen, was Sie versäumt haben.

Bewaffnet mit diesem neuen Informationshäppchen betete Lynn weiter. Und sie ging zu einer Hellseherin, nachdem ihre Freundin vorzeitig das Handtuch geworfen hatte. Die Freundin hatte die Nase voll von diesen Spionagespielchen: Sie wirkten sich übel auf ihre eigene Beziehung aus. Die Wahrsagerin erzählte Lynn nichts, was sie nicht schon gewußt hätte, und sie gab ihr die Apartmentnummer nicht. Es machte nichts, denn die Freundin kam zurück. Sie war eine *echte Freundin*, die dachte, Lynn sei dabei, den Kopf zu verlieren. Und außerdem: *Echte* Freunde lassen ihre Freunde nicht im Stich. Ohne Vorwarnung rief die Freundin eines Freitagabends an, um Lynn mitzuteilen, sie sei unterwegs, sie abzuholen. Sie gingen zur Kirche. Es war eine alte Baptistenkirche in einem Ladenlokal an einer Ecke. Die Predigt handelte davon, nicht zuzulassen, daß verschwundene Menschen einem verlorengingen. Angesichts dessen, was Lynn soeben durchmachte, traf die Predigt voll ins Schwarze. Nach der Predigt nahm die Freundin Lynn bei der Hand und ging mit ihr ohne Umschweife in den vorderen Teil der Kirche, wo sämtliche Kirchenmatronen sich versammelten. Auf die dickste Matrone in der Gruppe zusteuernd, die den seriösesten und überzeugendsten Eindruck machte, platzte die Freundin heraus: »Meine Freundin hier braucht Ihr Gebet! Bitte!«

Sofort verwandelte die Seriosität sich in liebevolle Sorge. Die Matrone erwiderte nichts, stellte keine einzige Frage. Sie warf einen Blick auf Lynn, scharte die anderen Matronen mit einem Wink um sich, und sie machten sich an die Arbeit. Die Matronen umringten Lynn und fingen an zu beten – eigentlich jammerten sie mehr oder sangen oder taten etwas, das weder Lynn noch die Freundin je vernommen hatten. Als sie fertig waren, kniete Lynn inmitten des Kreises und weinte. Die Freundin hatte sich flach an die Wand gedrückt – und weinte ebenfalls. Es sei wirklich ein Erlebnis gewesen, erzählte Lynn ihrer Freundin hinterher. Sie versprach auch, daß die Autobeschau jetzt vorbei sei.

Bei allem, was hinter einem liegt, was man durchgemacht hat, woran man gewachsen ist, scheint es fast so, als würde die Arbeit dadurch leichter. Im Haus der Liebe ist dies nicht der Fall. In Wahrheit schaffen es nur wenige bis ganz nach oben, denn die Arbeit wird zunehmend schwieriger. Und die sehr guten, die besten Schüler bekommen immer die schwierigsten Prüfungsaufgaben. Sie sehen, die Liebe ist nichts, womit man herumspielt. Das ist es, was viele von uns bislang getan haben. Wir haben mit der Liebe und dem Liebenswertsein gespielt. Doch es kommt eine Zeit, da reicht Reden nicht mehr aus, da müssen Taten sprechen! Sie sagen, Sie möchten die Vorteile vollkommener Selbstanerkennung genießen. Sie glauben, daß Sie sich den Segen einer liebevollen, engagierten Beziehung wünschen. Sie denken, daß Sie die wahre Bedeutung bedingungsloser Liebe leben und als lebendes Beispiel dienen können. Also gut, beweisen Sie es!

Um in die erste Etage des Hauses der Liebe zu gelangen, müssen Sie willens sein, jedem bedingungslose Liebe zu geben, unter allen Umständen. Es heißt willens sein, für alles, was Sie tun und wie Sie es tun, uneingeschränkt Verantwortung zu übernehmen. Totale, absolute und vollständige Verantwortung für zum Ausdruck gebrachte Liebe, unter allen Umständen, ist der einzige spirituelle Reiniger, der diese Arbeit bewältigen kann.

Wenn Sie willens sind, Verantwortung zu übernehmen, können Sie auf Ihr Leben schauen und lernen, Ihren Erfahrungen lauschen! Erfahrungen liefern eine brauchbare Formel, die auf jede erdenkliche Situation anwendbar ist, in der man mehr Informationen über sich benötigt. Wenn Sie die Erfahrung zu Ihrem Lehrmeister machen, können Sie sich hinsetzen und sowohl über alles nachdenken, was Sie gelernt haben, als auch über das, was Sie versäumt haben. Dieses Sitzen wird manchmal Meditation genannt. Das Nachdenken heißt Bereitwilligkeit, sich zu entwickeln. Gemeinsam angewendet, erzeugen diese beiden spirituellen Reinigungsmittel, Meditation und

Bereitwilligkeit, Verantwortung. Wenn Sie bereit sind, die uneingeschränkte Verantwortung dafür zu übernehmen, Liebe in Ihr Leben oder erneut in Ihre Beziehung zu bringen, dann ist Ihre Arbeit im Erdgeschoß so gut wie erledigt.

Einige Tage später ging Lynn einen Stoß Post und alte Unterlagen auf der Kommode durch, als sie einen Umschlag mit der Beacon-Street-Adresse, komplett mit Namen und Apartmentnummer, entdeckte. Wahrscheinlich hatte er die ganze Zeit zwischen dem Plunder auf der Kommode gesteckt! Der Telefonhörer lag noch nicht wieder auf der Gabel, als die Freundin auch schon draußen auf die Hupe drückte. Sie war gekommen, um Lynn bei dem zu begleiten, was ihr letzter Besuch in der Beacon Street zu werden versprach. Lynn war einfach nicht sie selbst. Sie war sonderbar ruhig, beinahe gelassen. Ihre Augen waren starr, und sie sprach kein einziges Wort. Noch bevor das Auto in einer Parklücke stand, war Lynn draußen und steuerte auf das Gebäude zu. »Wo zum Kuckuck gehst du hin?« Ihre glasigen Augen hatten die Freundin sehr beunruhigt. »Was willst du tun? Was willst du ihm sagen?« Lynn schaute sich kein einziges Mal um. Sagte kein einziges Wort.

Es war, als verfüge sie über Radar. Sie kreiste den richtigen Klingelknopf ein und drückte ihn – mehrmals. Die Freundin stellte pausenlos die gleichen dummen Fragen. Lynn schellte pausenlos. »Wer ist da?« O mein Gott! Es ist Steve! Er hat auf das Klingeln geantwortet! So ein verdammter Idiot! dachte die Freundin. »Hier ist Lynn«, erwiderte sie mit einer Ruhe, als gehe sie von Tür zu Tür und verkaufe Zeitschriften. Zur großen Überraschung ihrer Freundin summte die Tür, und Lynn betrat das Gebäude. Natürlich fiel der Freundin die Kinnlade nach unten! Wie angewurzelt blieb sie stehen, wo sie stand. Lynn war außer Sichtweite – in der verflixten Wohnung. Es war eine Erdgeschoßwohnung, knapp drei Meter von der Eingangstür entfernt.

Fünfundvierzig Sekunden später – ich schwöre, fünfundvierzig Sekunden! – kam Lynn mit Steve, der direkt neben ihr herlief, wieder zum Vorschein. Er hatte sich ein weißes Hemd über die linke Schulter geworfen. (Ist es nicht erstaunlich, welche Details einem ins Auge fallen, selbst wenn man unter Schock steht!) Er folgte Lynn schnurstracks aus dem Gebäude. Auf dem Weg nach draußen nahm Lynn die Freundin beiseite, die mit weit offenem Mund immer noch genau dort stand, wo Lynn sie verlassen hatte. Zum ersten Mal während des Martyriums dieses Tages sprach Lynn mit ihr. »Ich fahre nach Hause und kümmere mich um die schmutzige Wäsche!«

Wie heilen Sie ein gebrochenes Herz? Was tun Sie, wenn Geist und Seele Schaden genommen haben?

Wahrheit ist die Mutter der Liebe, und wir alle wissen, daß es unklug ist, Mütter anzulügen. Irgendwie, auf irgendeine Weise kommt Mutter stets dahinter, daß man lügt. Wenn sie es erfährt, muß man schwer büßen! Eine der größten Herausforderungen im Leben ist die Fähigkeit, sich ungeschminkt zu sehen und sich das, was man sieht, einzugestehen und es anzuerkennen. Die Aufgabe ist um so schwieriger, als wir glauben, daß das, dessen wir ansichtig werden, sich in den Satz verwandelt: »Was stimmt mit mir nicht?« Nichts stimmt nicht! Die Wahrheit ist, daß einige Persönlichkeitsaspekte und einige Lebensbereiche Aufmerksamkeit erfordern. Ein paar bedeuten ein wenig Arbeit. Andere brauchen vielleicht sogar intensive Zuwendung. Das ist nichts, dessen man sich schämen oder schuldig fühlen müßte, denn es gilt für jeden von uns. Die Wahrheit ist, daß wir, solange wir unsere eigene Wahrheit nicht akzeptieren und sie uns eingestehen, bei Mutter schlechte Karten haben. Um zu überleben und uns weiterzuentwickeln, ist es deshalb zwingend erforderlich, daß wir einen Blick auf uns selbst werfen, uns Tag für Tag anschauen, was wir tun und warum wir es tun. Solange wir dazu weder fähig noch bereit sind, entzieht die Liebe sich in ihrer wahren und tiefsten Bedeutung weiterhin unserem Zugriff.

Wenn man sich in einem Zustand der Verwirrung befindet, kann es sein, daß man einen Schuß Wahrheit braucht. Nicht reden, sich weigern zuzuhören und unfähig sein, die

Wahrheit zur Kenntnis zu nehmen, münden in große geistige und emotionale Verwirrung. Allzuoft halten wir in Liebesbeziehungen mit der Wahrheit hinter dem Berg, aus Furcht, anderen weh zu tun oder zuviel von uns preiszugeben. In manchen Fällen sind wir von der Falschheit unserer Wahrheit überzeugt: Es ist falsch, so zu empfinden. Es ist falsch, dies oder das zu sagen. Keine Wahrheit ist falsch. Wenn sie für Sie wahr ist, wenn sie eine getreue Spiegelung Ihrer Empfindungen ist, dann ist sie nicht falsch. Es mag sein, daß Ihre auf Erfahrung basierende Wahrheit ein wenig vage ist. Möglich, daß sie ein bißchen präzisiert werden muß, aber das macht sie noch nicht falsch. Die Wahrheit ist stets das, was sie ist. Der Wahrheit Erstgeborenes, die Liebe, erlaubt uns, unsere Wahrheit ohne Furcht anzuerkennen, sie uns einzugestehen und ihr Ausdruck zu verleihen. Sie gestattet uns außerdem, die Wahrheit von jemand anderem zu hören, ohne uns von ihr aus der Bahn werfen zu lassen.

Es dürfte nicht immer leicht sein, die Wahrheit auszudrücken, aber vielleicht ist man den Schuhen des letzten Jahres längst entwachsen. In Wahrheit wird uns die Wahrheit, die wir von anderen zu hören bekommen, nicht immer gefallen, aber wir müssen willens sein, sie zu vernehmen. Die Wahrheit auszusprechen und sie zu hören ist eine andere Form des Eingestehens. Wenn wir die wahre Bedeutung der Liebe entdecken möchten, müssen wir willens sein, die Wahrheit von jemand anderem zu hören, sie uns einzugestehen und sie zu akzeptieren. Können wir es nicht, so ist keine Liebe da, und wir agieren angstvoll. Und genau in diesem Augenblick, dem Augenblick, in dem Angst uns überkommt, müssen wir um Heilung beten.

Lieber Gott,
lenke meine Worte, auf daß ich aus dem Bewußtsein der Liebe heraus die Wahrheit spreche. Laß mich aufgeschlossen sein für die Liebe und erfülle mich mit Liebe. Öffne meinen Mund, und laß ihm Liebe entströmen. Laß die Worte, die auszusprechen ich im Begriff bin, auf liebevolle Ohren stoßen. Laß mich bewußt

und dauerhaft verliebt sein, so daß ich auf liebevolle und heilende Weise mein Herz sprechen lassen kann. Ich weiß, daß die Worte, die ich spreche, meiner Erfahrung entstammen. Ich bete darum, sie mit Liebe zu sprechen und mit Liebe beschenkt zu werden, wenn ich sie ausspreche. Gott, ich danke dir! Denn ich weiß, daß du dieses Gebet vernommen hast.

Oder:

Lieber Gott,
öffne meine Ohren, auf daß ich höre, was mit liebevollem Bewußtsein gesagt wird. Laß mein Denken von Liebe erfüllt sein. Laß mein Herz voller Liebe sein. Mach, daß die Liebe mich umfängt, auf daß ich klar und liebevoll höre. Ich achte die Worte, die ich vernehme, mit liebevollem Bewußtsein, auf daß es eine heilende und liebevolle Erfahrung werde. Ich weiß, daß die gesprochenen Worte die Wahrheit der Erfahrung von jemand anderem enthalten. Ich bete darum, sie mit Liebe zu hören und vom Mut göttlicher Weisheit erfüllt zu werden. Gott, ich danke dir! Denn ich weiß, daß du dieses Gebet gehört hast.

Eine tägliche Dosis Wahrheitsserum befähigt uns, die Wahrheit ohne Angst auszusprechen und zu hören. Das heißt, wir sind willens, uns unsere emotionalen Erfahrungen einzugestehen und sie auszudrücken sowie anderen zu gestatten, dasselbe zu tun. Wenn man jemand anderem die Wahrheit der eigenen Erfahrung nicht vorenthält, erkennt man um so besser, daß man für die Erwiderung, zu der der andere sich entschließt, nicht verantwortlich ist. Die Entscheidung, mit Liebe oder mit Angst zu reagieren, ist einfach nur das, was sie ist, eine Entscheidung. Wenn man von jemand anderem die Wahrheit über dessen Erfahrungen vernimmt, darf man das nicht persönlich nehmen. Wenn wir aufgeschlossen und mit liebendem Herzen zuhören, wird die Wahrheit die Tür zur Heilung statt zur Verletzung öffnen. Nur wenn unser Bewußtsein von Wahrheit erfüllt ist und wir über die Bereitwilligkeit verfügen, die Wahrheit auszusprechen und zu hören, können wir eine starke, dauerhafte und wahrhaft liebevolle Beziehung zu uns und anderen aufbauen. Alles unterhalb dieser Ebene ist keine Liebe. Es ist Angst.

Drei Tage lang war es die Hölle, eine stumme Hölle, bevor sie den Mut hatte, ihn zu fragen: Wie lange? Wann? Warum? Wer? Er antwortete auf alles, wonach Lynn ihn schließlich fragte. Er beantwortete alle Fragen – Auge in Auge mit ihr und ehrlich! Steve übernahm die volle Verantwortung für das, was er getan hatte, obwohl er zuerst sagte, daß es Lynn ohnehin nicht interessiere – sie sei zu beschäftigt, als daß es sie kümmere. Wenn der Partner untreu ist, fühlt man sich vielleicht betrogen, verletzt und links liegengelassen, und das Selbstwertgefühl sinkt vielleicht durch die Dielenbretter schnurstracks in den Keller. Ungeachtet dieser und anderer Empfindungen darf man sich niemals für fremde Verfehlungen die Schuld in die Schuhe schieben lassen. Lynn hatte geschwiegen, weil sie ohne Beweise niemanden hatte beschuldigen wollen. Schließlich studierte sie Strafrecht. In Wirklichkeit wollte sie sich nicht der Gefahr seiner Lügen aussetzen. Sie hätte jede Achtung vor ihm verloren, hätte er tatsächlich den Mund aufgemacht, um zu lügen, und sie wußte, daß es sehr schwer wäre, einen Lügner zu lieben. Doch sie war bereit, ihren Teil der Verantwortung für die Schwierigkeiten in ihrer Ehe zu übernehmen. Wenn man die Verantwortung für das, was man getan oder nicht getan hat, auf sich nimmt, ohne zu beurteilen, ob es richtig oder falsch war, wenn man willens ist, die reine Wahrheit zu sagen, dann weiß man, ob man bleiben soll oder nicht.

Denken Sie besser von sich!

Als ich das Erdgeschoß des Hauses der Liebe bewohnte, war ich noch vollauf mit körperlicher Liebe und Befriedigung beschäftigt. Nicht, um zu überleben, sondern weil ich es noch nicht besser wußte. Ich fragte mich dauernd, warum ich nicht hübsch, warum ich nicht begehrenswert sei und warum ich niemanden finden konnte, der mich liebte. Ich wollte jemanden, der mich ganz besonders behandelte und mir das Gefühl gab, etwas Besonderes zu sein. In Abwesenheit einer sinnerfüllten Liebesbeziehung verbrachte ich meine Tage in dem Gefühl, unvollständig und wertlos zu sein. Natürlich verlor ich nie ein Wort darüber. Ich konnte nichts sagen, zu sehr versuchte ich mich davon zu überzeugen, daß mit mir alles in Ordnung und ich liebenswert sei. Doch da war ein kleines Problem: Ich glaubte es nicht! Ich hielt mich für irgendwie geschädigt. Ich will nicht meiner Kindheit die Schuld geben, obwohl ich sagen möchte, daß sie an meiner Schlußfolgerung nicht ganz unschuldig war. Ich hatte zwischen den Menschen, die als Kind für mich sorgten, nie Zeichen wirklicher Zärtlichkeit erlebt, und mir selber hatten sie selten echte, liebevolle Zuneigung erwiesen. Wieder einmal mußte ich allein aus all dem schlau werden. Ich muß zugeben, daß es mir nicht sonderlich gut gelang.

Habe ich schon erwähnt, daß ich pummelig war? Als ich im Keller lebte, versuchte ich meinen Kummer und meine Unzufriedenheit durch Essen zu kompensieren. Ich war willens, mit dem Essen aufzuhören, aber tatsächlich getan hatte ich es noch nicht. Essen war meine Entschuldigung. Es war meine Entschuldigung dafür, daß niemand mich liebte. Einen anderen Grund konnte ich mir nicht vorstellen, also beschloß ich, mir selber einen auszudenken. Ich fand, daß, wenn ich dick wäre, die Leute einen Grund hätten, mich schlecht zu behandeln. Ich sagte mir, daß dicke Leute es nicht verdienten, geliebt zu werden. Ich sagte lieber nichts von alledem laut, ich malte es mir lediglich in meinem eigenen Kopf so aus und handelte unbewußt danach. Es ist wirklich schrecklich, seinen Verstand zu vergeuden! Dicksein machte die Dinge nicht besser, aber es verschaffte mir eine plausible Erklärung. Doch trotz dieser Erklärung stellte ich mir in einem fort Fragen. Ich stellte Gott andauernd Fragen. Ich rechnete nicht damit, Antworten zu bekommen, aber seitdem habe ich gelernt, daß in der *Frage* schon die *Antwort* liegt.

Elf Jahre später waren Lynn und Steve noch immer zusammen. Beinahe so lange brauchten sie, ihre schmutzige Wäsche zu sortieren. Am Ende zahlte ihre Zwischenzeit sich aus. Sie lernten beide eine Menge, und beide waren sie willens, die Mühe auf sich zu nehmen, die notwendig war, ihre Beziehung zu reinigen und zu heilen. Lynn war den Problemen lange Zeit ausgewichen und mußte am Ende einräumen, daß sie blind gegenüber der Realität gewesen war. Sie konnte sich nicht eingestehen, daß sie einfach nicht alles war, was ihr Mann brauchte oder wollte. Statt dieser Tatsache ins Auge zu sehen, entschied sie sich für einen Schwebezustand. Das war keine Absicht. Ihr Ehemann, ihr bester Freund, steckte in Schwierigkeiten – nicht nur in Schwierigkeiten wegen der Drogen, sondern in moralischer, emotionaler und geistiger Hinsicht –, und sie wußte nicht, was sie tun sollte. Sie hatte seine Last geschultert und sie nach Kräften getragen. Das Drogenproblem waren sie nie wirklich angegangen, und Lynn wußte immer noch nicht, warum er tat, was er tat. Steve weigerte sich, Einzelheiten preiszugeben. In der Rückschau auf die Erfahrung gesteht Lynn, daß sie damals einfach nicht gewußt habe, was sie tun sollte.

Die Erfahrung war ihr nicht neu. Sie erinnerte sich an ihre Mutter und die Alkoholprobleme ihres Vaters. An ihre Schwester und das gewalttätige Temperament ihres Schwagers. An die Frau ihres Bruders und seine unehelichen Kinder. Lynn hatte beobachtet, wie diese Frauen ihre Schwierigkeiten unter Qualen und Tränen durchlitten, nur um am Ende, fast um den Verstand gebracht, vor den Trümmern ihrer Ehen zu stehen. Lynn war entschlossen, nicht diesen Weg zu gehen. Sie würde hinbiegen, was immer sie hinbiegen müßte, um sich und ihre Familie zu retten.

Lynn begriff schließlich, daß sie nie über ihre Verantwortlichkeiten und Rollen in der Ehe gesprochen hatten. Eigentlich hatten sie überhaupt niemals etwas diskutiert. Sie liebten einander, sie genossen jeder die Gesellschaft des anderen, und alles andere würde von selber funktionieren. Erst wenn ein Problem auftauchte, setzten sie sich zusammen, um darüber zu diskutieren. Doch solange alles gut lief, fühlte keiner von beiden sich verantwortlich, an ihrer Ehe zu arbeiten. Steve fühlte sich nicht einmal verantwortlich, an sich zu arbeiten, und Lynn übernahm nicht die Verantwortung, bestimmte Fragen mit ihm zu besprechen. Als die Affäre sich ereignete, mußten sie ihre schmutzige Wäsche sortieren – die heftigen Gefühle, die Enttäuschungen, das Gefühl des Versagens und der Unzulänglichkeit auf beiden Seiten.

Lynn fiel es wirklich nicht leicht, Steve zu vergeben. Wichtiger noch war, daß sie sich vergeben mußte, faul gewesen zu sein, ihr Glück nicht in die Hand genommen und zu Steve kein Machtwort gesprochen zu haben. Vielleicht wären die Dinge nicht so außer Kontrolle geraten, wenn sie das schon ganz am Anfang getan hätte. Sie wird es nie erfahren, so wie man nie diese Socken findet, die auf Nimmerwiedersehen im Trockner verschwinden. Die Geschichte von Steve und Lynn zeigt, daß es Zeiten gibt, jene ganz besonderen Zwischenzeiten, in denen man die Beziehung retten kann, wenn man willens ist, die Mühen dieser schweren, unangenehmen Arbeit auf sich zu nehmen. Es war wirklich eine Menge Bereitwilligkeit nötig, besonders auf Steves Seite. Er mußte bereit sein, ungeachtet möglicher Folgen der Wahrheit ins Auge zu blikken und die Wahrheit zu sagen. Lynn war auch wirklich seine beste Freundin. Sie verwendeten den spirituellen Reiniger namens Verantwortung und wandten ihn auf all die Flecken, den Schmutz und die Verletzungen an, die sich im Laufe ihrer Ehe angesammelt hatten. Auf diese Weise waren sie in der Lage, ihre Beziehung mittels der Wahrheit zu reinigen und zu heilen.

Letztendlich funktionierte es, weil die beiden einander im Grunde ihres Herzens wirklich liebten – nicht aus Not oder in der Phantasie oder ängstlich. Sie liebten einander schlicht und einfach. Wie man sieht, hält die Liebe niemanden davon ab, Verrücktheiten zu begehen, aber es war ohne Zweifel die bedingungslose Liebe, auf der ihre Beziehung im Kern ruhte, die dem spirituellen Reiniger zusätzliche Wirkung verschaffte. Lynn sagt, daß die Sichtung von neunzehn Jahren Durcheinander genauso gewesen sei wie das Sortieren schmutziger Wäsche, die Trennung von Koch- und Buntwäsche – dies ist deins, das ist meins, was macht denn das hier? Aber sie waren beide sofort willens, zu tun, was getan werden mußte. Für JoAnn und Paul gilt leider nicht das gleiche.

Ein Teil des Problems

JoAnn und Paul waren erst seit drei Jahren verheiratet, aber es waren drei intensive Jahre gewesen. Sie machten beide ein Aufbaustudium und arbeiteten tagsüber. Sie hatten eine nette kleine Wohnung, zwei niedliche kleine Autos und ein Riesenproblem. JoAnn konnte ihren Ex-Freund nicht abschütteln. Kaum drehte Paul ihr den Rücken zu, telefonierte JoAnn mit ihm, half ihm bei irgendeinem Projekt, fuhr seine Mutter hierhin oder dorthin und verschwand stundenlang mit ihm. Paul tat sein Bestes, um zu verstehen, daß die beiden nur Freunde seien, und das seit mehr als fünfzehn Jahren. Doch kein Mann, der noch bei klarem Verstand ist, kann nichts dabei finden, daß seine Frau sich so häufig mit dem Mann herumtreibt, mit dem sie früher geschlafen hat. Nun gut, ein Mann mit klarem Verstand könnte es vielleicht. Paul konnte es nicht.

»Er ist mein Freund, Paul!« pflegte JoAnn jedesmal zu sagen, wenn Paul wegen des Freundes explodierte. »Ich habe dich geheiratet! Ich bin in dich verliebt! Ich liebe ihn auch, aber er ist mein Freund. Du bist mein Ehemann!« Paul beruhigte sich dann vorübergehend, bis zum nächsten Anruf. Dann pflegte der Streit zu eskalieren, und JoAnn brach in Tränen aus. »Du bist nicht mein Gefängniswärter! Du bist mein Mann, und du kannst mir nicht vorschreiben, wen ich zum Freund haben darf.« Paul bestand darauf, daß er es könne und auch würde. Damals verbot er seiner Frau – ja, ganz richtig, verbot –, den Burschen jemals wiederzusehen, ein für allemal, Schluß, aus, vorbei! Sie sehen, wir haben wirklich einen schlechten Start. Wann immer es in Beziehungen Probleme gibt, hilft ein Ultimatum ganz bestimmt nicht weiter.

Was Ehepartner sich in einer Beziehung einfallen lassen, um einander zu ärgern, aufzuregen oder wütend zu machen, wirkt auf den anderen wie die Scheinwerfer eines Trucks, die einem ins Gesicht scheinen – es ist kraß! Was der Partner einem antut, wirkt stets sehr viel schrecklicher als alles, woran man selber umgekehrt auch nur im Traum denken würde. Man denkt vielleicht nicht im Traum daran, aber weil die Scheinwerfer einen blenden, tut man es. Man macht den anderen in einem Ausmaß nieder, das einem vielleicht gar nicht bewußt ist. Das ist ein Hauptstolperstein in Beziehungen – man ist sich nicht bewußt, will nicht hören, macht sich nicht klar, was man dem Partner im Gegenzug für das antut, was er uns unserer Ansicht nach angetan hat. Wir kritisieren Menschen gewöhnlich für die Dinge, die wir tun, und die Dinge, die wir an uns nicht mögen. Wir sind so sehr damit beschäftigt, aufzupassen, die anderen zu prüfen, daß wir nicht sehen, was wir selber tun, und folglich sind wir nicht willens, für unsere Handlungen die Verantwortung zu übernehmen.

Das war bei Paul der Fall. In den drei Jahren seiner Ehe mit JoAnn hatte er mit zwei anderen Frauen geschlafen. Die eine war eine alte Freundin aus Collegezeiten, die andere seine Ex-Freundin. Natürlich hielt er es nie für nötig, JoAnn davon zu erzählen, aber er hatte solche Angst, daß sie tun würde, was er getan hatte, daß er sie geradewegs dazu trieb, es zu tun – warten Sie, das kommt später. JoAnn fühlte sich für ihre Ehe verantwortlich, aber sie hatte auch eine Verantwortung sich selbst gegenüber. Dieser andere Mann und sie hatten eine lebenslange Beziehung. Sie unterstützten sich gegenseitig. Ja, sie waren einmal ein Liebespaar gewesen. Jetzt waren sie Freunde, im beiderseitigen Einverständnis. Er verstand sich mit ihrer Familie ebenso gut wie mit seiner eigenen. Er wußte alles über JoAnn, auch, daß Paul völlig aus dem Häuschen war wegen ihrer Beziehung. Er riet JoAnn, auf ihren Mann zu hören, seine Bitte zu respektieren und ihm selber eine Weihnachtskarte zu schicken, wenn sie daran denke.

Vielleicht hat es wirklich etwas mit den Umständen unserer Geburt zu tun. Es könnte doch einfach sein, daß wir wegen des ganzen Drückens, Ziehens und Schlagens während des Geburtsvorgangs denken, wir müßten kämpfen. Besonders interessant ist, daß wir glauben, wir müßten kämpfen, *um Liebe zu bekommen*, und kämpfen, *um Liebe zu behalten*. Kämpfen ist schmerzhaft! Lieben ist es nicht oder sollte es wenigstens nicht sein. Liebe ist sanft, freundlich, empfindsam und eine Stütze. Es sind die Bedingungen, mit denen wir die Liebe und das Geliebtwerden befrachten, die aus der Liebe ein rauhes Actionspektakel machen. Nicht das, was die Liebe ist, sondern unser Verhalten macht uns glauben, Liebe sei etwas Schmerzhaftes. Die entsprechende Überzeugung lautet: *Je mehr ich liebe, desto schlimmer wird der Schmerz*. Um den Schmerz zu vermeiden, glauben wir, wir müßten kämpfen, um uns davor zu bewahren, in der Liebe verletzt zu werden. Es hat absolut keinen Sinn! Wenn Sie dieser Gleichung etwas oder jemanden hinzufügen, der mit Liebesentzug droht, dann haben Sie den totalen Krieg! Indem wir tun, was unserer Meinung nach erforderlich ist, um das Überleben der Liebe oder des Lebens zu garantieren, fallen wir unbewußt in einen Zustand des Kampfes zurück.

Wenn wir auf unserer Reise durch das Haus der Liebe geheilt werden wollen, müssen wir die Beziehungsstreitereien einstellen. Manche von uns sind so sehr daran gewöhnt, für das zu kämpfen, was sie möchten, für das zu kämpfen, was sie brauchen, zu kämpfen, um voranzukommen, und zu kämpfen, um oben zu bleiben, daß sie sich wie Soldaten auf dem Schlachtfeld benehmen, die hinter jedem Felsen den Feind wittern. Oftmals ist der Kampf in unsere Worte eingeflochten, sowohl in die Art, wie wir sie sprechen, als auch in die Kraft dahinter. Manchmal erwarten wir einen Kampf, wenn wir um das bitten, was wir brauchen oder möchten. Wenn wir den Kampf nicht bekommen, suchen wir ihn. Wir suchen uns irgend etwas, sprechen es aus, und zwar so, daß ein Kampf unvermeidlich ist. Wenn die Person, mit der wir den Kampf suchen, sich nicht wehren will, werden wir wütend – wir halten nach jemandem Ausschau, mit dem wir kämpfen können. Wenn wir fündig geworden sind, streiten wir jede Verantwortung dafür ab, angefangen zu haben.

So wie wir miteinander kämpfen, kämpfen wir auch mit uns. Ich bekenne mich schuldig, mit mir einen wütenden Kampf ausgefochten zu haben! Ich pflegte mit mir um das zu kämpfen, was ich tat und nicht tat! Wenn ich verlor, kämpfte ich mit mir darum, wie ich es getan hatte! Wenn das Thema erschöpft war, kämpfte ich mit mir, ob ich es noch einmal oder jemals wieder tun sollte. Traurig daran ist, daß ich niemals gewann! Wie kann man sich selbst besiegen? Ich kam normalerweise tödlich verwundet aus dem Kampf, bis ich etwas anderes fand, um das ich mit mir kämpfen konnte. So, wie ich mit mir kämpfte, so bekämpfte ich meine Gefühle. Es gibt bestimmte Dinge, die zu empfinden ich mir einfach nicht gestatten wollte. Ich kämpfte jedesmal, um sie zurückzuhalten. Ich wehrte mich, um zu verhindern, daß sie entstanden und mir über die Lippen kamen. Ich wollte lieber kämpfen als empfinden, weil ich wußte, ich könnte es überleben, geschlagen zu werden. Ich wußte nicht, ob ich es überleben würde, in die Tiefen meiner Empfindungen vorzudringen. Dies, so wurde mir gesagt, könne einen umwerfen.

Was mich veranlaßte, mit dem Kämpfen aufzuhören, in geistiger und körperlicher Hinsicht, war eine Äußerung meines lieben Freundes, Kollegen und Lehrers Ken Kizer. Er sagte: »Gott wird einverstanden sein, dir dabei zu helfen, zu kämpfen oder dich zu wehren, wenn du ihn darum bittest.« Jedesmal, wenn wir aus einem anderen Impuls als Liebe handeln, bitten wir Gott, uns bei unserem Kampf zu helfen. Wir bekämpfen unsere Schuld, unsere Scham, unsere Angst oder unsere Unaufrichtigkeit. Wir kämpfen darum, man möge uns nicht auf die Schliche kommen, uns nicht herausfordern, und wir mögen vor Irrtümern bewahrt werden. Wenn wir, wie Paul, etwas tun, worauf wir nicht stolz sind, müssen wir die Verantwortung dafür tragen – wie Steve – und die Wahrheit sagen. Die Wahrheit ist wie ein unsichtbarer Krieger. Sie rettet einen vor dem Schlachtfeld.

Paul sagte nicht die Wahrheit. JoAnn war auf Kampf nicht vorbereitet. Statt dessen log sie. Sie traf ihren Freund weiterhin. Sie blieb sehr wütend auf Paul. Und da er nicht aufhörte, Andeutungen zu machen, er wisse, daß sie ihren Freund weiterhin treffe, tat JoAnn endlich genau das, dessen Paul sie die ganze Zeit beschuldigt hatte. Sie schlief mit ihrem Freund. Ich sage damit keinesfalls, daß er sie dazu gezwungen hätte. Und ebensowenig sage ich, daß das, was sie tat, immer schon ihr brennendster Wunsch gewesen war. Ich sage lediglich, daß JoAnn sich schließlich wehrte. Zwei Tage vor ihrer Abschlußprüfung erzählte JoAnn Paul, was sie getan hatte. Überflüssig zu sagen, daß Paul kein glücklicher Soldat war! Obwohl JoAnn ihn um Verzeihung bat, verließ Paul sie – ohne je auch nur ein Wort über seine kleinen Abenteuer zu verlieren. Als ich zuletzt von ihnen hörte, kämpften sie gerade vor dem Scheidungsrichter miteinander. Scheinbar will Paul alle Möbel haben, die er für ihre nette kleine Wohnung gekauft hatte.

Kapitel 5

Den Kühlschrank ausmisten

Bruce und David waren ein Liebespaar. Sie liebten Wein, Laufen, Kunst und einander. Bruce dachte, daß eine Verbindung zwischen ihnen sei, die im Himmel geschlossen worden war. Doch die beiden hatten ein kleines, winziges, beinahe unbedeutendes Problem – David gab nicht offen zu, daß er schwul war, Bruce schon. Streichen Sie das! David bekannte sich noch immer nicht zu seiner Homosexualität, führte ein Leben als Bisexueller und hatte seit vier Jahren eine *sehr* heterosexuelle Freundin, mit der er zusammenlebte. Bruce wußte, daß dieses eine kleine Hindernis ihre Beziehung gefährdete, also versuchte er mit allen ihm zu Gebote stehenden Mitteln, David von der Notwendigkeit zu überzeugen, sich und der Welt einzugestehen, daß er schwul sei. Bruce ließ nichts unversucht, diesen einen winzigen Mangel bei dem Mann, den er liebte, anzusprechen. Jedesmal, wenn er es tat, erhielt er von David die gleiche Antwort: »Ich werde es meiner Familie sagen und Diana bald verlassen.«

Worte können einen eine Zeitlang beruhigen, aber in der Krise ruft der Verstand nach Taten. Man muß etwas tun, um seinen Worten Nachdruck zu verleihen – besonders, wenn man dieselben Worte seit zwei Jahren hört. Diese Tatenlosigkeit erzeugte in einer ansonsten wundervollen Romanze einen häßlichen Mißklang. Sie wurde an dem Tag zum Riesenproblem, als die beiden im Kaufhaus Davids Schwester sahen und David sich benahm, als würde er Bruce überhaupt nicht kennen. Als Bruce David fragte, ob er ihn vorstellen wolle, warf David ihm einen Blick zu, der einen Felsen gesprengt hätte, und sagte: »Kennen wir uns?« Die Schwester war entsetzt, daß ein *schwuler Typ* versuchte, am hellichten Tag ihren Bruder anzubaggern. Sie fand es ekelhaft, und David pflichtete ihr bei. Er pflichtete ihr so sehr bei, daß er Bruce, dem der Mund offenstand, an der Theke von Dior stehenließ.

Ein paar Tage später, als David den Anstand hatte anzurufen, sagte Bruce ihm kräftig die Meinung. Es sei schon schlimm genug, daß David seine eigene Sexualität verleugne, aber wie könne er es wagen, auch noch Bruce zu verleugnen! In seinem Alter – David war, nebenbei bemerkt, weit über dreißig – hätte er Manns genug sein sollen, für seine Überzeugung einzustehen. Warum verleugne er sich, um seine Familie zu schützen? Wovor wolle er seine Familie schützen? Homosexualität sei keine Krankheit, es sei eine Lebenseinstellung. Es sei die Art zu leben, die Bruce sich ausgesucht habe (oder in die er, je nachdem, wie man es sieht, hineingeboren worden war), und er schäme sich nicht die Spur dafür. Es sei schlimm genug, daß Bruce sich gefügt habe und den Mann, den er liebe, mit einer Frau leben und *schlafen* lasse – aber sich gefallen zu lassen, daß der Mann, der seit zwei Jahren sein Liebhaber war, ihn öffentlich verleugne, sei einfach widerlich. David entschuldigte sich fortwährend und bat um Verzeihung, aber Bruce war zutiefst verletzt. »Sei endlich ehrlich! Oute dich als Homosexueller! Wenn du willst, daß wir uns ein gemeinsames Leben aufbauen, bekenne dich zu deiner Homosexualität! Ich weigere mich, mein Leben mit einer Lüge zuzubringen. Und ich liebe dich zu sehr, als daß ich zulassen würde, daß du es tust.« Aus der Unterhaltung wurde ein gegenseitiges Anschreien, als Bruce zu David sagte, daß, wenn David seiner Familie seine Homosexualität nicht offenbaren würde, er es für ihn tun werde!

Na also, da war David ganz Ohr! Lassen Sie sich nicht verwirren. David empfand wirklich etwas für Bruce: Er fühle sich behaglicher, ihm sei wohler zumute, wenn sie zusammen seien, aber er habe eine Verantwortung gegenüber Diana. Bruce kannte die Wahrheit. Er wußte, daß die große Verantwortung gegenüber seiner Mutter bestand. David war der einzige Sohn. Um die Sache noch schlimmer zu machen, er war ein überlebender Zwilling! Davids Bruder war im Alter von vier Jahren gestorben. Er wurde von einem Auto überfahren, hinter dessen Steuer ein halb betrunkener, halb verrückter Schwuler saß, der die Straße entlanggebraust kam, nachdem er und sein Liebhaber sich gestritten hatten. Die Sache hatte allerdings eine Menge Dynamik – emotionaler Aufruhr, Alkohol, eine kaputte Straßenlaterne –, aber worauf Davids Mutter sich stürzte, war der Umstand, daß der Mann, der ihren Sohn getötet hatte, schwul war. Es kommt noch schlimmer: Der betrunkene Fahrer beging anschließend Selbstmord. Er hinterließ eine Notiz, in der er, nach Auskunft der Polizei, nicht seine Reue darüber zum Ausdruck brachte, daß er Miss Josephines Sohn getötet habe, sondern Höllenqualen leide, weil er nicht ohne seinen Liebhaber leben könne. Miss Josephine war zwei Jahre lang nicht bei Verstand. Als die Betäubung nachließ, sagte sie der Homosexualität den Kampf an. Sie ging sogar so weit, zu drohen, daß sie sich umbringe, würde sie eines Morgens aufwachen und feststellen, daß ihr Sohn, ihr Bruder, ihr Mann oder irgendein Mann, den sie gekannt und der sie jemals berührt habe, schwul sei. Miss Josephine war ein bißchen theatralisch. Der Punkt ist, daß David das zwei Jahre nach dem Tod seines Bruders und von da an sein ganzes Leben lang zu hören bekommen hatte.

Schließen Sie die Türen, dann bleiben die Dinge frisch!

Haben Sie jemals einen Entschluß gefaßt, nur um sich anschließend von jemandem eine Geschichte erzählen zu lassen, die für eine große Leere in Ihrem Kopf sorgte und Sie alles vergessen ließ, was zu tun Sie sich entschlossen hatten? Was mich betrifft, so ist es mir, als ich im Erdgeschoß lebte, mehrmals passiert, in unterschiedlichen Situationen. In meinem Kopf muß es etwas geben, irgendeinen Löschmechanismus, der durch bestimmte Informationen ausgelöst wird. Wenn ich mit bestimmten Daten konfrontiert werde, sind da winzige kleine Männchen, die mit Radiergummis herumrennen und meinen gesunden Menschenverstand ausradieren. Ich wünschte, es wäre so einfach! Ich wünschte, ich könnte mir das einreden. In Wahrheit suche ich, wenn ich etwas partout nicht tun möchte, wenn ich Angst habe, die Dinge laufen nicht nach meinem Kopf, nach jeder möglichen oder plausiblen Entschuldigung, die Situation so zu wenden, wie ich es möchte. Ich hatte keine Ahnung, daß das, was ich sah oder hörte, Hinweise waren. Erst wenn meine Gefühle verletzt oder mein Herz gebrochen worden waren und ich gezwungen war, intensiv nachzudenken, wurde mir klar, daß es Hinweise waren. Es waren Signale, die in dem Moment zu überwältigend oder zu unbequem waren, als daß ich mich mit ihnen befassen konnte, so daß mein Gehirn sie ausradierte. Erst wenn aus den Hinweisen eine riesige energiegeladene Kugel geworden war, die mir kleine Brocken und Blitze ins Gesicht schleuderte, oder ein blinkendes Neonschild, das mich alles andere als blendete, pflegte ich den Mut aufzubringen, die Tür zu schließen und das Drehbuch umzuschreiben oder den Vorhang über der Situation fallenzulassen. Das ist es, was ich tat. Ich weiß, Sie würden so etwas natürlich niemals tun! Leider tat es Bruce auch.

Als er sich die Geschichte noch einmal anhörte, beruhigte Bruce sich. Sie konnten wieder darüber reden. Schließlich versprach David Bruce, daß er sofort nach Hause gehen, es Diana erzählen und anschließend seine Sachen zu Bruce nach Hause bringen würde. Sie würden es von dort aus lösen. Nichts geschieht ohne Grund. Bevor David nach Hause ging, übte er zwei Stunden lang seine Rede. Er war gelassen und hatte eine Liste all der Dinge im Kopf, die er sagen mußte, und anschließend würde er packen. Als er die Tür zu seiner Wohnung aufschloß, hörte er unterdrücktes Schluchzen. Im Wohnzimmer tröstete Diana Miss Josephine, die augenscheinlich völlig außer sich vor Kummer war. »Ist es Daddy?« fragte David, aber eigentlich wollte er es gar nicht wissen. Miss Josephine hob den Kopf gerade hoch genug und lange genug, um herauszuplatzen: »Davie, ich habe diesen Ärzten gesagt, Jimmy ist kein Schwuler! Ich habe ihnen gesagt, daß er sich das HI-Virus nicht geholt hat, weil er mit einem homosexuellen Irren zusammen war. Er nahm Drogen! Das einzige, was sie mir sagten, war, ich solle mich beruhigen. Kannst du dir das vorstellen! Beruhigen!«

Die Worte schnitten in David wie ein scharfes Messer in ein Pfund Butter. Es war nicht die Tatsache, daß bei Onkel Jimmy, der Spritzen benutzte und dessen Drogensucht ein offenes Geheimnis war, Aids diagnostiziert worden war; es war die Reaktion seiner Mutter auf die Situation. Für Miss Josephine war Drogensucht viel besser als Schwulsein. Natürlich erschöpfte sich Davids Abschiedsrede in »Schsch! Schsch!« und anderen sanft hingehauchten Trostworten für seine Mutter und leisem Dank zu Diana gewandt. Seine Auszugspläne waren vergessen. Er wollte zunächst einmal seine Mutter nach Hause bringen und dann dafür sorgen, daß sein Onkel als erstes in der nächsten Woche die richtige Behandlung bekäme. Das letzte, woran er dachte, war Bruce, der mit einem leergeräumten Wandschrank, einer leckeren gebratenen Ente und einer gut gekühlten Flasche Chardonnay auf ihn wartete.

Wer hat den Kuchen aufgegessen, den ich in den Kühlschrank gestellt habe?

Ich weiß, ich erzähle Ihnen nichts Neues, aber ich fühle mich veranlaßt, Sie daran zu erinnern, daß, je länger man etwas aufschiebt, es nur um so schlimmer wird, um so schwerer, zu tun, was man tun muß, zu sagen, was man sagen muß. Ich weiß, Sie wissen es, aber wie viele Male haben Sie schon tatenlos zugesehen, wie die schmutzige Wäsche sich bis zu dem Punkt auftürmte, da Sie losgehen und sich neue Unterwäsche kaufen mußten? Wie oft haben Sie es so lange vor sich hergeschoben, den Kühlschrank zu säubern, bis Sie an dem fauligen Geruch fast erstickten? Wie viele Male hat es einen Monat gedauert, bis »morgen« endlich da war? Wir wissen es, aber wir unternehmen nichts. Wir wollen, aber wir können nicht. Wir sehen es, aber wir wenden den Kopf ab. Nirgends im Leben hat diese Art Vermeidungsstrategie einen so verheerenden Effekt wie in

Beziehungen. Wenn in einer Beziehung etwas faul ist, steigt einem der Geruch relativ schnell in die Nase. Wenn wir uns nicht umgehend darum kümmern, wird das Kümmern eine knifflige Aufgabe, eine gräßliche Pflicht, die wir ganz bestimmt lieber nicht erfüllen würden. Aber tun müssen wir sie!

David konnte Bruce wochenlang nicht in die Augen sehen. Nach mehreren Nachrichten eines offensichtlich schluchzenden Bruce auf dem Anrufbeantworter rief er schließlich zurück, nur um ihn wissen zu lassen, daß mit ihm alles in Ordnung sei. Nachdem er Bruce erneut versichert hatte, daß er ihn nicht verraten und verkauft habe, wurde David wieder schwach und erklärte sich wider besseres Wissen einverstanden, Bruce in seiner Wohnung zu treffen. David erzählte ihm die ganze lange Geschichte, in der nun, unter der Regie von Miss Josephine, viele Figuren mitwirkten. Natürlich beruhigte Bruce ihn und stärkte David den Rücken. Er erklärte, daß er alles verstehe und ihm verzeihe. Er durchblätterte sein Verzeichnis der Aids-Beratungsstellen, weshalb er möglicherweise nicht genau verstand, was David meinte, als er damit herausplatzte, er werde Diana heiraten und ihn nicht mehr wiedersehen. Sogar als David schon auf halbem Weg nach draußen in der Diele war, konnte Bruce immer noch nicht begreifen, daß dies wirklich geschah. Für Bruce war es nur eine weitere kleine Herausforderung, mit der sie fertig werden mußten.

Liebe überwindet alles, richtig? Falsch! Liebe kann sich nicht durch Unaufrichtigkeit, Verleugnung, Angst oder Gefälligkeit hindurcharbeiten. Es ist physikalisch nicht möglich, daß zwei Dinge zur selben Zeit denselben Platz einnehmen. Wo Angst herrscht, weicht die Liebe. Wo unverhohlene Unaufrichtigkeit, ausgemachte Lügen, Heimlichtuerei und Verleugnung herrschen, kann keine Liebe sein. Man denke nur nicht, daß in dieser Art Beziehung zwischen zwei Männern keine Liebe existieren könne. Liebe diskriminiert nicht! Sie existiert überall dort, wo sie willkommen ist, anerkannt und geachtet wird. Drei Wochen später, nach vielen unerwiderten Anrufen, erkannte ein verbitterter und verwirrter Bruce, daß er sitzengelassen worden war, ohne recht zu durchschauen, an welcher Stelle alles schiefgegangen war. Was Bruce nicht verstand, war, daß er sich im Erdgeschoß des Hauses der Liebe eingemietet hatte und daß David eine Zwischenzeit-Erfahrung im Keller durchmachte.

Dies ist ein klarer Fall eines offenen Kühlschranks, aus dem einem ein übler Geruch entgegenschlägt, so daß man die vielen in Tüten, Schüsseln und Boxen gestopften Lebensmittel kontrollieren muß, um den Übeltäter herauszupicken. Wie schon gesagt, es ist eine gräßliche Arbeit, aber manchmal kommt man nicht darum herum. Man weiß, daß alles, was man in den Kühlschrank gelegt hat, gut war. Doch nun, da man die unangenehme Arbeit vor sich hergeschoben hat, steht man vor einem größeren Problem. Nun muß man zu identifizieren versuchen, was schlecht wurde, muß herausfinden, wie man nur vergessen konnte, daß man es kaufte, und warum man den Rest nie auf den Tisch brachte und was das für ein schleimiges grünes Zeug ist, das da an der Kühlschranktür herunterläuft. Man muß die Hände in völlig undefinierbare Dinge stecken, muß die verschmutzten Schalen ausspülen, den Müll zusammenpacken und ihn rausschaffen. Dann fällt einem ein, daß die Müllabfuhr erst in vier Tagen kommt. Genau das passiert in unseren Beziehungen. Wenn wir die Dinge verderben lassen, wenn wir uns weigern, sie rechtzeitig und der Reihe nach zu erledigen, wenn wir sie ungesagt und ungetan lassen, wird der Gestank bleiben.

In der Zwischenzeit ist es wahrscheinlich klug, nicht darauf zu zählen, daß Ihr Partner sich so verhält, wie Sie es erwarten oder verlangen. Denken Sie daran, die Zwischenzeit ist oft eine Zeit der Furcht und Verwirrung, in der das Verhalten von Menschen schwer vorhersagbar ist. Ihr Gegenüber kann es ebensowenig vorhersagen, wie Sie hundertprozentig vorhersagen oder wissen können, was Sie erwarten. Sie sollten vielleicht jemandem, der mitten in der Zwischenzeit *verspricht*, alles zu tun, ebenfalls mit einer gewissen Skepsis begegnen. Menschen, die hoch und heilig versprechen, sie würden etwas tun, versuchen gewöhnlich, sich selber davon zu überzeugen, daß sie können oder wollen, was man von ihnen verlangt. In dem Augenblick, da Sie die Worte hören: »Ich verspreche ...« oder »Ich schwöre, ich werde ...«, sollten Sie auf der Hut sein! Lassen Sie sich nicht von einer heimlichen Absprache mit Ihrer eigenen Art, die Wahrheit zu ignorieren, einlullen. Sie werden an der Nase herumgeführt. Denken Sie daran, daß Sie sich nicht darauf verlassen können, was Ihnen in ebendiesem Moment erzählt wird. Natürlich wollen Sie es sich nicht eingestehen, ebensowenig wie Sie Ihren Partner mit Ihren Verdächtigungen konfrontieren können. Holen Sie statt dessen tief Luft und ziehen Sie sich zurück!

Versprechungen und Schwüre in der Zwischenzeit sind ein sicheres Anzeichen dafür, daß die zur Aufrechterhaltung einer gesunden Beziehung erforderliche Vertrauensebene nicht vorhanden ist. Wahrscheinlich ist, daß *Sie* ein paar Probleme mit dem Vertrauen haben, die Ihnen möglicherweise gar nicht bewußt sind. Oder daß der andere nicht vertrauenswürdig ist, sondern Angst hat, jeden Moment entdeckt zu werden. Nichts ist in der Zwischenzeit verbreiteter, als von jemandem zu erwarten oder zu verlangen, Dinge zu tun, von denen wir bereits wissen, daß er sie nicht tun wird oder dazu nicht imstande ist. Es ist das Verhaltensmuster, durch das wir uns verletzbar machen. Es ist das Verhaltensmuster, durch das wir uns beweisen, daß unser Instinkt und unser Argwohn uns nicht getäuscht haben. Es ist ein kombiniertes Muster passiven / aggressiven Verhaltens, das uns jedesmal, wenn wir ihm verfallen, in die Zwischenzeit bringt. Jemanden, von dem wir wissen, daß er dazu nicht fähig ist, zu bitten, etwas zu tun, oder aber von jemandem zu verlangen, daß er tut, was wir von ihm wollen – wohl wissend, daß der andere ängstlich und / oder verwirrt ist –, zeugt von sehr lieblosem und unfreundlichem Verhalten uns und anderen Menschen gegenüber.

Man muß darauf achten, was Menschen tun, nicht, was sie sagen.

Menschen offenbaren ihre Absichten und Erwartungen stets in ihren Handlungen. Sie mögen heilige Eide schwören, dies oder das zu tun, aber das maßgebliche Wort bleibt *tun.*

Das Problem ist hier nicht, daß es *zwei Männer* waren, die diese Art von Beziehung nicht führen konnten. Das Problem ist vielmehr, daß Partei Nummer eins von Partei Nummer zwei erwartete, daß letztere das tat, was Partei Nummer eins von ihr wollte. Das nennt sich *falsche Erwartungen.* Ein anderes Problem ist, daß Partei Nummer eins nicht akzeptieren wollte, was Partei Nummer zwei tat. Statt dessen achtete Partei Nummer eins darauf, was Partei Nummer zwei sagte. Das nennt sich *Verleugnung* – die Wahrheit nicht zur Kenntnis nehmen. Doch hier ist noch ein weiteres Problem zu erwägen, und zwar, daß die erste Partei nicht erkannte, daß die zweite Partei nicht willens, fähig oder bereit war, ihre *familiären Beziehungen* zugunsten ihrer *gemeinsamen Beziehung* abzubrechen. Es heißt Fähigkeit, *zu wissen, worauf man schaut,* und drückt sich darin aus, daß man weiß, wie man auf das Offenkundige reagiert. Nun wollen wir uns die Probleme eins nach dem anderen vornehmen.

Wissen, worauf man schaut!

Viele Menschen gehen mit falschen Erwartungen in Beziehungen. Dies ist der Fall, wenn wir von Menschen erwarten, daß sie tun, was wir von ihnen verlangen, obwohl sie uns nicht im Zweifel darüber lassen, daß sie andere Absichten verfolgen. Wenn David, der weit über dreißig war, sich bis jetzt noch nicht zu seiner Homosexualität bekannt hatte, warum erwartete Bruce es nun von ihm? Daß David dazu nicht fähig oder nicht bereit war, bedeutete nicht, daß er sich nichts aus Bruce machte, es bedeutete einfach, daß er noch nicht soweit war. Manchmal erwarten wir von Menschen, daß sie imstande sein müßten, etwas zu tun, zu dem sie noch nicht bereit sind. Das ist der Unterschied zwischen den Bewohnern des Erdgeschosses und denen der zweiten Etage. In der zweiten Etage stellt die Liebe keine Forderungen, hegt keine Erwartungen. Im Erdgeschoß tut sie es. In Beziehungen funktionieren Dinge oft nicht, weil die Menschen, von denen wir angezogen werden, einen anderen Weg zum Gipfel einschlagen. Jeder von uns versucht von seiner Position aus den anderen zu überzeugen, seinen gewählten Weg einzuschlagen. Nichts könnte schwieriger sein, und das bringt uns auf die Anwendung eines anderen spirituellen Haushaltsreinigers – *Wahrheit*! Man muß den Weg einschlagen, der für einen selbst wahr ist. Der eigene Weg muß nicht die Wahrheit sein, aber er muß für einen selbst wahr sein. Die Wahrheit ist, daß Bruce zu seiner Homosexualität stand, David nicht.

Sie mögen einen Menschen von ganzem Herzen lieben, aber Sie müssen auch die Tatsache akzeptieren, daß er vielleicht nicht Ihren Weg einschlägt. Daß er einen anderen Weg, eine andere Lehre wählt als Sie und daß sich Ihrer beider Wege möglicherweise nicht ergänzen. Was zum zweiten Problem führt: Lernen Sie, der Wahrheit ins Auge zu schauen. Warum wollte Bruce, der seine Homosexualität nicht versteckte, unbedingt eine Beziehung mit jemandem, der mit einer Frau zusammenlebte und Angst hatte, seiner Mutter die Wahrheit zu sagen? Ist das nicht eine verdeckte Form von Selbstverleugnung? Fordert man es nicht regelrecht heraus, im Stich gelassen zu werden? Man darf wirklich nicht enttäuscht sein, wenn dieser Mensch einen nicht so behandelt, wie man es gern hätte. Indem er bei Davids Selbstverleugnung mitspielte, hätte Bruce damit rechnen müssen, selber verleugnet zu werden. Und in der Tat wurde er jede Nacht verleugnet, wenn David Diana ins Gesicht schnarchte. Statt Teil der Lösung zu sein, entschloß Bruce sich, Teil des Problems zu werden.

Jeder, der im Erdgeschoß lebt, kann aus diesen Geschehnissen zwei wichtige Lehren ziehen: Finden Sie erstens Ihren Mittelpunkt und bleiben Sie in ihm verwurzelt, und lassen Sie zweitens Menschen ihren gewählten Weg gehen und lieben Sie sie trotzdem. In Wahrheit wachsen keine zwei Ähren gleich schnell. Keine zwei Rosen blühen exakt zur gleichen Zeit. Es kann ein Kopf-an-Kopf-Rennen geben, aber alles und jedes entfaltet sich nach seinem eigenen Rhythmus, entsprechend dem göttlichen Plan für sein Leben. Die Versuchung ist sehr groß, die eigene Entwicklung zu hemmen, anzuhalten oder zu erzwingen, daß jemand sich dem eigenen Tempo anpasse. In Wahrheit ist simultane Entwicklung in Beziehungen selten. Gewöhnlich beginnen zwei Menschen gemeinsam. Der eine geht in Führung, der andere fällt zurück. Es gibt Fälle, da der in Führung Liegende sich umwenden und dem anderen Beine machen kann. In den meisten Fällen wird derjenige, der sich umwendet, gebremst, manchmal gar gestoppt. Finden Sie Ihren Mittelpunkt, und bleiben Sie in ihm verwurzelt. Denken Sie daran, daß Sie den Menschen, der hinter Ihnen herrennt, immer noch lieben können, aber wenn er die Geschwindigkeit verringert, *ist es Ihre Verantwortung sich selbst gegenüber* weiterzurennen.

Wie finden Sie Ihren Mittelpunkt? Es gibt mehrere einfache Schritte, die Sie ständig anwenden können und die Ihnen helfen werden, Ihren Mittelpunkt auszumachen, Ihren Ort des Gleichgewichts:

1. Erinnern Sie sich ständig an die Erfahrung, die Sie machen möchten. (Wie möchten Sie empfinden?) Setzen Sie sich keine Grenzen. Beschwören Sie im Geiste die schönste Situation herauf, die Sie sich vorstellen können.
2. Stellen Sie sich vor, Sie machten diese Erfahrung, so daß sie in Ihrem Körper zu einer vertrauten Empfindung wird (dies ist eine ausgezeichnete Meditationsübung). Sehr häufig haben wir keine Ahnung, was für ein Gefühl es wäre, wenn wir genau das bekämen, was wir uns gewünscht haben. Folglich verspüren wir ein körperliches Unbehagen, falls oder wenn wir es bekommen oder wir der Erfüllung unseres Wunsches nahe sind, und wir glauben, etwas stimme nicht.
3. Gestehen Sie sich die Ängste bezüglich Ihrer Wünsche ein, oder stellen Sie sich ihnen und befreien Sie sich davon. Es scheint einfach Teil der menschlichen Natur zu sein, daß wir etwas wollen und gleichzeitig Angst davor haben, es zu besitzen. Dies ist eine ausgezeichnete Gelegenheit, Tagebuch zu führen. Schreiben Sie auf, wovor Sie sich fürchten, was Ihrer Meinung nach geschehen könnte, was Sie empfänden, wenn es geschähe, was mit Ihnen geschähe, wenn es

geschähe, und alles sonst, wovon Sie glauben, daß es Sie ängstigt. Beenden Sie diese Übung, indem Sie schreiben: »Ich möchte diese Erfahrung nicht machen. Ich ziehe es vor, ...« Vervollständigen Sie den Satz, und schreiben Sie auf, was Sie möchten. Eine weitere ausgezeichnete Übung, um ihre Ängste anzugehen und sich von ihnen zu befreien, nennt sich Stuhlübung. Stellen Sie zwei Stühle einander gegenüber auf. Setzen Sie sich auf den einen und stellen Sie sich die Person vor, mit der Sie reden möchten, oder schreiben Sie den Namen dieser Person auf einen Zettel und befestigen diesen in Augenhöhe an dem anderen Stuhl. Sie können sich auch vorstellen, daß auf dem Stuhl Ihr Schutzengel sitzt, Ihr bester Freund, Ihr Geistlicher, Ihr Mentor, Christus oder irgendein Mensch oder geistiges Wesen, dem Sie etwas eingestehen. Sprechen Sie mit ihm Ihre Ängste durch. Sagen Sie alles, was Ihnen in den Sinn kommt. Wenn Sie fertig sind, bitten Sie um Anleitung und Orientierung.

4. Prüfen Sie, was Sie von Ihrer Wahrheit halten. Fragen Sie sich: Wer bin ich? Was halte ich von mir? Was tue ich, um diese Überzeugungen zu untermauern? Was habe ich über mich gelernt, das zu meinem Glück beiträgt? Was habe ich über mich gelernt, das meinem Glück abträglich ist? Schreiben Sie unbedingt auf, welche Antworten auf diese Fragen Ihnen einfallen.

In den meisten Fällen stehen wir in Beziehungen dann vor einer Herausforderung, wenn wir unser Ziel aus den Augen verlieren, wenn wir die Lehren der Vergangenheit vergessen, wenn wir in Angst leben, die in Wirklichkeit genau das hervorbringt, wovor wir uns fürchten, und wenn wir Dinge tun, von denen wir unterbewußt wissen, daß sie nicht funktionieren.

Als Reaktion auf den Tod meiner Mutter, die starb, als ich zwei Jahre alt war, entwickelte ich die subtile und unterbewußte Überzeugung, daß die Menschen, die ich liebe, mich verlassen werden. Ich erwartete, daß Menschen mich verlassen. In meinen Beziehungen wurde daraus eine Angst, mich zu binden. Natürlich hatte ich keine Ahnung, daß es das war. Ich dachte, ich würde verlassen, weil etwas mit mir nicht stimmte, oder daß die anderen Menschen, die Männer, einfach Schufte seien. In meinem Innern tobte ein Kampf. Ein Teil von mir wollte eine Beziehung, während der andere Teil von mir Angst davor hatte. Der Teil, der die Beziehung wollte, war wütend auf den Teil, der immer irgend etwas tat, damit die Beziehung in die Brüche ginge. Der Teil, der von Menschen erwartete, daß sie gingen, der glaubte, daß sie gehen würden, hatte Angst, sich zu öffnen. Der Teil, der sich öffnen wollte, mußte kämpfen, um die Oberhand zu erlangen. In Aktion sah das aus wie Stimmungsschwankungen – ich war sehr herzlich, zärtlich und liebevoll, aber ebenso rasch konnte ich mich in ein echtes Luder verwandeln. Ich schwankte hin und her. Am Ende stellte jeder meiner Partner mich auf die Probe und ging. Viele Menschen, die im Erdgeschoß des Hauses der Liebe wohnen, müssen einen inneren Konflikt ausfechten zwischen dem Wunsch nach einer Beziehung und der Überzeugung, daß wir unfähig zu einer engagierten Beziehung sind oder sie nicht verdienen – einer Überzeugung, die sich aus welchen Gründen auch immer in unseren Köpfen einnistet. Sie ähnelt sehr der Ansicht, wir verdienten keine Liebe. Liebe ist eine seelische Anziehungskraft und eine seelische Abmachung. Die Menschen, die wir anziehen, lieben uns auf seelischer Ebene so sehr, daß sie eine Abmachung treffen, eine unausgesprochene, unbewußte Abmachung, einen Teil ihres Lebens eng verknüpft mit unserem Leben zu verbringen, um uns über die Abmachungen zu unterrichten, die wir eingegangen sind. Auch Bruce und David hatten, wie alle anderen, die intime oder sexuelle Beziehungen eingehen, in Wahrheit eine solche Abmachung.

Im Erdgeschoß fängt man an, sich seine Integrität im Zusammenhang mit Beziehungen aufzubauen. Man fängt an, Grenzen zu errichten. Man muß anfangen, sich darüber klarzuwerden, was man tun und was man nicht tun möchte; wie man Menschen auffordert, am eigenen Leben teilzuhaben; wieviel von sich man preiszugeben bereit ist; und ob man die sich selbst gegebenen Verpflichtungen einhalten wird oder nicht. Wann immer man mitmacht, wenn jemand anders etwas verheimlicht oder umgeht, ist man nicht aufrichtig. Man leugnet die Wahrheit und handelt unverantwortlich. Wenn Sie wissen, jemand nimmt Drogen, und Sie sagen weder dem Betreffenden noch sonst einem Menschen etwas, dann machen Sie sich zum Komplizen seiner Selbstzerstörung. Nennen Sie es, wie Sie wollen – Hilfe, Unterstützung, Loyalität –, doch Sie müssen sich über die Folgen, die seine Handlungen für Sie haben, absolut im klaren sein. Sie müssen die Gefahr erkennen, in die Sie sich begeben. Allzuoft geben wir in Beziehungen nicht nur unsere Integrität auf, indem wir Dinge tun, die nicht zu tun wir geschworen haben, sondern verlieren auch unsere Selbstachtung, indem wir anderen Menschen erlauben, Dinge zu tun, die wir im Leben nicht tun würden. Wenn wir uns in Situationen wiederfinden, die unserer Integrität schaden, müssen wir lernen, diese Person aus der Ferne zu lieben, bis sie sich zusammenreißen kann. Das Beispiel mag plump erscheinen, aber es paßt genau zur Geschichte von Bruce und David. Bruce wußte, daß David eine Beziehung zu einer heterosexuellen Frau hatte. Indem er darauf beharrte, eine Beziehung mit ihm haben zu wollen, beteiligte Bruce sich an etwas, das charakterlos war.

Hin und wieder gerät man in Dinge hinein und weiß nicht, wie man wieder herauskommen soll. Statt sich über eine Lösung Gedanken zu machen, bleibt man, wo man ist. Man läßt die Dinge gären. Wenn man das tut, verrotten sie am Ende. Bruce hatte zweifellos etwas Verfaultes in seinem Kühlschrank: die Dinge über sich, die ihm bei seiner Jagd auf David entfallen waren, die Dinge, die er sich selber sagte, um die Beziehung zu rechtfertigen – zum Beispiel, daß sie einander liebten. Wenn man sich selber nicht genug liebt, um sich seine Integrität zu bewahren, wenn man kein gesundes Selbstwertgefühl besitzt, dann gestaltet sich die Liebe zu anderen Menschen schwierig. Sie können den anderen brauchen oder wollen, was nichts anderes bedeutet, als daß Sie gegenseitig abhängig sind; aller Wahrscheinlichkeit nach beteiligen Sie sich an einem Austausch von Bedürfnissen, was selten von

Dauer ist oder funktioniert. In der Zwischenzeit, während die Dinge schimmeln, verwesen und auseinanderfallen, sind Sie wahrscheinlich sehr wütend! Wenn Sie es sind, übernehmen Sie ein wenig *Verantwortung* – es hilft, die Wut zu lindern. Fügen Sie eine kleine Prise *Wahrheit* hinzu, und im Handumdrehen geht es Ihnen wirklich gut. Einfach, damit Sie die Natur des Lebens im Erdgeschoß und die Wirksamkeit der spirituellen Reiniger, die Sie in diesem Stadium Ihrer Entwicklung anwenden müssen, in den Griff bekommen, wollen wir uns nun einem anderen Szenario zuwenden.

Nehmen Sie eine Kleinigkeit zu sich: Sie fühlen sich sofort besser

In der klassischen Erdgeschoß-Geschichte helfen Sie jemandem, etwas zu überstehen, nur um anschließend verlassen zu werden. Wenn das geschieht, muß bei Ihnen aller Wahrscheinlichkeit nach mehr als nur ausgemistet werden. Sie brauchen eine Generalüberholung! Dies ist die Geschichte einer Frau, die sich nicht an die mit sich selber getroffene Abmachung hielt, die die Anzeichen von beginnenden Schwierigkeiten ignorierte, die ihren unterbewußten Konflikt durchspielte und der Wahrheit nicht ins Auge blickte, es auch nicht konnte. Eine attraktive, erwerbstätige Akademikerin mit guter Figur und Collegebildung verliebte sich in einen High-School-Absolventen, der eine Schwäche für Gartenarbeit hatte. Gartenarbeit scheint nicht das Schlechteste zu sein, was man mit seinem Leben anfangen kann, aber während der Wintermonate kann sie ziemlich hart sein. Obwohl es ihr nicht bewußt war, suchte die Frau nach Anerkennung und Gesellschaft. Die Staubmäuse in ihrem Kopf führten den »Du-bist-noch-nicht-gut-genug«-Tanz auf, weil sie sich noch immer keinen Dauerkavalier zugelegt hatte. Die Wucherungen, die frühere Beziehungen in ihrem Herzen hinterlassen hatten, machten sie glauben, daß ihr dieser Bursche, wenn sie ihm helfen würde, im Gegenzug das gäbe, was sie sich wünschte und was sie brauchte – Erfüllung. Armes Ding! Ihr Ego bedurfte wirklich einer Reinigung! Ihr war nicht bewußt, daß sie gut genug war oder daß ein Mann, gesetzt den Fall, sie wäre es nicht, ihr auch nicht helfen konnte. Sie erzählte all ihren Freundinnen, daß sie es wisse, aber wie bei jedem von uns, bei dem gründlich ausgemistet werden muß, sprachen ihre Handlungen unweigerlich eine andere Sprache.

Er suchte nach Unterstützung und Anerkennung, wobei ein Hauch von Angst und Unaufrichtigkeit mit hineinspielte. In manchen Kreisen nennt man es Sich-aushalten-Lassen! Fairerweise muß man sagen, daß er kein schlechter Kerl war. Er glaubte nur einfach nicht an sich und hatte kein Vertrauen in den Traum, den er in seinem Herzen hegte. Er brauchte andere Menschen, damit sie sich in den Traum einkauften, was ihm half, besser von seinem Traum zu denken. Er wollte tatsächlich, daß sie sich in den Traum einkauften und dafür bezahlten. Auf diese Weise hätte er, wenn es nicht klappte, nichts zu verlieren. Klingt ganz schön gemein, aber auf die eine oder andere Weise machen wir es alle so. Das ist das klassische Verhalten, das wir in Beziehungen einbringen, und es ist genau das Verhalten, das uns aus ihnen herausbefördert. Wir trauen unseren Träumen nicht, also sagen wir nicht, was wir meinen, oder meinen nicht, was wir sagen. Es ist das Verhalten derer, die den Keller des Hauses der Liebe bewohnen. Diese beiden waren Kellerbewohner! Und wir alle wissen, daß der Keller normalerweise so vollgestopft und staubig ist, daß niemand dort saubermachen möchte!

Ein Aspekt bedingungsloser Liebe ist die Fähigkeit, etwas von sich zu geben, ohne die geringste Gegenleistung oder Belohnung zu erwarten. Richtig, nicht die geringste! Sie dürfen nichts für die Liebe erwarten, die Sie geben, nicht einmal Liebe. Marianne Williamson, Autorin des Buches *Rückkehr zur Liebe**, schrieb: »*Liebe ist Geben ohne Erinnern. Empfangen ohne Vergessen.*« Das bedeutet nicht, daß Sie Menschen gestat-

* Marianne Williamson: *Rückkehr zur Liebe. Harmonie, Lebenssinn und Glück durch »Ein Kurs in Wundern«*, München 1993.

ten sollen, sich in Ihrem Leben nach eigenem Gutdünken aufzuführen oder Ihnen anzutun, wonach ihnen der Sinn steht. Es heißt einfach, daß Sie jeden Tag als eine Erfahrung des Teilens leben, ohne versteckte Absichten oder Erwartungen hinsichtlich der Rendite Ihrer Investition zu hegen. Liebe verlangt, Zeit, Raum, Mittel und das Leben aus purem Vergnügen daran ehrlich zu teilen, solange es ein Vergnügen ist. Diese Ebene bewußter, bedingungsloser Liebe bringt viele Belohnungen ein, auf unermeßlichen Wegen. Sie vergrößert und enthüllt außerdem alles, was nichts mit Liebe zu tun hat. Bedingungslose Liebe enthüllt Unaufrichtigkeit und Angst. Wenn sie es tut, und man begreift es, ist man imstande, seine Anliegen zu äußern, weil man keine versteckten Pläne hegt, um derentwillen man unterbewußt Schuldgefühle empfindet. Frei von Schuldgefühlen, ist man in der Lage, einen Kurs einzuschlagen, bei dem man Unaufrichtigkeit und Angst fahren läßt, die sich schlau in menschlicher Gestalt ins eigene Leben eingeschlichen hatten. Loslassen – eine Form des Hausputzes – bedeutet nicht, daß man aufhört zu lieben. Es bedeutet, daß man eine bewußte Wahl trifft, wie man liebt, wozu gehören kann, daß man jemanden aus der Entfernung liebt. Leider ist man, wenn man im Keller lebt – als verwirrtes Opfer, im Staub der Überzeugung, man sei gut genug, und im Durcheinander mangelnden Selbstvertrauens –, noch nicht so ausgerüstet, daß man etwas von diesem Kram sehen oder damit fertig werden könnte. Solange man nichts sieht, glaubt man, jemand anders könne für einen den eigenen Traum verwirklichen. Dieser blinde Unwille, das Beziehungsgebäude zu reinigen, ist das klassische Verhalten derer, die im Keller leben.

Im Verlauf ihrer vierjährigen wilden Ehe finanzierte sie den Haushalt, während er aufs College ging, um seinen Abschluß in Botanik und Betriebswirtschaft zu machen. Sie arbeitete tagsüber. Er ging abends zur Schule. Auf die Rendite ihrer Investition zählend, setzte sie Zeit, Geld, Kraft und, natürlich, ihre Liebe ein, ihm das Leben so angenehm wie möglich zu machen. Er verbrachte seine Tage auf andere Weise und suchte sich beispielsweise anderswo die Art von Vergnügen, die er bei ihr nicht fand. Er hätte ihr die Wahrheit sagen können, aber es ist schwer, dem Menschen die Wahrheit zu sagen, vor dem man Angst hat oder von dem man abhängig ist. Er hätte auch bei seinem *Vergnügen* einziehen können, aber sie hatte nicht das Geld, das er benötigte, um seinen Traum zu verwirklichen. Was muß ein Bursche in so einem Fall tun? Er entschied sich für unaufrichtige Liebe.

Irgendwann einmal bemerkte sie ein wenig Unordnung und ein paar Termiten. Es waren Kleinigkeiten, die sie unruhig und mißtrauisch machten. Kleinigkeiten wie unbekannte Telefonnummern auf der Handyrechnung. Sie kam zu dem Schluß, daß es Telefonate seien, die er aus geschäftlichen Gründen geführt habe. Dann waren da mysteriöse Beträge auf den Kreditkartenabrechnungen, von denen sie annahm, sie stünden für Dinge, die er für sich oder das Geschäft gekauft habe. Sie wollte ihn danach fragen, entschloß sich aber, es nicht zu tun. Ihr fiel ein, was beim letzten Mal, in ihrer letzten Beziehung, geschehen war, als sie ihre Verdächtigungen ausgesprochen hatte, und da sie keine Ordnung in ihr eigenes Durcheinander gebracht hatte, beschloß sie, zu schweigen und sich zu wundern. Außerdem fühlte sie sich wegen ihres Argwohns ein wenig schuldig, da sie die Finanzen verwaltete. Da er während der Sommermonate hart gearbeitet hatte, um sich einen Kundenstamm aufzubauen, kam sie zu dem Schluß, die *Bagatelle* zu ignorieren, und akzeptierte seine lächerlichen Erklärungen.

In einem Haushalt mit nur einem Elternteil aufgewachsen, war er es gewohnt, daß eine Frau sein Leben regelte. Es gefiel ihm nicht, aber es war ihm vertraut und sehr viel leichter, als es selbst zu tun. Außerdem hatte er sich ganz genau ausgerechnet, was er tun und sagen würde, um sie aus seinen Angelegenheiten herauszuhalten. Er würde ihr Schuldgefühle vermitteln, indem er ihr erzählte, wie sauer es ihm aufstoße, ihre Hilfe anzunehmen, wie es seine Männlichkeit herausfordere, sie so hart für sein Wohl arbeiten zu sehen. Wenn Sie eine Frau zum Schweigen bringen wollen, brauchen Sie ihr nur zu unterstellen, sie zweifle offenbar Ihre Männlichkeit an. Jeder

Muskel ihres Körpers einschließlich ihrer Zunge wird augenblicklich ruhig sein. Menschen, die im Keller leben, haben immer Probleme mit *Seinsformen* – mit dem Erwachsensein, Wahrhaftigsein, Realistischsein, Menschlichsein. Er wußte, wenn sie den Mund hielt, könnte er ihre Wut mit der Aussicht auf eine strahlende Zukunft, die er ihr ausmalte, besänftigen. Mit Mama hatte es immer funktioniert, und bei den meisten Frauen klappte es hervorragend, besonders bei solchen, die durch Schuldgefühle und Verwirrung auf einem Auge blind waren!

Sie planten *sein* Geschäft gemeinsam. Sie zeigte ihm, wie man sich selbständig machte, und ließ ihn ihre geschäftlichen Kontakte für Kredite und Beratungen nutzen. Sie sprachen darüber, wie das Geschäft blühen würde und wie wunderbar es für *ihn* wäre. Sie nahm an, daß sie, nach allem, was sie für ihn getan hatte, automatisch in seine Pläne eingeschlossen war. Sie dachte, sie wüßte es, aber in Wirklichkeit wußte sie nichts, denn Kellerbewohner sehen nichts jenseits des eigenen Durcheinanders. Er sei begierig auf die Chance, sich ihr zu beweisen. Solche Töne gefielen ihr. Es sei ein hartes Stück Arbeit, aber mit ihr an seiner Seite schrecke er vor keiner Aufgabe zurück. Sie sei wundervoll, sagte er. Sie sei sein Engel, sagte er. Sie schloß, daß sie dabei sei, all die Anerkennung zu kaufen, die sie brauchte, und daß es sich am Ende auszahlen würde. Dann sprach er das »L«-Wort aus. Er sagte, er *liebe* sie. Mit dem Gesagten im Hinterkopf und nachdem sie sich ein paar Stunden lang wild geliebt hatten, vergaß sie die Termiteninspektion, und die beiden beschlossen zu heiraten, sobald er sein Examen gemacht hätte. Er machte es. Sie machten es nicht. Er wolle zunächst das Geschäft zum Laufen bringen, damit er sich für alles, was sie getan habe, *revanchieren* könne. Es schien vernünftig zu sein, besonders wegen seiner in Frage stehenden Männlichkeit. Obwohl sie merkte, wie ihr die Angst das Rückgrat hochkroch, blieb sie ruhig und willigte ein, zu warten. Drei Jahre gingen sehr rasch um, und das Geschäft florierte, ganz so, wie sie es geplant hatten.

Weil sie darauf bestand, fand die Hochzeit schließlich statt.

Es war eine Riesenhochzeit mit allem Drum und Dran, das größtenteils sie bezahlte. Etwa einen Monat nach der Rückkehr aus den Flitterwochen fiel ihr aufs neue eine ziemlich hohe Telefonrechnung auf. Obwohl er jetzt arbeitete, überließ er ihr nach wie vor die Erledigung der Geldangelegenheiten. Kellerbewohner trennen sich nur schwer von ihren Gewohnheiten. Eines Tages beschloß sie, die am häufigsten gewählte Nummer zu überprüfen. Am Apparat war das Vergnügen ihres Ehemannes. Sie war die Mutter seiner Kinder. Die Frau fürs Praktische war am Boden zerstört. Sie hatte so viel in die Beziehung investiert, nur um am Ende betrogen zu werden. Sie kam sich vor wie eine Versagerin. Sie hätte es kommen sehen müssen. Da sie es nicht gesehen hatte, schämte sie sich auch für sich selber. Sieben Jahre lang hatte sie einen Mann und, wie es aussah, auch dessen Kinder finanziert. Sie hatte bei dem, was sie getan hatte, nie ein gutes Gefühl gehabt. Ihre Freundinnen hatte sie sogar angelogen und ihnen erzählt, daß er Teilzeit arbeite, solange er die Schule besuche, und deshalb auch abends zur Schule gehe. Sie hatte so viele Jahre mit angesehen, wie ihre Mutter ihren alkoholkranken Vater unterstützt hatte, daß sie es richtig fand, ebenfalls »zu ihrem Mann zu stehen«, wenngleich sie kein gutes Gefühl dabei hatte. Nun stand sie im Begriff, alles zu verlieren – ihn, ihr Image, ihre Gesellschaft und die Kontrolle. »Er hat nur seinen Vorteil aus dir gezogen!« trat die Zwischenzeit ihres Lebens mit gehörigem Ärger auf den Plan. Nein, voller Zorn! Sie war so dämlich gewesen! Nein. Sie war so durcheinander! Nein. Sie war wütend! Nein. Sie befand sich in der Zwischenzeit und versuchte herauszufinden, was passiert war, wie es passiert war und warum es ihr passiert war, zum wiederholten Mal. Sie wollte nicht saubermachen! Sie wollte töten!

In Wahrheit war keiner dieser Menschen sich seiner Wahrheit bewußt und konnte sie deshalb dem anderen auch nicht mitteilen. Hätte sie die Wahrheit über ihre Beweggründe gekannt, wäre es vielleicht schwierig gewesen, aber diese Frau hätte sich das Leben erheblich leichter machen können, indem sie einfach zu ihm gesagt hätte: »Schau, ich habe einen guten Job und ein anständiges Leben, aber keinen Mann. Ich brauche einen Freund, ein bißchen Sex und jemanden, mit dem ich auf Geschäftspartys auftauchen kann. Für die halbe Miete und volle Kost stelle ich dich ein.« Er hätte ehrlich erwidern können: »Schau, ich habe einen Traum und sehr wenig Geld. Ich zahle die Hälfte der Miete, biete Sex ohne Bedingungen, und meine schmutzige Wäsche wasche ich selbst. Kann ich ungefähr drei Jahre bei dir wohnen?« Es klingt sehr grob, vielleicht prosaisch, aber es hätte beiden eine Menge Zeit, Geld und Kopfschmerzen erspart. Jetzt ist sie in Therapie, er lebt in Scheidung, und sie liegen miteinander im Streit um die Teile ihres Lebens, die sie weggegeben haben.

Ich spüre erhebliche Einwände, wie: »So etwas tun Menschen nicht« oder »So etwas kann man einem Menschen nicht sagen«. Solche Einwände kann ich nur mit der Frage erwidern: Warum nicht? Warum haben wir nicht die Courage, genau zu sagen, was wir erwarten, uns wünschen oder brauchen. Haben wir denn noch nicht gelernt, daß wir, indem wir diese Dinge verschweigen, genau den traumatischen Kummer erzeugen, den zu vermeiden wir geschworen haben? Diejenigen unter uns, die im Keller leben, sind vielleicht nicht in der Lage, die Wahrheit zu sagen. Wer es jedoch ins Erdgeschoß geschafft hat, der muß lernen, wie es geht. Ich will Ihnen nicht vorenthalten, was ich weiß. Sobald wir lernen, uns zu lieben und zu achten, weiß ich, daß es nichts gibt, was wir nicht tun, sagen oder haben können, es sei denn, wir entscheiden uns bewußt anders. Ich weiß auch, daß die Wahrheit – so entsetzlich sie auch sein mag – uns, sobald wir diese Art Liebe im Herzen hegen, am Ende eine Menge Kummer ersparen wird. Außerdem weiß ich, daß uns, sobald wir lernen, aus einem Bewußtsein von Wahrheit, Verantwortung, Integrität und bedingungsloser Liebe heraus zu leben, die Dinge, die wir einst begehrten, nicht mehr zufriedenstellen werden. Wir werden in der Lage sein, an den Kühlschrank zu gehen, den flüchtigsten Geruch von etwas Verdorbenem zu wittern und es wegzuwerfen!

Wir tun es die ganze Zeit. Man findet jemanden, zu dem man sich hingezogen fühlt oder von dem man förmlich gefesselt ist. Vielleicht hat dieser Jemand einen schönen Körper, ein hinreißendes Gesicht, ist wohlproportioniert oder hat etwas anderes, das in unseren Hirnströmen Wellen schlägt. Man will diese Person haben! Man stellt ihr nach! Haben Sie oder hat jemand aus Ihrem Bekanntenkreis jemals gesagt: »Ich werde ihn schon dazu bringen, daß er mich liebt«? Das ist genau die Situation, die ich hier meine. Man läßt nichts unversucht, die Aufmerksamkeit dieser Person zu erregen und ihr Herz zu erobern. In der Zwischenzeit, während man mit dieser Art hitziger Jagd beschäftigt ist, vergißt man, wer man ist und was man wirklich möchte. Man tut wissentlich Dinge, die zu tun man absolut kein Recht hat. Man sagt Dinge, die zu sagen man absolut kein Recht hat.

Man hat keinen Mittelpunkt, kein Oben und kein Unten. Man befindet sich auf einer Mission. Bei dieser Art von Mission ist man dazu verdammt, sich Schande zu machen.

Aller Wahrscheinlichkeit nach ist die Person, der man nachstellt, genau die, die sie ist, und tut genau, was sie tut. Man merkt es jedoch nicht. Man gibt ihren häßlichen kleinen Gewohnheiten niedliche Spitznamen. Man entschuldigt sich für sie und die Dinge, die sie tut. In der Zwischenzeit macht man selber die ganze Arbeit, gibt all sein Geld aus, trifft all die Abmachungen. So gute Arbeit leistet man, daß man gar nicht merkt, daß die andere Person nur daran interessiert ist, einen auszunehmen. Natürlich hat man keinerlei Nachforschungen angestellt. Man besitzt nicht die kleinste Information. Man kennt die Beziehungsgeschichte nicht. Man kennt die Familiengeschichte nicht. Man hat wahrscheinlich keine Ahnung, daß es sich hier genau um die Person handelt, deren Gesicht auf einem Fahndungsplakat im Postamt abgebildet ist! Man geht seinen fröhlichen Weg weiter, richtet ein Chaos an, läßt Dinge ungetan und ungesagt, die schließlich schimmeln oder faulen und einen in einem totalen Durcheinander zurücklassen, das man aufräumen muß. Wenn wir uns weigern, zu akzeptieren, daß Menschen einen anderen Weg als den unsrigen gehen können, oder wenn wir versuchen, sie auf unseren Weg zu ziehen, machen wir ihnen ebenso Schande wie uns.

Viele von uns schauen mit Augen, die von falschen Informationen geblendet sind, auf das, was sie in Beziehungen brauchen und sich wünschen. Unsere Auffassung davon, was Menschen für uns tun oder uns geben und welches Gefühl sie uns vermitteln können, verändert sich, wenn wir unsere wahre Identität akzeptieren und anfangen, uns um unserer selbst willen zu lieben – als ganze, vollständige und vollkommene Wesen. Sobald dies geschieht, sobald wir aus einem Bewußtsein von Ganzheit, Vollständigkeit und Vollkommenheit heraus beginnen, suchen wir in Beziehungen nicht mehr nach denselben Dingen. Wir schauen nicht mehr auf dieselben Dinge als Standards für unsere Beziehungen. Wir schauen nicht mehr mit denselben Bedürfnissen, wenn wir Beziehungen eingehen. Folglich empfinden wir nicht mehr dieselben durchdringenden Ängste. Frei von Angst, gewinnen Liebe, Freude, Friede und Wahrheit die Oberherrschaft. Um die Angst zu besiegen, müssen wir willens sein, die Schmutzringe aus der Badewanne zu schrubben!

Die erste Etage

Es ist erstaunlich, wie hoch Dinge sich auftürmen können! Kaum wendet man sich eine Minute ab, schon liegt überall Kram herum, auf dem sich der Staub sammelt. Man findet die Schuhe nicht, die man am Abend zuvor ausgezogen hat, weil sie von all dem Gerümpel zugedeckt werden. Man weiß, daß man seine Schlüssel gerade auf den Tisch gelegt hat, aber jetzt findet man sie vor lauter Papieren nicht mehr wieder. Im Badezimmer muß man den Duschvorhang zugezogen lassen, weil die Badewanne einen Schmutzring hat. Wieder hat man vergessen, Müllbeutel zu kaufen, so daß der Abfall sich zu einem Haufen türmt. Es ist absolut erstaunlich, wieviel Kram wir im normalen Leben Tag für Tag produzieren und ansammeln.

Ja, in unserem Wohnumfeld kommen wir damit ungeschoren davon. Daß wir es in unseren Beziehungen lange durchhalten können, ist nicht wahr. Gerümpel, Müll, Durcheinander und schmierige, ölige Klumpen müssen aus dem Weg geräumt werden, bevor wir die Früchte der Liebe genießen können. Unser Liebesgerümpel aufzuräumen kann eine fürchterliche, schmutzige Arbeit sein, aber wir alle müssen sie früher oder später erledigen.

Kapitel 6

Wir wollen ein wenig Staub wischen

Sie befinden sich in zehntausend Metern Höhe und fliegen, wider besseres Wissen, quer durchs Land. Plötzlich, Sie wollen gerade Ihre dritte Tüte Erdnüsse aufreißen, setzen Turbulenzen ein! Ihre Dose Cola segelt durch die Luft. Die Erdnüsse sind Ihnen über Ihr Hemd und darunter gekullert. Sie haben sich an dem blöden kleinen Tablett die Knie gestoßen, und Ihre Sitznachbarin schreit aus Leibeskräften »0 mein Gott!«. Der Pilot versichert den Passagieren, daß es sich nur um eine kleine Turbulenz handle und alles in Ordnung sei. Während Sie die Erdnüsse von Ihrer Brust klauben, versuchen Sie sich an dieses Gebet zu erinnern, das Ihre Mutter Ihnen beibrachte, als Sie sechs Jahre alt waren. Das Flugzeug fällt in das nächste Luftloch. Das Gebet fällt Ihnen ein: »Nun lege ich mich nieder ...« Nein! Nicht dieses! Sie würden nicht wagen, sich jetzt schlafen zu legen! Es sind Turbulenzen in der Luft! In Ihrem Leben! Sie befinden sich in der Zwischenzeit, und Sie können nicht viel tun. Im Grunde bleibt Ihnen nichts anderes übrig, als sie zu überstehen. Sie müssen sie überstehen und nachdenken – nachdenken über all die Dinge, die Sie besser machen werden, wenn Sie erst einmal wieder festen Boden unter den Füßen haben.

Die erste Etage ist der Ort, an den Sie gekommen sind, um etwas über die wichtigste Beziehung zu lernen, die Sie jemals haben werden, die Beziehung zu sich selbst. Diese Beziehung, die sich beinahe vollständig in Reaktion auf Ihre Lebenserfahrungen entwickelt hat, dient als Modell für jede andere Liebesbeziehung, die Sie haben. Wie liebe ich mich selbst? Lassen Sie mich die verschiedenen Arten aufzählen. Ich liebe mich so, wie ich am Tag meiner Geburt geliebt wurde. Ich liebe mich so, wie meine Eltern mich liebten. Ich liebe mich so, wie meine Geschwister und Freunde mich liebten. Ich liebe mich so, wie es mir die Charaktere im Fernsehen vorgemacht haben. Doch halt, die lieben ständig anders und andere! Ich liebe mich durch die Wahrnehmungen der Medien. Ich liebe mich mit den Erwartungen und Bedingungen meiner Umwelt. Ich liebe mich als Reaktion auf die Art, wie andere Menschen ihre Liebe zu mir zeigen. Ich liebe mich auf so viele verschiedene Arten, abhängig davon, was um mich herum vorgeht und was mir von anderen Liebeserlebnissen in Erinnerung geblieben ist. Ich liebe mich, wenn ich verwirrt bin! Ich liebe mich, wenn ich Angst habe! Ich liebe mich, wenn ich so voller Wut darüber bin, daß ich scheinbar niemanden sonst dazu bewegen kann, mich zu lieben! Doch in der Zwischenzeit, während ich die Liebe suche, mich nach ihr verzehre und auf sie warte, gebe ich mir die Schuld an meiner Unfähigkeit, die richtige Liebe zu finden oder auf die richtige Art geliebt zu werden.

Sie muß ungefähr dreißig Jahre alt gewesen sein, als sie beschloß, daß sie lernen müsse, sich mehr zu lieben. Sie mußte sich genug lieben, damit sie aufhörte – aufhörte, sich zu quälen, aufhörte, zu verletzen, aufhörte, zu denken, sie könne es nicht mehr aushalten. Sie mußte lernen, sich genug zu lieben, damit sie aufhörte, die Dinge zu tun, die ihr soviel Mühe und Schmerz bereiteten. In ihren stummen Gebeten bat Rhonda Gott, ihr zu helfen, sich zu ändern, ihr zu helfen, besser über sich und das Leben zu denken. Ihre Kinder wurden älter, und sie wollte ihnen ein besseres Vorbild sein. Sie fühlte sich älter und wollte den Rest ihres Lebens nicht auf diese Weise verbringen. Ihr wurde bewußt, daß diese Empfindungen am intensivsten gegen Ende einer Beziehung waren, und genau an diesem Punkt stand sie damals. Außerdem wurde ihr bewußt, daß es einfach ein paar Dinge gibt, um die man sich erst kümmert, wenn der Druck extrem wird. Dieser Druck war da!

Wie war er da nur wieder hineingeraten? Er hatte sich versprochen, daß er sich, ganz gleich, wie toll die Frau wäre oder wie gut die Sache aussähe, nie wieder auf eine Situation einlassen würde, in der er mit zwei Frauen gleichzeitig jonglieren müßte. »Geschieht mir ganz recht!« dachte James bei sich. »Es ist einfach lächerlich!« Woran lag es, daß er nie nein sagen konnte? Woran lag es, daß, wenn er versuchte, nett zu einer Frau zu sein, sie kopfüber stürzte, so daß er sich verpflichtet fühlte, zu bleiben und ihr zu helfen, wieder auf die Beine zu kommen? Warum mußte immer dann, wenn die eine Frau gerade in seiner Wohnung saß und er ihr helfen wollte, mit ihrem Problem fertig zu werden, die andere aufkreuzen und ihm eine Szene machen? Warum wußten Frauen immer, wann man log? Jetzt hatte er an dem einen Ende der Stadt Jean sitzen, die sich die Augen ausweinte, und am anderen Ende Paula, die drohte, ihm die Luft aus den Reifen zu lassen. Da war er wieder, genau da, wo er nicht hatte sein wollen, allein!

Wie wird man oberflächlichen Schmutz und Dreck los?

Wo genau fängt alles an? Die Muster, die wir immer aufs neue wiederholen? Die Empfindungen, die wir immer wieder zu bekämpfen suchen? Nehmen wir sie mit der Nahrung auf? Oder sind wir wirklich so dumm? Dumm genug, uns immer wieder selber hineinzureiten? Es muß eine Antwort geben und einen Weg, sich vor sich selbst zu retten. Vielleicht sollten wir kleine Lämpchen an unserer Stirn haben, wie die Lampen am Armaturenbrett eines Autos. Die Lämpchen würden uns warnen, wenn wir heißliefen, im Leerlauf zu viele Umdrehungen machten, wenn wir auf Parken oder Neutral schalten oder den Rückwärtsgang herausnehmen müßten. Man muß unbedingt wissen, wann man Boden verliert, auf dem man bereits war. Aktiviert würden die Lämpchen von Gedanken und Empfindungen. Der Körper würde einfach genug Hitze oder Energie erzeugen, um sie einzuschalten, und die Lampen würden der Reihe nach im Kopf und im Herzen Alarm auslösen. Sodann wären wir aufgefordert, unseren überhitzten Körper zu einem Lebensmechaniker zu bringen, der uns hinsetzen lassen und unsere Symptome diagnostizieren würde: Sie verzweifeln wieder! Sie haben wieder Bedürfnisse! Sie stehen kurz vor einem Zusammenbruch! Anschließend würden wir in die Werkstatt gebracht, um den Grad unserer Bereitwilligkeit zu ändern, unsere Verantwortlichkeit zu stärken, die Wahrheit in unserem Bewußtsein zu korrigieren.

Es mag weit hergeholt erscheinen, aber Rhonda hätte einen Lebensmechaniker gebrauchen können. Sie brauchte ein wenig Hilfe, um sich und ihr Liebesleben einschätzen zu können. Immer, wenn sie gerade dachte, sie schaffe alles, tauchte etwas oder jemand Neues auf und zwang sie rückwärts über altbekanntes emotionales Terrain.

Manchmal kam sie mit ein paar Schrammen und Kratzern glimpflich davon. Wie beim vorletzten Mal. Der Bursche war großartig, einfach herrlich! Er verfolgte und zähmte sie. Die beiden hatten viel Spaß miteinander, aber irgend etwas harmonierte einfach nicht. Irgendwie machte er bei all seinen Erklärungen einen geistesabwesenden Eindruck. Immer war er gerade mit etwas sehr beschäftigt, das er nie so recht erklären konnte. Rhonda brauchte etwa drei Monate, bis sie dahinterkam, daß er immer noch mit der Mutter seiner Tochter (so nennt man das heutzutage) zusammenlebte, und weitere sechs Monate, bis sie begriff, daß es eine Beziehung war, in der beide ständig Schluß machten und sich wieder versöhnten. In den Wochen, in denen sie versöhnt waren, fand Rhonda, daß er geistesabwesend war. In den Wochen, in denen sie Schluß gemacht hatten, war er wie ein Karnickel – allzeit bereit!

Als er schließlich umfiel und ihr die ganze Geschichte beichtete, klang alles vollkommen vernünftig und glaubwürdig – für Alice im Wunderland! Um diese Zeit war Rhonda schon abhängig. Sie versuchte, einen gangbaren Weg für ihr Verhältnis zu finden. Sie rief spätabends an, um zu sehen, ob er abhob und mit ihr sprechen würde. Er tat es jedes Mal. Sie fing an, ihn zu bitten, sie zu öffentlichen Veranstaltungen zu begleiten. Er lehnte nie ab. Was er niemals tat, unter gar keinen Umständen, war, die Nacht bei ihr zu verbringen. Er wollte nicht, daß seine Tochter frühmorgens aufwachte und feststellte, daß er nicht zu Hause war. Er wollte nicht, daß die

Mutter seiner Tochter wütend würde und ihm seine Tochter wegnähme. Er wollte sich nicht auf eine ernsthafte Beziehung einlassen, solange er nicht geschieden war. Von wem? Seine Frau lebte in Texas.

Es gibt eine Lektion, die Rhonda gut lernte – ein verheirateter Mann ist ein verheirateter Mann! Er hätte sich im Jahr 1902 trennen können, aber falls seine Frau noch lebte, wäre er noch verheiratet. Sie hütete sich, in diesen Gang zu schalten. Ein verheirateter Mann, der noch verheiratet ist, kann einen ewig hinhalten. Er kann einem alles erzählen. Er wird einem alles erzählen! Rhonda mußte zugeben, daß sie sich, selbst mit einem Fuß im Keller und beiden Händen im Erdgeschoß, unter keinen Umständen mit einem verheirateten Mann einlassen würde und einlassen könnte – sie hatte es einmal getan, und es hatte zu nichts geführt. Der Bruch war beiderseitig. Da meist sie angerufen hatte, hörte sie einfach auf damit. Er brauchte zwei Wochen, um es zu merken. Dann rief er an. Rhonda war nicht zu Hause. Sie war ein Jahr lang nicht zu Hause. Daß er so lange brauchte, bis er mit den Anrufen aufhörte, tat ihr gut. Es half, den Schmerz zu lindern, ein bißchen wenigstens.

Auch James hätte ein paar Lämpchen in seinem Kopf und einen Lebensmechaniker gebrauchen können. Seit etwa einem Jahr war Jean seine feste Freundin. Hätte er doch nur nicht einen solchen Knacks, dachte James bei sich, dann könnte er wirklich häuslich werden und den Rest seines Lebens mit Jean verbringen. Sie hatte alles, Aussehen, Köpfchen, ein gesundes sexuelles Verlangen und eine Persönlichkeit, die stark genug war, ihn im Zaum zu halten. Das Großartige war, daß Jean absolut nichts von ihm wollte. Sie bat ihn nie um Geld für den Friseur, fürs Auto oder zum Einkaufen, und sie bestand niemals darauf, daß er an Feiertagen mit zu ihr nach Hause fuhr. Sie versuchte nicht, mit ihm vor ihren Freunden anzugeben, und sie zeigte ihn nicht herum wie einen Lotteriegewinn. Sie wußte, was sie wollte, und auf James wirkte das beruhigend. Vielleicht war es das. Möglich, daß sie zu beständig, zu gut war. Wie oft hatte er sich schon gesagt, daß er Jean gar nicht verdiene? Sie war zu gut für ihn. Wie viele Male hatte er ihr dasselbe gesagt? Mit Paula war das eine ganz andere Geschichte!

Paula war ein Wildfang! Sie ging gern auf Partys und wollte ihren Spaß haben, und es war ziemlich offensichtlich, daß sie einen Mann suchte, der mit ihr feiern und sich amüsieren wollte. Wäre da nicht die Tatsache, daß sie ihm die ganze Zeit hinterhertelefonierte und ihm nachlief – er würde wetten, daß Paula drei oder vier Männer hätte, die sich um jedes ihrer Bedürfnisse kümmerten: ihre Haare, ihre Nägel und, natürlich, die Miete. Es machte ihm nichts aus, einer Frau auszuhelfen, wenn sie in der Klemme steckte, aber er wollte nicht dazu verpflichtet sein, sozusagen als Gegenleistung für sexuelle Gefälligkeiten. Es war Paula zur Gewohnheit geworden, seit sie zusammen waren: Sie bettelte – ständig bettelte sie um Geld, Aufmerksamkeit oder Zeit. Wissen Frauen nicht, wie sehr Männern das auf die Nerven geht? Wissen sie nicht, daß die meisten Männer schon allein kaum ihr Auskommen haben? Warum muß man sich einer Frau mit Geld beweisen? Außerdem hatte er nie vorgehabt, sich so ernsthaft mit Paula einzulassen. Er wollte sich ein bißchen austoben, hatte jemanden gesucht, mit dem er sich die Zeit vertreiben konnte, wenn Jean unterwegs auf Geschäftsreisen war. Eine Nacht ein bißchen Spaß, und das nächste, was man weiß, ist, daß die eigene Freiheit in Gefahr ist. Wie war es so weit gekommen?

Ist das noch Suppe?

Man kann Zwischenzeit-Beziehungen haben – Beziehungen nur so zum Spaß, die für den Moment Befriedigung und Erfüllung schaffen. Zwischenzeit-Beziehungen geht man nicht aus Not ein. Man trifft eine freie Entscheidung. Man weiß, der andere ist nicht der *eine und einzige*, aber der eine für den Augenblick. Eine Zwischenzeit-Beziehung sollte einen nicht auszehren. Sie sollte einen beschäftigen, einem Mut machen und helfen, sich auf eine größere Erfahrung vorzubereiten. Daß man sich in einer Zwischenzeit-Beziehung befindet, weiß man, wenn man den anderen mag, aber nicht genug, um ihm den Wagen zu leihen. Wenn man gern mit ihm zusammen ist, sich aber nicht vorstellen kann, in einem Schaukelstuhl zu sitzen und mit ihm den Lebensabend zu verbringen. In einer Zwischenzeit-Beziehung wünscht man sich Sexualität, aber weniger ist mehr. Wenn Ihnen bewußt wird, daß Sie sich in einer Zwischenzeit-Beziehung befinden, entspannen Sie sich, und genießen Sie das Erlebnis. Investieren Sie nicht die Ersparnisse Ihres Lebens – will sagen, Sie sollten nicht gleich das Aufgebot bestellen oder Einladungen drucken lassen. Sehen Sie der Wahrheit ins Auge! Vergessen Sie nicht alles, was Sie gelernt haben! Finden Sie sich mit der Tatsache ab, daß die Beziehung, die Sie sich wünschen, in Vorbereitung ist, wie ein Abendessen. Nehmen Sie in der Zwischenzeit einen kleinen Imbiß zu sich!

Leider neigen wir dazu, uns am Imbiß den Magen zu verderben und das Abendessen zu ruinieren. Wir übernehmen uns. Wir investieren zuviel. Wir erwarten zuviel. Wir versuchen ständig, aus diesem einen den einen zu machen. Das Das-ist-es-Syndrom ist typisches Kellerverhalten. In dieser Phase unserer Entwicklung sind wir so sehr darauf bedacht, vor uns zu fliehen, daß jeder der eine ist. Wir haben ein Problem mit uns, und wir wissen es nicht. Wir überfrachten unsere Beziehungen mit Bedingungen und Forderungen, weil wir ganz auf körperliche Befriedigung fixiert sind. Vergessen Sie Ihre Erdgeschoß-Erfahrungen nicht! Dieses Keller-Durcheinander haben Sie bereits aufgeräumt! Erziehen Sie sich dazu, daß in Ihrem Kopf eine kleine Lampe zu blinken beginnt: *Achtung! Achtung! Paß auf! Du gehst zu weit!*

Rhonda war freiberufliche Beraterin. Sie hatte einen ausgezeichneten Ruf auf ihrem Gebiet. Doch die Geschäfte gingen sehr schlecht. Sie hatte monatelang nicht gearbeitet. Die Folge waren finanzielle Schwierigkeiten. Sie hatte ein langfristiges Projekt angenommen, das schon lange überfällig war. Wenn sie es nur abschließen könnte, hätte sie etwas Geld. Richtiges Geld. Geld, um Rechnungen zu bezahlen, den Kindern ein paar Sachen zu kaufen, die sie benötigten. Und vielleicht wäre noch genug für sie übrig, um irgendwo einen Kurzurlaub zu machen, egal wo, nur um ein wenig auf andere Gedanken zu kommen. Riesenchancen, daß so etwas passierte! Sie kannte das Schema – Geld kommt herein, Geld geht heraus, bevor man noch damit tun kann, was einem guttäte. Mit den Männern in ihrem Leben war es nicht viel anders. Sie kamen, und sie gingen. Rhonda mußte noch ein paar sehr wichtige Lektionen lernen.

Dann war da das kleine Wohnungsproblem. Sie mußte umziehen. Sie hatte die Suche ganz schön lange vor sich hergeschoben, weil einfach kein Geld da war. Ihren Vermieter hatte Rhonda hingehalten, solange sie konnte, aber jetzt wurde er ein wenig seltsam und drohte ihr. Er drohte, ihre Habseligkeiten auf die Straße zu werfen. Drohte, sie gerichtlich zu belangen. Noch mehr Druck. Wenn sie doch nur den Auftrag beenden könnte, dann hätte sie Geld für den Umzug, und der Druck wäre weg. Das war ein weiteres Muster.

Scheinbar gab es immer irgendeine Art von Druck, sobald sie etwas Wichtiges erledigen mußte. Man kann nur schwer planen, seiner Arbeit nachgehen, sich eine neue Wohnung suchen, wenn einem Mahnungen unbezahlter Rechnungen ins Haus flattern und der Vermieter einem im Nacken sitzt. Unnötig zu sagen, daß Rhonda alles allein machte. Ihre letzte Beziehung war kürzlich in die Brüche gegangen, aber zumindest war das Ende diesmal anders gewesen. Sie war diejenige gewesen, die gegangen war. Mit dreißig Jahren hatte Rhonda erstmals selbst den Mann verlassen. Halleluja! Wenigstens etwas änderte sich! Leider war ihr der Umstand, daß sie wieder allein war, nur zu vertraut. Wenn man in der Zwischenzeit allein ist, ohne es zu wollen, dann spielt es kaum eine oder gar keine Rolle, wie es dazu kam. Für kurze Zeit fühlt man sich vielleicht ganz wohl, weil man nicht mit gebrochenem Herzen oder tief verletzt dasitzt. Doch sobald einem bewußt wird, daß die Person, auf deren Kommen man so lange gewartet hat, nun weg ist, erscheint einem das *Wie* ihres Weggangs weniger wichtig als die Tatsache, *daß* sie wegging.

Rhonda ging es gut, ihr Leben war ausgeglichen, sie machte ihre Arbeit, verdiente recht gutes Geld und amüsierte sich. Sie hatte gerade begonnen, sich mit spirituellen Dingen zu befassen. Sie war keine Esoterikfanatikerin, aber sie interessierte sich für dieses Geist-Körper-Seele-Zeug, von dem sie ständig so viel hörte. Sie war gerade bei der Seele, als der Mann ihr auffiel. Es war eine dieser Zufallsbegegnungen. Sie war geschäftlich unterwegs, als sie ihn zum ersten Mal traf. Er fing ein Gespräch mit ihr an. Sie gingen zum Essen aus und verbrachten einen wundervollen Abend. Anschließend ging jeder seiner Wege, und sie tauschten nicht einmal ihre Telefonnummern aus. Rhonda war begeistert, als sie wieder auf ihrem Hotelzimmer war. Das ist es! Das ist das Leben! Einen Mann finden, der einen zum Essen einlädt, ohne nach einer Telefonnummer zu fragen – ich bin gestorben und im Himmel gelandet!

Obwohl er genau Bescheid wußte, ging James denselben Weg zurück, wobei er dachte: »Wenn es nicht so zum Weinen wäre, müßte man darüber lachen.« Er hätte auf seine erste Eingebung hören sollen, nicht ein zweites Mal den gleichen Fehler zu machen und Paula niemals wiederzusehen. Beinahe hätte er sich daran gehalten, aber dann versprach sie, zu Hause für ihn zu kochen. Er hatte eine Schwäche für Hausmannskost, und er mußte zugeben, daß Paula mit ihren festen kleinen Törtchen jeden Backwettbewerb gewinnen konnte. Jean, sosehr er sie auch liebte – streichen Sie das: so gern er mit ihr zusammen war, verstand nicht die Bohne vom Kochen! Nicht nur, daß man mit Paula die wildesten Nächte verbringen konnte, sie machte anschließend auch das beste Frühstück, das ein Mann verlangen konnte – Schinken, Bratkartoffeln, Grütze, Pfannkuchen, Erdbeerwaffeln, und das an einem ganz normalen Wochentag! Dem täglichen Bagel mit Kaffee jederzeit haushoch überlegen. Nach einem dieser Frühstücke war das nächste, was er wußte, daß sechs Monate vergangen waren und Paula ihm den Schlüssel anbot. Beinahe wäre es das wert gewesen. Beinahe, aber nicht ganz.

Jean war früh nach Hause gekommen und brannte darauf, ihn zu sehen. Sie hatte ein paar Geschenke und wollte sie ihm zu Hause vorbeibringen. Er hatte sehr früh begriffen, daß es gefährlich war, Paula mit in seine Wohnung zu nehmen, also ging er gewöhnlich zu ihr – wobei er zu Gott betete, sie möge seine Adresse vergessen haben, war sie doch nur einmal dort gewesen. Dann gab es noch den Grundsatz: Er hatte es sich zum Prinzip gemacht, daß, auch wenn er sich mit anderen einlasse, seine Hauptfrau seine Hauptfrau blieb! Alle anderen hatten zu warten! Wenn Nummer eins dich anruft, laß alles stehen und liegen. Kaum hatte Jean aufgelegt, rief er Paula an und sagte ihr, aus dem Kinobesuch werde nichts: Es sei etwas dazwischengekommen, sie würden ein paar Tage später gehen. Das war der Moment, als sie anfing zu quengeln. Er erinnerte sie daran, daß er gerade erst ihre Wohnung verlassen habe. Er versicherte ihr, es sei alles in Ordnung, und versprach, sie später wieder anzurufen. Er hätte auf seine erste Eingebung hören sollen! Irgend etwas riet ihm, Paula mittags anzurufen, nur um sich zu melden und sicherzugehen, daß sie keinen Verdacht geschöpft hatte; aber er hatte im Büro viel zu tun und vergaß es. Außerdem hatte ihn der Gedanke sehr erregt, Jean zu sehen.

Als er nach Hause kam, wartete Jean bereits. Nach der einleitenden Begrüßung bestellten sie chinesisches Essen. Er packte seine Geschenke aus, sie redeten und aßen und wollten gerade unter die Dusche gehen, als die Türglocke ertönte. Es war Paula! Sie stand unten an der Haustür. Als er ihre Stimme in der Gegensprechanlage hörte, dachte er, ihn treffe der Schlag. »Hab' gedacht, du wärst beschäftigt, Arschloch!« Er ließ die Taste los. Zu spät! Jean hörte die Gehässigkeit durch die Anlage sprühen. »Wer ist das?« – »Keine Ahnung!« schnappte James auf dem Weg ins Bad. Schlechter Zug. In dem Augenblick, wo man in die Defensive geht, wissen Frauen, daß etwas im Busch ist. Wieder ertönte die Türglocke. Wo gehst du hin? Wo gehst du hin? »Geh schon mal unter die Dusche«, sagte James zu Jean, während er zurück zur Sprechanlage ging. Jean marschierte in Richtung Bad, hielt inne, steuerte auf ihn zu, mit diesem Blick in den Augen, diesem Blick, der signalisiert, daß man mächtig in der Scheiße sitzt.

»Laß sie rein, James. Laß sie einfach rein. Ich werde gehen!« 0 Jesus, dachte er, ist das ein Schlamassel! Er konnte nicht rasch genug denken. Sein Mund öffnete sich unwillkürlich. Die Worte kamen ihm von einem Ort aus über die Lippen, an den er keinesfalls wollte. »Wen reinlassen?« Dumme Frage!

Die Zeit arbeitet für Sie!

Es gibt keinen einfachen Weg, um die Wahrheit über die Liebe zu entdecken. Doch es gibt die Zwischenzeit: die Erfahrungen auf unserer Suche nach Liebe, die uns lehren, unsere Handlungsweise zu verstehen. Beziehungen sind die Erfahrungen, bei denen wir unsere falschen Vorstellungen, verzerrten Wahrnehmungen, Ängste und Urteile über die Liebe abbauen. Manchem von uns erscheint die Dauer der Zwischenzeit wie eine Ewigkeit. Wir können die richtige Person nicht finden. Wir können die richtige Person nicht sein. Wir können die richtigen Empfindungen bei anderen nicht auslösen. Und wenn es uns gelingt, halten sie nicht lange genug vor, daß wir uns richtig wohl fühlen würden. Deshalb ist die Zwischenzeit kein Prozeß *des Lernens*, sondern ein Prozeß *des Abgewöhnens*. Es ist die Zeit, die das Leben uns zur Erinnerung, zum Nachdenken und zur erneuten Beurteilung der Wahrheit über uns und über den Beitrag der Liebe zu unserer Identität einräumt. Ziel dieses Prozesses ist es, uns mit neuem Stoff zum Nachdenken zu versorgen und ein paar neue Werkzeuge zur Einschätzung und Reflexion an die Hand zu geben. Zwischenzeit-Erfahrungen sollen die Erinnerung bis weit zurück zur ersten Erfahrung wahrer Liebe wachrufen. Mit dieser Erfahrung im Hinterkopf erhält man eine sehr schöne Vorstellung davon, wie nahe oder weit entfernt man von der Realität der Liebe ist. Hoffentlich sind Sie in der Lage, diese Erinnerung lange genug lebendig zu halten, damit Sie im Innersten wieder wach werden und sich in all Ihren Beziehungen aktivieren.

Unterdessen entdecken Sie vielleicht, daß Sie mit dem Aufbau neuer, liebevollerer Beziehungen noch einmal ganz von vorn, am Fuße des Haufens anfangen müssen. Das ist echte Arbeit! In der Zwischenzeit gibt es immer Beziehungen, die fortdauern. Wie wollen Sie damit verfahren? Wie wollen Sie mit den Beziehungen verfahren, die Sie auf Schimmel, Pilz, abgelegten Gewohnheiten und Zwischenzeit-Hysterie errichtet haben? Hoffentlich sind Sie willens, sich durch sie zu lieben. Einige dieser Beziehungen werden überdauern. Andere nicht. Doch es besteht Hoffnung, daß Sie, sobald Sie sich der Wahrheit über die Liebe erinnert haben, sich selbst und die Menschen Ihrer Umgebung derart mit Liebe überschütten, daß Sie in der Lage sind, auszugehen und mehr Liebe zu finden, mehr Liebe zu geben.

Das Abendessen blieb eine angenehme Erinnerung, die Rhonda einen Monat später, als sie erneut auf Geschäftsreise ging, schon fast entfallen war. Sie war nach der Ankunft im Hotel auf ihr Zimmer gegangen, hatte sich umgezogen und war wieder auf dem Weg nach unten, um sich über den Konferenzablauf zu informieren, als sie die Stimme hörte. Sie drehte sich um, und da stand er, der Mann ihres Abendessens. Er redete, als habe ihr Rendezvous erst vor wenigen Tagen stattgefunden. »He, was läuft? Wie geht's?« Rhonda war angenehm überrascht. War dies der Auftakt zu einer weiteren Runde Krabbenbrot heute abend? »He! Was ist mit Ihnen? Sind Sie wegen der Konferenz hier?« Es war wieder soweit. Sie liefen umher, unterhielten sich und sprachen über das bevorstehende gemeinsame Konferenzwochenende.

Eigentlich verbrachten sie die ganze Konferenz mit Spazierengehen und Reden. Am letzten Tag gingen sie griechisch essen. Er kannte die Stadt und wußte genau, wo man hingehen mußte. Da beide erst am nächsten Tag abreisten, machten sie Pläne für ein zeitiges Frühstück und eine Besichtigungstour. Er brachte sie bis zu ihrer Zimmertür, küßte sie auf die Wange und drehte sich mit einer abrupten Kehrtwendung Richtung Fahrstuhl. Rhonda fing an, unsicher zu werden. Vielleicht stimmte etwas nicht mit ihm? Vielleicht stimmte etwas nicht mit ihr? Allmählich kam es ihr sehr seltsam vor. Sie wußte, sie tat genau das, was sie tun wollte, Spaß haben, es langsam angehen lassen, sich nicht allzusehr einlassen, aber es war neu, zu neu, als daß ihr wohl dabei gewesen wäre. Man sollte doch meinen, daß der Bursche, wenn er interessiert wäre, zumindest gefragt hätte, ob er noch reinkommen dürfe, oder sie auf den Mund geküßt hätte. Sie hatte den Gedanken kaum zu Ende gedacht, als in ihrem Kopf auch schon eine kleine Alarmglocke ertönte. »Tu etwas Neues! Tu etwas Neues! Wenn du neue Ergebnisse willst, tu etwas Neues.«

Paula mußte ein Stück Tesaband auf den Klingelknopf geklebt haben – es schellte jetzt nonstop. Jean war dabei, ihre Sachen zusammenzusuchen. »Was tust du? Was tust du?« Er konnte sie nicht verstehen. War sie übergeschnappt? War sie verletzt? Jean war so zuverlässig, so ruhig, er konnte einfach nicht begreifen, was mit ihr los war. »Hör zu, es ist nichts. Ich kümmere mich darum. Geh duschen. Es ist nichts! Okay, nichts!« James hörte sich unzusammenhängendes Zeug reden. In Wirklichkeit war es fast schon ein Flehen. Jean fing an zu zittern. »Okay, sie ist übergeschnappt. Nein, sie ist verletzt!« Sie steuerte auf die Wohnungstür zu. Es klingelte immer noch. »Du hast mehr Nerven als ein fauler Zahn!« sagte Jean zu ihm gewandt. Deshalb liebte er sie – streichen Sie das: war er so gern mit ihr zusammen. Jede andere Frau hätte ihn mit allen möglichen unflätigen und unanständigen Ausdrücken belegt. Aber das war Jean, eine schöne, sensible Frau, die von seinen Zähnen sprach. Wie konnte er nur so dämlich sein? Er streckte die Hände aus, um nach ihr zu greifen, sie zu halten, sie zu stoppen. Dummer Einfall!

Wenn man in der ersten Etage des Hauses der Liebe wohnt, dann weint man sehr viel. Man weint, weil man denkt, man werde die Dinge niemals in den Griff bekommen. Man weint, weil es den Anschein hat, als liege immer noch sehr viel Arbeit vor einem. Man weint, weil man so dankbar ist, auf dem Weg der Heilung zu sein. Wenn man nicht weint, versucht man, sich zu stabilisieren. Man achtet auf jedes seiner Worte. Man konzentriert sich auf jeden seiner Gedanken. Um nach außen den Eindruck zu erwecken, man wisse, was man tut, möchte man zwanzig Pfund abnehmen und sich die Haare schneiden lassen. Eines Tages, auf dem Höhepunkt der Erste-Etage-Erfahrung, erkennt man, daß man wirklich nicht weiß, was man tut, und daß man mit großer Wahrscheinlichkeit alles falsch macht. Als Reaktion auf diese wundersame Enthüllung weint man noch ein bißchen mehr. Man weint, weil alles besser, aber noch nicht großartig ist. Man weint, weil man sich besser fühlt, aber man ist noch nicht vollkommen stabilisiert. Man möchte so gern Großes vollbringen und will, daß alles in Ordnung ist, aber man weiß einfach nicht, was man tun soll. Man ist verwirrt. Als Reaktion auf die Verwirrtheit wirft man sich auf den Fußboden und spricht das ultimative Stoßgebet. »Lieber Gott, hilf mir!« Nach einer relativ kurzen Zeitspanne erhält man die Hilfe und die Antworten, deren man bedarf.

Ich erinnere mich an den Tag, als jemand zu mir sagte: »Gott liebt dich so, wie du bist.« Ich war erschrocken! Aber ich war auch erleichtert, daß ich es eigentlich *richtig* gemacht hatte. Aber der Gedanke, daß mir gar nicht bewußt war, was ich eigentlich getan hatte, war erschreckend. Ehrlich gesagt, war ich so froh, zu hören, daß Gott mich liebte, daß ich vor Erleichterung und um Erlösung weinte. Auch Sie werden sich während einer Zwischenzeit-Erfahrung in der ersten Etage daran erinnern, daß die Liebe Sie umfaßt, daß Sie das Wesen der Liebe sind. Wenn Sie sich nicht von allein daran erinnern, dann lesen Sie es in einem Buch oder hören in einem Kurs davon. Es spielt keine Rolle, wie Sie es erfahren. Wichtig ist, daß Sie es erfahren. Hoffentlich weinen auch Sie, wenn es soweit ist. Wenn Sie in der ersten Etage des Hauses der Liebe wohnen, dann ist Weinen eine sehr hilfreiche und sinnvolle Erfahrung.

Wenn wir vergessen, daß Gott uns liebt, dann ziehen wir auf der Suche nach einem menschlichen Liebhaber los, auf daß er unser Bedürfnis nach Liebe erfülle. In der ersten Etage können Sie dieses Bedürfnis überwinden und sich vergeben, daß Sie diesen Wunsch hegten. In die erste Etage des Hauses der Liebe wurden Sie durch die Kraft der Liebe, die Gott für Sie empfindet, erhoben. Nun müssen Sie lernen, Aufgeben und Vergeben offen auf all Ihr Tun anzuwenden. Verstecken Sie sich nicht länger. Wie stellen Sie das an? Stehen Sie zu Ihren Empfindungen, und verleihen Sie ihnen Ausdruck. Werfen Sie die abschätzigen Urteile über Ihre Empfindungen über Bord: So sollte ich nicht empfinden! Vielleicht ist das, was ich empfinde, falsch! Denken Sie statt dessen: »Ich vergebe mir, wenn meine Wahrnehmung mich trügt, aber im Augenblick fühle ich mich …« Sie werden erschrocken sein! Sie werden erschrocken sein über Ihre Bereitwilligkeit und Fähigkeit, Ihre Wahrheit auszusprechen und Gefahr zu laufen, schlecht, schwach oder töricht zu erscheinen. Gut so! Was das Verschweigen der Wahrheit betrifft, haben Sie sich nun eines anderen besonnen, was bedeutet, daß Sie willens sind, sie auszusprechen – auf der Stelle.

Singen Sie kein Opferlied!

Nachdem sie sich die Kleider für die Verabredung am nächsten Tag zurechtgelegt hatte, ging Rhonda zu Bett. Es sollte ein wunderbarer Tag werden. Sie fuhren in seinem Wagen durch die Gegend. Sie aßen im Hafenviertel zu Mittag. Sie lachten. Sie redeten. Sie tauschten ihre Telefonnummern aus, und er brachte sie zum Flughafen. Auf dem ganzen Weg nach Hause versuchte sie, sich nicht in eine Euphorie hineinzusteigern. Sie zwang sich, an etwas anderes zu denken. Sie versuchte zu lesen. Sie versprach sich, nicht als erste anzurufen. Einen Monat später hatte sie noch immer nicht angerufen. Sie brauchte nicht anzurufen, weil sie in einer anderen Stadt, bei einer anderen Konferenz durch die Drehtür die Lobby eines anderen Hotels betrat. Als sie die Rezeption entlangblickte, stand er da und trug sich in demselben Hotel für dieselbe Konferenz ein, an der auch sie teilnehmen wollte. Diesmal ging sie auf ihn zu und tippte ihm auf die Schulter. Er wandte sich um, und sein ganzes Gesicht strahlte vor Schrecken, Überraschung und Freude. Rhonda lächelte. Er sprach zuerst: »Okay. Wer sind Sie? Wer sind Sie in meinem Leben?«

Es war eine göttliche Vereinigung! Keiner von beiden hatte nach dieser Serie göttlicher Zufallsbegegnungen die Chance, einem Zusammensein zu entgehen! Um uns davon zu überzeugen, daß das, was wir tun, das Richtige ist, schrecken wir vor keiner Begründung zurück! Rhonda dachte darüber nach, wie rasch die Dinge sich danach entwickelt hatten. Sie telefonierten jeden Tag miteinander, zwei- oder dreimal, denn sie lebten fünf Bundesstaaten voneinander entfernt. Sie sahen sich alle zwei bis drei Monate, was dazu beitrug, daß die dreieinhalb Jahre sehr schnell vergingen. Es war schön. Wenn man einen Liebhaber hat, der so weit weg wohnt, glaubt man ihm, wenn er sagt, daß er einen jeden Tag vermisse. Zu wissen, daß ein Mann einen anrufen wird oder man den Hörer abnehmen und einen Mann anrufen kann, wenn man ein Problem hat, gibt einer Frau ein gutes Gefühl. Doch man muß sich klar darüber sein, was man will und was man tut. Rhonda erkannte, daß sie nicht mehr klar sah und daß sie begonnen hatte, das Spiel zu spielen. Das Spiel, das da hieß: wieder ein Versuch, sich an eine Beziehung zu klammern, die einfach nicht harmonierte – eine Beziehung, die ihr nicht das gab, was sie sich wünschte.

Jetzt erkannte sie, daß sie sich, anstatt Geduld zu haben, mit der Situation abgefunden hatte. Ihr kam die schreckliche Tatsache zu Bewußtsein, daß er zwar nett war, sie sich jedoch keinen gemeinsamen Lebensabend mit ihm vorstellen konnte. Da er aber nun einmal der eine war, der aufgetaucht war, hatte sie sich davon überzeugt, daß sie damit fertig werden müsse. Während sie damit fertig wurde, bemühte sie sich um eine funktionierende Beziehung, sehr wohl wissend, daß sie nicht funktionieren würde. Aber, Gott sei Dank, er wollte sich partout nicht festlegen. Er war sich im klaren darüber, daß er noch nicht soweit war. Er sagte es fortwährend. Er hatte tausend Ausflüchte, und obwohl sie es sogar sich selbst gegenüber nur äußerst ungern zugab, hatte sie versucht, ihn zu überzeugen, daß er soweit sei. Sie hatte sich auf Erdgeschoß-Verhalten zurückgezogen, setzte ihm zu, bedrängte ihn und schreckte vor keiner Verrücktheit zurück, um ihn auf ihre Geschwindigkeit zu bringen. Sie wurde Teil ihres eigenen Problems. Wieder belog sie sich. In der ersten Etage des Hauses der Liebe wachsen den Lügen, die man erzählt, Füße und Krallen, und sie kratzen den Verstand. Sie kratzen so lange, bis man sich fragt: Was ist los mit mir? Jetzt erkannte Rhonda, als sie sich diese Frage stellte, daß die Antwort lautete: Sie wollte nicht wieder falschliegen. Sie wollte weder sich noch ihren Freundinnen gegenüber zugeben, daß sie sich einmal mehr geirrt hatte. Also, wenn etwas juckt, fortwährend juckt, dann kratzt man sich entweder blutig, oder man findet die Ursache für das Jucken. Rhonda erkannte in ihrem Fall, daß es fehlende Eigenliebe war, die ihren Verstand kratzte.

Jean drehte und wand sich und brachte sich außer Reichweite. Ohne zu denken, hörte James sich sagen: »Es tut mir leid! Es tut mir leid!« Jetzt wußte er sicher, daß Jean verletzt war, denn sie weinte. Sie weinte, versuchte ihn zu schlagen und ihn wegzudrücken, alles zur gleichen Zeit. Viel schlimmer kann es kaum kommen! Was wäre schlimmer, als vor der Frau zu stehen, die man liebt, während einem dämmert, daß man es ihr niemals gesagt hat? Es ist ein ebenso schlimmes Gefühl, als wenn man sie weinen sieht, während sie versucht, einem die Augen auszustechen, weil eine Irre, die einem wirklich vollkommen gleichgültig ist, an der Tür klingelt. Viel schlimmer kann es kaum kommen! Doch es kann besser werden! Das Klingeln hörte auf. Dann wurde es schlimmer! Jean fiel auf die Knie, barg ihr Gesicht in den Händen und fing an zu jammern. James stand da, beobachtete Jean und fühlte sich mit jedem Mal, wenn Jean »Warum?« schrie, hilfloser, machtloser und der Situation weniger gewachsen. Langsam ließ er sich neben ihr auf die Knie nieder, schloß sie in die Arme und flüsterte leise: »Ich weiß nicht! Ich weiß es einfach nicht! Bitte verzeih mir. Bitte hilf mir! Es tut mir leid.« Zum ersten Mal seit langer Zeit wollte James weinen. Er wollte es, aber er wehrte sich.

Man muß lernen, Dingen nicht auszuweichen. Wie stellt man das an? Man lernt zuzuhören, man lernt zu kommunizieren. Man glaubt nicht länger, daß die eigenen Worte und die eigenen Empfindungen keine Rolle spielen und daß die Leute sich nicht um das scheren, was man sagt oder fühlt. Man besinnt sich eines anderen, indem man sich von diesem Müll trennt. Während man das tut, möchte man sich vielleicht auch hinsichtlich seiner Reaktionen auf das, was andere Menschen sagen, neu besinnen. Denken Sie daran: Was für Sie wahr ist, muß für alle anderen noch lange nicht wahr sein. Jeder lebende Mensch hat das Recht auf seine eigene Erfahrung. Diese Erfahrung bestimmt, was er tut und wie er es tut, was er sagt und wie er es sagt. Dies ist sein Recht. Menschen haben ein Recht, ihre Empfindungen auszudrücken. Vor allem aber müssen sie sich folgendes klarmachen: Die Tatsache, daß jemand von dem Recht, seine Wahrheit auszusprechen, Gebrauch macht, bedeutet nicht, daß man sie übernehmen oder etwas daran ändern muß. Lernen Sie zuzuhören. Lernen Sie zu vergeben. Lernen Sie aufzugeben. Das ist so ungefähr alles, was Sie in diesem Augenblick tun können.

Zeigen Sie Mut im Kugelhagel!

Jean schluchzte jetzt an seiner Schulter. »Ich wußte es! Ich wußte, daß du dich herumtreibst, aber ich dachte, das geht vorüber. Ich nahm an, du würdest dich einfach zusammenreißen, versuchen sicherzugehen. Ich wußte es!« James schätzte, dies sei die einzige Chance, die er bekommen würde, um seine Seite der Geschichte zu erzählen. »Ich weiß nicht, warum, Jean. Sie bedeutet mir gar nichts. Sie ist eine gute Köchin, und man hat sie schnell im Bett. Es hat überhaupt nichts mit dir zu tun. Es ist immer dasselbe. Jedesmal, wenn es bei mir gut läuft, muß ich etwas tun, um es zu vermasseln.« Als er heute daran zurückdachte, erkannte James, wie wahr diese Feststellung war. Wenn es in der Arbeit gut lief, fing er an, abends lange auszugehen, morgens zu verschlafen und zu spät zur Arbeit zu kommen. Wenn finanziell alles prima lief, kaufte er etwas Teures, das er gar nicht brauchte, und überzog sein Kreditkonto. Scheinbar konnte er nur glücklich sein, wenn in seinem Leben etwas passierte, das ihm auf den Magen schlug. Das war abartig! Das war vollkommen neurotisch! Haßte er sich so sehr? James dachte jetzt darüber nach, was er damals gedacht hatte, wobei ihm klar wurde, daß er einiges zu tun hatte, noch bevor er zurückgehen und Jean um eine zweite Chance bitten konnte. Dann dachte er daran, was als nächstes geschehen war, und ihm wurde klar, daß eine zweite Chance mit Jean fast hundertprozentig ausgeschlossen war.

Jeder Heilungsprozeß braucht seine Zeit. Wenn man sich in den Arm schneidet und das Blut strömt, kann man ihn verarzten, verbinden, ein Pflaster daraufkleben, um eine Infektion zu verhindern, aber man weiß, die Wunde braucht Zeit, um zu heilen. In den nächsten paar Tagen, vielleicht sogar Wochen, muß man die verwundete Stelle sehr vorsichtig behandeln. Man muß aufpassen, wo man den Arm auflegt, was man alles tut und wie man es tun, während die Wunde heilt. Man wartet darauf, daß eine neue Hautschicht nachwachst. Unsere Beziehungen brauchen ebenso Zeit, um zu heilen, weil wir auch ihnen Wunden zufügen. Sobald wir uns, sei es in Beziehungen oder in der Zeit zwischen Beziehungen, nicht die Möglichkeit der Heilung einräumen, neigen wir dazu, mit dem Finger in der Wunde herumzustochern oder das Pflaster zu früh abzureißen. Wie bei den meisten Dingen im Leben wollen wir eine sofortige Schadensbehebung. Wir vergessen, daß zum Heilen ein Prozeß gehört.

Ein Grund, warum wir unseren eigenen Heilungsprozeß nicht beachten, ist unser Selbsthaß. Wir kritisieren, wir glauben uns in einem Irrtum befangen, wir verheddern uns bei dem Versuch, Kleinigkeiten in Ordnung zu bringen, und am Ende sind wir ganz erschöpft davon. Man haßt sich dafür, daß man sich zu so einer erschöpfenden Arbeit breitschlagen läßt. Erschöpfung und Selbsthaß erzeugen ein Gefühl der Unzulänglichkeit. Wir glauben, den Dingen nicht gewachsen zu sein, weil es uns nicht gelingt, das abzustellen, womit wir andere verletzen. Wir finden nicht heraus, was uns überhaupt dazu veranlaßt hat. Die Unzulänglichkeit erzeugt wiederum Angst. Angst, daß uns die Zeit davonläuft, Angst, daß wir uns niemals am Riemen reißen werden, Angst, daß, sollten wir einem Menschen wirklich einmal nahe sein, er uns auf die Schliche kommt, wie unzulänglich wir in Wirklichkeit sind. Wir sind ganz und gar nicht unzulänglich! Wir sind verwundet. Wir sind verwundete Soldaten, weil wir aus der Liebe ein Schlachtfeld gemacht haben. Wenn ein Soldat verwundet ist, muß er das Schlachtfeld räumen. Er muß es räumen, um geheilt zu werden.

Jedes Individuum, dem die ganz normalen Dinge des Lebens auf diesem Planeten zugestoßen sind, hat etwas, das der Heilung bedarf Es muß keine ernsthafte, klaffende oder nässende Wunde sein, aber es gibt immer etwas, für das wir Zeit brauchen, bevor wir es berühren können. Auch kommt in jeder Beziehung, ob sie gut oder schlecht läuft, eine Zeit, da die Partner vielleicht weggehen müssen, um zu heilen. Leider hindert Verlustangst uns daran, uns Zeit zu nehmen, ein paar Tage oder ein paar Stunden wegzugehen, an unseren eigenen Ort, um uns zu kurieren, so daß wir anschließend wiederkommen und uns gemeinsam den Wunden zuwenden können. Wenn Partner sich nicht einzeln die Zeit nehmen, sich zu heilen, dann ist die Chance, daß sie all das Chaos und die Verwirrung anrichten, die zu vermeiden sie sich so sorgfältig bemühen, noch größer. Es liegt nicht an der Beziehung selbst, es sind die Wunden, die wir ihr zufügen und die wir immer wieder aufreißen, weil wir uns für die Heilung keine Zeit nehmen. Eigenliebe befähigt einen, sich Zeit und Raum für die Heilung zu nehmen, ohne diese Angst. Sexuelle Harmonie allein reicht nicht. Der Wunsch, gebraucht zu werden, verleiht einem keine Stärke. Das Verlangen nach Zuwendung verleiht einem keinen Mut. Man muß wissen, wie man sich liebt, wobei keine Rolle spielt, ob man eine Beziehung hat oder nicht. Ohne Eigenliebe hat man keine andere Wahl, als in Beziehungen all die schrecklichen und blödsinnigen Dinge zu tun, die einen verrückt machen.

Rhonda wußte, daß sie bei diesem Burschen vor eine Wand lief. Es war nicht nur die Tatsache, daß sie wußte, er war nicht der eine. Es war ihre Neurose, die erneut den häßlichen Kopf emporreckte! Sie wußte, daß sie neurotisch wurde, sobald Sex ins Spiel kam! Dann würde sie anfangen, Forderungen zu stellen. Ihre Gefühle würden durch jede Kleinigkeit verletzt werden. Sie würde anfangen, Bedingungen und Forderungen zu stellen und Erwartungen zu hegen. Verdammt! Sie hatte es wieder getan! Bevor sie einen Schritt weiter in Richtung auf eine Beziehung oder von ihr weg tat, mußte sie sich über ein paar Dinge klarwerden. Gut, warum erwartest du das? Was hat er gesagt? Was hast du getan? Was ist los? Sie erkannte, daß sie diese Dinge noch nicht mit ihm diskutieren mußte. Die mußte sie *allein mit sich* ausmachen. Sie wußte, daß sie Sex lange genug heraushalten mußte, um sich darüber klarzuwerden, was sie empfand und worauf sie zusteuerte. Sie mußte sich überlegen, was sie überhaupt wollte, und möglicherweise umdisponieren. Sie erkannte, daß der andere Teil ihrer Neurose es dem Typen stets erlaubte, zu bestimmen, wo es langging, und sich anschließend über das aufzuregen, was er tat.

Er schüttete Jean gerade sein Herz aus, als die Wohnungstür polternd hereinstürzte. Überall flog Holz herum! Jean schrie. James krabbelte auf dem Fußboden herum und versuchte, Jean aus der Gefahrenzone zu ziehen. Paula hatte die Hand durch das Loch in der Tür gesteckt und versuchte, das Schloß zu öffnen. Verdammt! Sie hatte ein gutes Gedächtnis! Gewisse Ereignisse im Leben zwingen einen, Dinge zu tun, die man eigentlich nicht tun möchte. Indem man sie tut, lehren sie einen Verantwortung. James rannte zur Tür, öffnete sie und zog Paula in die Wohnung. Die Nachbarn fragten, ob alles in Ordnung sei. 0 ja! Alles bestens! Mindestens zweimal im Monat tritt eine Wahnsinnige meine Tür ein! Paula schrie und schimpfte und bewegte sich in Richtung Jean. James hielt Paula am Arm und hatte nicht die Absicht, sie loszulassen.

Jean war kein Waschlappen. Sie würde sich von Paula nicht

einschüchtern lassen, aber ebenso offensichtlich war, daß sie sich nicht mit Paula im Schlamm wälzen würde. »Sie haben mir überhaupt nichts zu sagen!« beschied Jean Paula, die für einen Moment den Mund zuklappte. Es war eindeutig eine Frauensache, von der James wußte, daß er sie nicht verstand. »Wenn er gewollt hätte, daß Sie reinkommen, dann hätte er Sie reingelassen. Da Sie sich Zutritt verschafft haben, machen Sie sich eine schöne Zeit. Ich verschwinde!« Sie rannte nicht. Sie wich keinen Meter zurück. Mit der ganzen Klasse und Würde, die eine Frau in ihrer Position aufbringen konnte, las Jean ihre Sachen auf, einschließlich der Geschenke, die sie mitgebracht hatte, und ging. Paula saß, die Arme verschränkt und mit den gekreuzten Beinen wippend, auf dem Sofa und sagte Dinge, die unpassender nicht hätten sein können und James vollkommen sinnlos vorkamen, Dinge wie: »Du hast mich benutzt! Du hast mich angelogen! Du bist mir etwas schuldig!«

Wenn man sich nicht liebt, ist es sehr schwer, eine Entscheidung zu treffen, von der man weiß, daß sie unabdingbar ist. Wenn es an Liebe mangelt, an Respekt und an Selbstvertrauen, dann schwankt man hin und her, bevor man sich entschließt, einen Heilungsprozeß zu initiieren, oder zu der Ansicht kommt, man könne die Krankheit noch ein wenig länger aushalten. Wenn man sich wirklich haßt, dann lügt man und sagt sich: »So schlimm ist es wirklich nicht!« In diesem Fall fängt das Kratzen an. Doch wenn man willens ist, die Arbeit zu tun, entschlossen, am Ende der Wahrheit ins Gesicht sehen zu können, dann übernimmt man auf der Stelle die Verantwortung für die eigenen Pläne und handelt entsprechend. Man holt tief Luft, streckt die verwundete Brust heraus und bedient sich des einzigen spirituellen Reinigers, der hilft, den Heilungsprozeß zu beginnen: Aufgeben. In der ersten Etage heißt aufgeben nicht nachgeben; es heißt Dinge aufgeben, die nicht funktionieren: die schlechten Gewohnheiten, die Dinge, die nicht helfen, sich zu lieben. In der ersten Etage überwindet man die Selbsttäuschung. Eine der größten Selbsttäuschungen, der wir erliegen, ist die Behauptung, wir seien zu etwas imstande, wenn wir ganz genau wissen, wir sind es nicht. Wir wissen, daß wir uns aus eigener Kraft nicht in Ordnung bringen, ändern, helfen, heilen oder retten können. Wir wollen es, aber wir können es nicht. Deshalb erschuf Gott die Liebe. Liebe ist das einzige Heilmittel. Wenn wir wirklich geheilt werden wollen, müssen wir uns der Liebe hingeben. Wenn wir nicht wissen, was Liebe ist, schickt Gott uns in die Zwischenzeit, auf daß wir herausfinden, was wir über die Liebe wissen müssen.

Wie man die Dinge handhabt

Die Zwischenzeit ist eine Zeit des Wartens. Man wartet auf weitere Instruktionen, mehr Orientierung, zusätzliche Unterstützung, geistige oder emotionale Sanierung. Soweit es um Liebe und Beziehungen geht, kann man in die Zwischenzeit eintreten, ob man willens ist zu warten oder nicht. Eine gewollte Zwischenzeit-Erfahrung ist die Erfahrung derer, die sich freiwillig in die Zwischenzeit begeben und willens sind, die Arbeit auf sich zu nehmen. Die Arbeit, die zum Aufbau einer besseren Beziehung zu sich erforderlich ist. Eine gewollte Zwischenzeit heißt anzuerkennen, daß man nicht neben sich steht, sondern daß man bei sich ist und einem die eigene Gesellschaft vollauf genügt. Jemanden zu finden, verliebt zu sein, eine Beziehung zu haben – das sind momentan nicht die Triebfedern des eigenen Handelns. Zwar ist man noch immer sehr an diesen Dingen interessiert, nur eben gerade jetzt nicht. Jetzt möchte man mit sich ins reine kommen. Man möchte ein wenig Gewicht loswerden, körperliches und emotionales Gewicht. Man möchte in Form kommen, geistig und seelisch. Sich um ein paar unerledigte Angelegenheiten kümmern, um Heilung und persönliche Entwicklung. Die Zwischenzeit ist eine erstklassige Gelegenheit, den eigenen Problemen die nötige Aufmerksamkeit zukommen zu lassen.

Willige Zwischenzeit-Bewohner sind Menschen, auf die große Dinge zukommen – große Enthüllungen, tiefes Verstehen, bedeutende Entwicklungsprojekte. Es sind Menschen, die erkennen, daß es nicht läuft! Obschon sie deswegen vielleicht betrübt sind, wollen sie keinesfalls aufgeben. Sie wollen wissen, woran es liegt, daß ihnen genau das so gründlich mißlungen ist, was sie sich so sehr wünschen, nämlich sich eine liebevolle, engagierte Beziehung aufzubauen. Sie erkennen, daß alle früheren Beziehungen Zwischenzeit-Erfahrungen waren, in denen sie etwas versäumt haben. Eine Lektion vielleicht. Ein sich entfaltendes Muster. Eine Unsicherheit, die genährt wurde. Jetzt, nachdem sie verlassen wurden oder unbefriedigt zurückgeblieben sind, betrogen wurden oder selber ein bißchen betrogen haben, ihre Rolle mit ganzem Verstand, ganzem Körper und ganzer Seele gespielt haben und trotzdem nicht auserwählt wurden, wollen sie wissen, warum. Die Zwischenzeit ist eine ausgezeichnete Gelegenheit, sich diese Frage zu stellen. Vor allem ist es die ideale Zeit, sich auf den Erhalt einer Antwort vorzubereiten.

Auf der anderen Seite gibt es das unfreiwillige Warten. Diese Erfahrung machen all jene, die in die Zwischenzeit gedrängt werden oder hineinfallen und außer sich darüber sind. Sie geben jemand anderem die Schuld an ihrer Zwangslage. »Er hat mich verlassen!« – »Sie konnte sich nicht beherrschen!« – »Sie haben mich nicht glücklich gemacht!« Diese Menschen begreifen es einfach nicht – die Zwischenzeit ist eine Zeit der Entwicklung und Heilung. Es ist eine Zeit der Neugruppierung und Wiedergutmachung. Unfreiwillig Wartende wollen kämpfen und klagen. Bei dem Versuch, zu begreifen und die Schuld auf die passenden Schultern abzuwälzen, gehen sie nach wie vor rückwärts, versuchen sich festzuklammern oder blicken hinter sich. Doch in der Zwischenzeit muß man willens sein loszulassen, und man muß zu seiner Unkenntnis stehen. Nur so kann man sich an das erinnern, was man weiß. Und man weiß stets, was man zur momentanen Situation beigetragen und was man unterlassen hat. Zuzugeben, was man weiß, ist der schwierige Teil. Wenn man in die Zwischenzeit eintritt, ohne willens zu sein, etwas zuzugeben, sondern statt dessen weiter klammert, hinter sich blickt, andere beschuldigt, sich beklagt und sich schlecht fühlt, dann wird die beziehungslose Zeit mehr sein als nur ein kurzer Kursus zur Auffrischung des Gedächtnisses. Sie wird zur Schocktherapie!

Es kann ein ziemlicher Schock sein, die eigene Wahrheit zu begreifen, zu erfahren und sich ihrer zu entsinnen. Je weniger man willens ist zu begreifen, desto erschreckender sind die Enthüllungen. Man ist allein in der Zwischenzeit. Niemand sonst ist da, um zu sehen, nur man selber. Niemand sonst ist da, der klagt, nur man selber. Niemand sonst ist da, der kämpft oder klammert, nur man selber, und das ist gut so. Widerwilliges Warten kann in der Zwischenzeit scheinbar ewig dauern. Je mehr man die Hände ringt, desto länger dauert das Warten. Je mehr man auf andere schaut, desto hoffnungsloser erscheint einem das Warten. Erst wenn man Wut, Groll, Verzweiflung, Unsicherheiten und Angst fahrenläßt, kann die Zwischenzeit zu einer sinnvollen Erfahrung werden.

Es gibt keine Vorschriften über die Dauer des Aufenthalts in der Zwischenzeit. Die Zeitspanne ist keine Frage des »Wenn ich dies oder das tue, komme ich schneller raus« oder »Wenn ich es so mache, komme ich niemals wieder«. Die Zwischenzeit ist überhaupt nicht so. Man bleibt nicht nur so lange in der Zwischenzeit, wie man selbst braucht, um bereit zu sein, sondern auch so lange, wie die andere Seite benötigt. Mit anderen Worten: Es mag ja sein, daß Sie bereit sind, ihr göttlicher Gefährte hingegen ist es noch nicht. Sie mögen von Ihren Unsicherheiten geheilt sein, Ihr perfekter Partner ist es vielleicht noch nicht ganz. Sie haben vielleicht alles notwendige Vergeben geleistet, aber die Person, auf die Sie warten, hat mit dem Vergeben und Loslassen vielleicht noch nicht einmal begonnen. Folglich bleiben Sie so lange in der Zwischenzeit, bis die göttliche Person vorbereitet und für Sie bereit ist. Die Zwischenzeit ist sowohl Schutz als auch Vorbereitung.

Das soll nun nicht heißen, daß Sie herumsitzen und Däumchen drehen sollen. Es heißt, daß Sie auch in der Zwischenzeit, während Sie auf das göttliche Erlebnis warten, Zwischenzeit-Erlebnisse, Zwischenzeit-Beziehungen haben werden, die wertvoll und tiefergehend sind. Sie dürfen nicht glauben, daß das, was Sie in der Zwischenzeit tun, nutzlos ist. Alles, was Sie tun, jede Beziehung, die Sie haben, bereitet Sie auf die großartige Erfahrung vollkommener, bedingungsloser Eigenliebe und Liebe zu anderen vor und bringt Sie dieser Erfahrung ein Stück näher. Viele Zwischenzeit-Erfahrungen zielen lediglich darauf ab, Sie näher ans Ziel zu bringen, nicht, Sie bis ins Ziel zu tragen. Ihre Aufgabe ist es, nicht in Versuchung zu geraten und der Falle zu entgehen, *jede* Beziehung müsse die Beziehung sein, die bis in alle Ewigkeit hält. Jede Beziehung ist immer die Beziehung, die man momentan gerade braucht. Wenn die Vereinigung ihren göttlichen Zweck erfüllt hat oder die göttliche Zeit für die Vereinigung sich dem Ende zuneigt, endet eine Beziehung, und man tritt in die Zwischenzeit ein, bis zum nächsten Mal.

Mir geht es gut, dir geht es gut! An die Arbeit!

Er mußte schließlich die Polizei rufen, um Paula aus seiner Wohnung zu schaffen. Auf dem Polizeirevier beschloß er, keine Anzeige zu erstatten. Aber er erwirkte eine richterliche Verfügung zu seinem Schutz, genauso wie eine Versicherungspolice. Das war vor drei Tagen gewesen. In dieser Zeit hatte er nur ein einziges Mal mit Jean gesprochen. Bei der Gelegenheit hatte er ihr die ganze Wahrheit erzählt, auch über die anderen, von denen sie noch nichts wußte. Er hatte ihr auch gesagt, daß er soweit sei, sich zusammenzureißen, ein geregeltes Leben zu führen und sich mit ihr ein Leben aufzubauen. Dann hatte er ihr noch versichert, daß er sie von ganzem Herzen liebe, aber zugegeben, noch eine Menge lernen zu müssen. Er hatte auch eingeräumt, daß er zuerst einmal die Kunst, sich zu lieben, erlernen müsse. Jean hatte ihm in ihrer eigenen ruhigen, beruhigenden Art für seine Ehrlichkeit und seine Liebe gedankt, ihm jedoch gesagt, sie brauche einige Zeit, um wieder zu sich zu finden und sich über alles klarzuwerden. Sie war sogar so weit gegangen, sich besorgt wegen Paula zu äußern. Sie frage sich, wie eine Frau es zulassen könne, so tief zu sinken. James erwiderte, es sei leicht, wenn man einen Mann habe, der willens sei mitzusinken. Alles nur, um Spaß zu haben. Eine seltsame Art Spaß, zugegeben, aber trotzdem Spaß. Jean hatte eine Partnerberatung vorgeschlagen. Er hatte eingewilligt. Er hatte die Nummern angerufen, die Jean ihm gegeben hatte, und wartete auf Rückrufe. Die Aussicht, daß irgendein Seelenklempner seinen Verstand untersuchte, machte ihm angst, aber in dem Moment, da er den leisesten Widerstand gegen die Idee verspürte, ließ er ihn fahren. Wie das funktionierte, hatte Jean ihm beigebracht.

Rhonda erkannte, daß alles Ablenkung war. Die Beziehungen, die Miete, die ständig neuen Anforderungen – allesamt Ablenkungen, Ausgeburten ihres Verstandes und Ergebnisse ihrer Handlungen, einzig mit dem Ziel, den selbstgestellten Aufgaben zu entfliehen. Lerne, dich selber mehr zu lieben! Lerne, eine höhere Meinung von dir zu haben! Lerne, mit dem aufzuhören, was dir Kummer bereitet, dich verrückt macht und noch unruhiger, als du es ohnehin schon bist! Rhonda lernte, aus dem Leben kein Entweder-oder-Unternehmen zu machen. Entweder tut man etwas, oder man läßt es bleiben. Entweder man hat etwas, oder man hat es nicht. Warum nicht immer nur ein bißchen auf einmal nehmen? Warum nicht immer nur wenige Dinge auf einmal tun? Das Leben wäre so viel leichter in den Griff zu bekommen.

Rhonda mußte lernen, an ihrem Leben zu arbeiten, an sich zu arbeiten, mit den Kindern zu arbeiten, immer häppchenweise, schön der Reihe nach. Im Augenblick konnte sie nicht umziehen, also würde sie arbeiten. Wenn der Auftrag abgeschlossen wäre, würde sie umziehen. Nach dem Umzug würde sie mit den spirituellen Kursen weitermachen, um an sich zu arbeiten. Sobald sie sich seelisch ein wenig stabiler fühlte, würde sie sich wieder für eine Beziehung öffnen. Schließlich erkannte sie, daß sich lieben hieß, die Entweder-oder-Einstellung zugunsten freier Wahl aufzugeben. Sie erkannte, daß ihrer Eigenliebe am meisten damit gedient wäre, wenn sie sich Zeit ließe, sich zu heilen, ohne sich wegen der Dinge, die sie nicht konnte oder nicht getan hatte, in Selbstvorwürfen zu ergehen. Es führte zu rein gar nichts, immer wieder die eigenen Fehler zu sezieren. Das würde sie niemals wieder tun. Erwischte sie sich bei solcher Selbstbefleckung, würde sie einfach aufhören. Darum allein geht es beim Aufgeben: einfach aufhören, die Dinge zu tun, die einem Kummer bereiten, einen verrückt oder unglücklich machen, zu Selbsthaß und Neurosen führen. Sobald man aufhört, sich auf diese Weise zu schmähen, stellt sich Liebe ein, und der Heilungsprozeß beginnt.

Kapitel 7

Entfernen Sie den Schmutzring aus Ihrer Wanne

Die Menschenmenge auf dem Parkplatz des Einkaufszentrums schwoll an. Was ist dran am Unglück, das Menschen anzieht wie Motten das Licht? Joe versuchte sein Bestes, die Menge davon zu überzeugen, daß alles in Ordnung sei. Marie würde sich lange genug beruhigen, damit er sagen könnte, was er zu sagen hätte, und anschließend wohl wieder anfangen zu schreien. In der Entfernung hörte er die Sirene des sich nähernden Polizeiwagens. Die Menge teilte sich gerade so weit, daß die beiden Beamten, ein Mann und eine Frau, sich Joe und Marie nähern konnten. Marie war wieder still. Joe war in Tränen aufgelöst. Die Polizeibeamtin stellte die erste törichte Frage. »Ist alles in Ordnung?« Für eine kurze Sekunde dachte Joe an all die Zeiten und all die Orte, da man ihm dieselbe Frage gestellt hatte. Er sagte, was er immer sagte. »Ja, ich meine, nein, Officer. Meine Frau hat Alzheimer und gerade einen Anfall von Demenz.« Gott, wie er diese Worte haßte. Die Beamtin starrte ihn nur an, wie die Menge. Marie hatte wieder angefangen zu schreien und fuchtelte mit den Armen, um die imaginären Angreifer abzuwehren, die sie in letzter Zeit immer häufiger sah.

Jetzt war der Beamte an der Reihe. »Können wir etwas tun? Möchten Sie ins Krankenhaus?« Joe hörte sich im Geiste »Nein! Kein Krankenhaus!« schreien, bevor er, zu dem Polizisten gewandt, sagte: »Ich würde gern erst versuchen, sie zu beruhigen. Es würde schon helfen, wenn Sie die Menge mehr auf Distanz halten könnten.« Das würde sie gerade lange genug beschäftigen, damit er Marie ins Auto verfrachten könnte, um sie nach Hause zu fahren. Er wußte, hätte er sie erst nach

Hause geschafft, ihr die Medikamente gegeben und sie ins Bett gelegt, dann würde er die Krankenhausfrage noch einmal ernsthaft überdenken müssen. Maries Zustand verschlechterte sich wirklich zusehends, und er wußte nicht, wie lange er noch für sie würde sorgen können. Beim bloßen Gedanken daran stiegen ihm Tränen in die Augen. Er hatte keine Ahnung, wie er ohne seine Marie leben sollte.

Joe und Marie waren seit siebenunddreißig Jahren verheiratet. Aus ihrer Ehe waren fünf Kinder hervorgegangen. Joe arbeitete bei der Post, und Marie war Lehrerin. Bis vor sechs Jahren hatten die beiden ein wundervolles Leben zusammen verbracht. Vor sechs Jahren ging ihr Leben innerhalb von zwei Wochen in die Brüche. Bei ihrer ältesten Tochter June wurde Brustkrebs diagnostiziert. Sie erfuhren, daß ihr ältester Sohn, Joe jr., kokainsüchtig war. Ihr jüngster Sohn George zog mit Frau und Kindern nach Italien, wo er einen Posten als Militärkaplan übernehmen würde. Bei Marie wurde Alzheimer festgestellt. Zwei Jahre später starb June. Wieder drei Jahre später lebte Joe jr. praktisch auf der Straße. Vier Jahre später weigerte sich die Frau von George, in die Staaten zurückzukehren, um bei der Pflege seiner Mutter zu helfen. Nicole und Natalie, die Zwillinge, taten alles in ihren Kräften Stehende, um zu helfen, aber sie hatten beide eigene Kinder. Hinzu kam, daß sie es nicht mit ansehen konnten, was aus ihrer Mutter wurde. Als Joe an diesem Samstagmorgen auf dem Parkplatz des Einkaufszentrums stand, wußte er, daß er etwas würde tun müssen, ohne zu wissen, wie er es anstellen sollte. Er würde Marie wieder einsperren lassen müssen.

Er hatte es schon einmal getan. Als ihm klar wurde, daß George nicht zurückkäme und daß die Zwillinge es wirklich nicht schaffen konnten, hatte er Marie in ein Pflegeheim gegeben. Sie war erst neunundfünfzig, aber sie war den zerstörerischen Kräften der Krankheit rasch erlegen. Die Ärzte konnten es sich nicht erklären, und er verstand es nicht. Marie, seine geliebte, vor Leben sprühende Frau, hatte ihr Gedächtnis und den größten Teil ihres Verstandes verloren. Wenn Joe zur Arbeit ging, ließ er eine vollkommen normale Marie zu Hause zurück, aber bei seiner Rückkehr fand er sie halbnackt auf der Straße vor, wo sie alle möglichen Dinge anstellte. Die Nachbarn fingen an, sich zu beschweren. Hilfe boten sie nicht an, aber sie meckerten, weil Marie durch ihre Gärten spazierte, ihre Kinder erschreckte und in ihre Wohnungen kam. Zuerst war es Joe peinlich. Dann bekam er Wut. Er tauschte sämtliche Schlösser aus und sperrte Marie zu Hause ein. Eine Weile funktionierte es. Eines Tages fand er sie bei seiner Heimkehr blutend vor. Sie hatte drei Fenster zerschlagen und sich dabei die Hände zerschnitten, die mit sage und schreibe dreiundzwanzig Stichen genäht werden mußten. Joe hatte an die Rückfront des Hauses eine Veranda angebaut. So konnte er die hintere Tür offenlassen, und Marie konnte wenigstens tagsüber auf der Veranda sitzen. Es war eine ausgezeichnete Idee, die beinahe funktionierte. Doch sie hinderte Marie nicht daran, das Haus in Brand zu setzen, als sie zu kochen versuchte. Zweimal hatte sie es getan.

Joe war mit seinem Latein am Ende. Er hatte ihre gesamten Ersparnisse für häusliche Pflege ausgegeben, für Leute, die tagsüber bei Marie blieben, bis er nach Hause kam. Eine staatliche Unterstützung kam wegen seines Einkommens nicht in Frage. Als das Geld zur Neige ging und er sich die häusliche Pflege nicht mehr länger leisten konnte, steckte er Marie in ein Tageszentrum zu anderen Alzheimer-Patienten. Das ging eine Weile gut, aber dann wurde die Demenz so schwerwiegend, daß die Ärzte des Zentrums empfahlen, sie in ein Pflegeheim zu geben. Auch sie waren erstaunt, wie rasch Marie verfallen war. Vielleicht, weil sie von Natur aus ein so lieber und sanfter Mensch war. Vielleicht, weil Geisteskrankheit bei ihr in der Familie lag. Möglich, daß die dummen Ärzte auch einfach nicht wußten, was sie taten.

Als die Ärzte Joe das erste Mal gesagt hatten, Marie sei in einem Pflegeheim besser aufgehoben, hatte er auf sie gehört. Es waren noch achtzehn Monate, bis er bei voller Pension in Rente gehen würde. Wenn Marie genauso lange in dem Heim bleiben könnte, dachte Joe, dann könnte er Doppelschichten arbeiten, ein bißchen Geld sparen und sie bei seiner Pensionierung wieder nach Hause holen. Hörte sich ziemlich gut an. Funktionierte auch ganz prächtig. Das Problem war, daß er Marie nicht so oft besuchen konnte, wie er wollte, und er vermißte sie. Nicht nur, daß er sie vermißte, er bemerkte nach einiger Zeit auf ihrem Körper, auf Gesicht, Beinen und Rücken, kleine Male, die ihm niemand erklären konnte. War es möglich, daß jemand seine süße Marie schlug? Oder fiel sie wirklich hin, wie man ihm erzählte? Joe geriet unter Streß – Streß, weil ihm seine Frau fehlte; Streß, weil er achtzehn, manchmal vierundzwanzig Stunden am Tag arbeitete; Streß, weil er zwischen seinen Schichten versuchte, Marie zu besuchen; Streß, weil er versuchte, die Zwillinge davon zu überzeugen, daß sie ihre Mutter öfter besuchen müßten. An dem Tag, als er ins Heim kam und feststellte, daß Marie ein blaues Auge hatte, das ihm niemand erklären konnte, waren es noch drei Monate bis zu seiner Pensionierung. Als er sämtlichen Papierkram erledigt hatte, war er in Rente. Das war vor einem Jahr gewesen. Seitdem hatte Joe sein Bestes gegeben, um Marie zu pflegen, aber jetzt sah es so aus, als sei sein Bestes einfach nicht gut genug.

Joe konnte den Gedanken an ein Leben ohne Marie nicht ertragen. Was würde er tun? Den Gedanken an ein Leben mit einer anderen Frau konnte er ebensowenig ertragen. In neununddreißig Ehejahren war er nie fremdgegangen, nicht ein einziges Mal! Maries Krankheit hatte die Beziehung zu seinen Kindern so belastet, daß die meisten kein Wort mehr mit ihm sprachen. Er fand, daß sie ihn verlassen hatten; sie fanden, er leugne Maries Zustand. *In Krankheit und in Gesundheit* … Joe erinnerte sie dauernd daran. Er leugnete nichts, er stand zu seiner Verpflichtung, aber wo würde das Geld herkommen? Geld für Medikamente, für Pflege, für das Heim, falls er sie wirklich wieder dorthin zurückbringen müßte? Das alles war zuviel für ihn, als daß er auf dem Parkplatz des Einkaufszentrums darüber hätte nachdenken können. Als die Menge sich zerstreute, beruhigte Marie sich. Er blickte gen Himmel und sprach leise die Worte seines Lieblingsgebets aus dem dreiundzwanzigsten Psalm: »Er weidet mich auf einer grünen Aue und führet mich zum frischen Wasser. Er erquicket meine Seele.« Dann schaute er Marie an. Sie war wieder bei sich. Sie streckte die Hand zu Joes Gesicht aus, berührte seine Wange, sah ihm direkt in die Augen und sagte: »Weißt du, er ist wirklich ein Hirte!«

Der Blick der Liebe

Liebe ist eine innere und sehr persönliche Erfahrung. Doch sie ist kein persönlicher Besitz. Liebe gehört niemandem und kann niemandem gehören, denn sie ist eine universelle Vorstellung, eine Erfahrung, die von allen geteilt werden soll. Die Vorstellung von *universeller Liebe* bezieht sich auf die Liebe, die Gott für alle Geschöpfe Gottes empfindet. Es ist die Liebe, die das Leben ist, die Manifestation der Kraft Gottes. Es ist die durch das Leben auf uns alle ausgedehnte Liebe. Universelle Liebe, Gottes Liebe, ist die einzige wirklich existierende, echte Liebe. Es ist die Liebe, nach deren Erfahrung sich unsere Seele verzehrt und die durch Erfahrung lebendig wird. Universelle Liebe geht über das Ich und die Bedürfnisse des Ich hinaus, indem sie uns zur Gemeinschaft mit den Kräften des Universums und der Liebe alles Lebendigen hinführt. Universelle Liebe ist bedingungslos. Sie akzeptiert alles, wie es ist, denn Alles ist die wahre Identität Gottes. Die Erfahrung universeller Liebe ist nicht das, was die meisten bewußt in ihren Beziehungen suchen. Doch sie ist der Grund, warum wir alle auf die Welt gekommen sind, um sie durch unsere Beziehungen zu lernen.

Wonach es die Mehrzahl von uns auf einer irdischeren, menschlichen Ebene verlangt und wonach wir suchen, ist die warmherzige, gemeinschaftliche Erfahrung der Liebe, die eine Beziehung bieten kann – eine Erfahrung, die exakt als Antwort auf unser begrenztes menschliches Wissen geschaffen ist. Wir müssen verstehen, daß unser Wissen und Trachten das wahre Wesen der Liebe weder voll erfaßt noch ihm Grenzen setzt. Mit diesem Verständnis stellt sich die Erkenntnis ein, daß wir andere Menschen nicht zwingen können, uns so zu lieben, wie wir es gern hätten. Ebensowenig gibt es eine Möglichkeit sicherzustellen, daß sie so lange in uns verliebt sein werden wie wir umgekehrt in sie. Das bedeutet nicht, daß nicht genügend Liebe da wäre oder daß wir niemals eine tiefere Liebeserfahrung machen werden. Es soll heißen, daß wir sie vielleicht nicht mit einem bestimmten Menschen, zu einer bestimmten Zeit oder solange es uns gefällt machen werden.

Im Laufe unserer Entwicklung als Menschen entfalten sich Geist und Seele, und unser Blick weitet sich. Diese evolutionäre Ausweitung sorgt dafür, daß wir uns unserer selbst, der Welt, in der wir leben, und der Geheimnisse des Lebens stärker bewußt werden. Um zu gewährleisten, daß der Trip sich lohnt, die Reise weiterhin Sinn hat und die Einsichten, die wir gewinnen, uns zu noch größeren Einsichten führen, müssen wir dafür sorgen, daß wir im Herzen größeren Liebeserfahrungen gegenüber aufgeschlossen bleiben. Wir müssen willens sein, alte Vorstellungen aufzugeben, neue Informationen zu verarbeiten, den auf unserer Reise eingeschlagenen Weg zu ändern und vor allem die Liebe von allen Bedingungen zu befreien. Man kann nie jemanden zum eigenen Schaden lieben. Das ist keine Liebe, das ist Besitz, Kontrolle, Angst oder eine Kombination aus allem. Ja, wir gehen Verpflichtungen ein. Ja, wir tragen Verantwortung. Ja, wir möchten die, die wir lieben, in unserer Nähe wissen. Doch wenn die Liebe zu jemandem Qual verursacht oder das eigene Leben gefährdet, dann muß man lernen aufzugeben. Wenn man nicht willens ist aufzugeben, wenn man darauf beharrt, im Namen der Liebe zu quälen, dann wird einen die Liebe quälen.

In der Zeit, als Lisas Großmutter sich weigerte, ihren Magenkrebs behandeln zu lassen, besuchte Lisa das College, arbeitete den ganzen Tag und hatte zwei kleine Kinder, die sie allein großzog. Lisa versuchte ihrer Großmutter zu erklären, daß sie ohne Behandlung sterben würde. Oma wollte die Horrorgeschichten nicht hören. Sie hatte ihr Leben gelebt, und wenn sie auf diese Weise abtreten sollte, dann würde sie abtreten, ohne an sich herumdoktern und sich piesacken zu lassen. Doch als die Schmerzen mit der Zeit zu stark wurden, wies man Oma ins Krankenhaus ein, damit sie künstlich ernährt werden konnte. Lisa fuhr jeden Tag nach Feierabend, bevor ihr Unterricht in Brooklyn begann, von Manhattan in die Bronx, um Oma zu besuchen und sich um sie zu kümmern. Lisa mußte dafür sorgen, daß Oma ihre Zeitung und ihre Karamelbonbons hatte (»Was zum Teufel macht es schon, wenn ich jetzt Süßigkeiten esse?« fragte Oma) und daß ihr Haar gekämmt wurde. Oma hatte sehr dichtes Haar, das leicht verfilzte. Das ging sieben Monate so, bis Oma zum Sterben nach Hause geschickt wurde. Lisa war erschöpft, aber sie war Omas Liebling. Außerdem konnte niemand sonst Oma ertragen. Sie war ein ziemliches Energiebündel.

Oma hielt durch, manchmal nur, um Menschen Kummer zu machen, dachte Lisa. Dann schob sie den Gedanken rasch beiseite und dachte an all die schönen Zeiten, die sie mit Oma gehabt hatte. Als Lisas Eltern sich scheiden ließen, war es Oma, die Lisa stützte. Die Trennung war gräßlich – Mom hatte einen Freund, Daddys Ego war verletzt, und ein Kind war unterwegs, von dem keiner wußte, wer der Vater war. Es war ein ziemliches Durcheinander. Lisa hatte immer ein engeres Verhältnis zu ihrem Vater gehabt und wollte bei ihm bleiben. Mom wollte davon nichts hören. Lisa, ihre beiden Schwestern und ihr Bruder landeten schließlich bei Mom und Mr. Webb, den Moms Kinder lediglich daran erinnerten, daß Lisas Mom vor ihm mit anderen Männern zusammengewesen war. Lisa und ihre Geschwister waren der Beweis. Mr. Webb machte es sich zur Gewohnheit, sie darauf hinzuweisen, daß er nicht ihr Vater sei, aber daß sie, solange sie ihre Füße unter seinen Tisch stellten, das tun würden, was er sagte. Viel sagte er nicht, weil er für gewöhnlich betrunken war. Lisa, als Älteste, war am aufsässigsten und lautesten. Wahrscheinlich waren Mr. Webb und Lisa deshalb wie Hund und Katze. Das hieß natürlich, daß Lisa normalerweise weglaufen mußte, um sich vor Mr. Webbs Zorn in Sicherheit zu bringen. Immer, wenn Flucht der einzig rettende Ausweg war, hatte Oma, die Mutter ihres Vaters, ein gutes Essen und ein paar tröstende Worte für sie.

Mit siebzehn ging Lisa von zu Hause fort und zog bei Oma ein. Es war großartig. Sie machten alles zusammen. Sie gingen einkaufen. Sie redeten. Sie kochten. Oma war einfach wie eine Freundin, eine ältere Freundin, die einem all die Dinge erlaubt, die einem die eigene Mutter, natürlich aus gutem Grund, verbietet. Mit neunzehn, als Lisa Oma erzählte, daß sie schwanger sei, änderten die Dinge sich – drastisch. Oma sagte ihr, sie sei zu alt, als daß sie sich um ein Baby kümmern könne, und es sei an der Zeit, daß Lisa für sich selber sorge. Lisa war am Boden zerstört! Wie konnte Oma ihr das antun? Lisa hatte gedacht, sie würden für immer zusammensein oder zumindest so lange, bis sie heiratete. Oma sagte, daß Lisa lernen müsse, Verantwortung zu übernehmen. Wenn sie die Lektion nicht gelernt habe, bevor sie das Baby bekomme, dann müsse sie sie eben nachholen, wenn es da wäre. Lisa zog mit ihrem Freund in eine kleine Wohnung und sprach zwei Jahre lang kein Wort mit Oma. Erst als sie ihr zweites Kind bekam, verstand sie, was Oma ihr eigentlich beizubringen versucht hatte. Zerknirscht besuchte sie sie. Sie erzählte ihr von dem zweiten Baby, ihrem gemeinen Freund und ihrer Angst. Und sie entschuldigte sich. Als seien die zwei Jahre nur ein Tag gewesen, verstanden Oma und Lisa sich auf Anhieb wieder wie früher. Sie redeten, lachten und zogen gemeinsam die beiden Jungen von Lisa groß.

Das war gerade einmal zweieinhalb Jahre her. In dieser Zeit hatte Lisa ein ganzes Leben gelebt. Sie hatte zwei oder drei schlechte Beziehungen, vor denen Oma sie gewarnt hatte, angefangen und wieder beendet. Woran liegt es, daß alle anderen an dem Menschen, den man zu lieben meint, das sehen können, was man selber nicht sieht? Lisa hatte sich einen großartigen Job geangelt, den Oma ihr, wie sie sagte, *herbeigebetet* hatte. Sie hatte sich mit ihrer Mutter versöhnt, jedenfalls sprachen die beiden wieder miteinander. Auf Omas Rat hin ließ Lisa es, was Beziehungen anging, etwas ruhiger angehen, bis sie sich ein bißchen besser im Griff hatte. Dann wurde

Oma krank. Nicht auf einmal, aber nach und nach. Sie wollte nicht mehr essen. Sie war kraftlos. Sie spuckte Blut. Lisa hatte fast drei Monate gebraucht, bis sie Oma überzeugt hatte, daß sie beruhigt zum Arzt gehen könne, ohne befürchten zu müssen, gleich als Versuchskaninchen mißbraucht zu werden. Dann kam die Diagnose. Lisa mochte kaum glauben, daß Oma sterben würde. Warum wollte sie nicht um ihr Leben kämpfen? Oma war in allen Dingen eine solche Kämpferin. Sie kämpfte mit Lisa, damit sie ihr Leben meisterte. Es war Oma, die Lisa ermunterte, wieder aufs College zu gehen. Es war Oma, die ihren Scheck von der Sozialhilfe nahm und den Jungs Kleinigkeiten kaufte, die Lisa sich nicht leisten konnte. Es war Oma, die Lisa alle notwendigen Ratschläge über Männer, Liebe und andere, wie Oma sagte, »Frauensachen« gab. All das sollte nun bald vorbei sein, und Lisa wußte nicht mehr ein noch aus.

Lisas Vater und seine Mom hatten seit Jahren nicht mehr miteinander gesprochen. Sie waren sich einfach zu ähnlich – willensstark, dickköpfig und sehr rechthaberisch. Der Versuch, beiden gemeinsam ihre Zustimmung zu etwas zu entlocken, war, als vermische man Öl und Wasser. Als Oma richtig krank wurde, sagte Lisa ihrem Vater, er solle wegbleiben, wenn er nichts dazu beitragen könne, daß sie sich besser fühle. Auf diese Aufforderung hatte er nur gewartet. Statt seinen Mund zu halten und Zeit mit seiner Mutter zu verbringen, wälzte er die Verantwortung auf Lisa ab. Er pflegte Lisa anzurufen, um zu hören, wie es ihr gehe, oder um zu erfahren, ob sie etwas brauche. Er pflegte Lisa anzurufen, um ihr zu erzählen, wie ihm angesichts des Sterbens seiner Mutter zumute sei. Bei einem von Omas Krankenhausaufenthalten, als es tatsächlich so aussah, als würde sie das Zeitliche segnen, rief Lisa ihren Dad an. Er eilte zum Krankenhaus, warf einen Blick auf seine Mutter, brach weinend zusammen und kam niemals wieder. Lisa war wütend! Sie erinnerte ihren Vater daran, daß seine Mutter nicht seine Frau sei und er für seine Mutter Verantwortung übernehmen müsse. Er sagte, er könne es einfach nicht.

Lisas Brüder und Schwestern waren Oma niemals so nahe gewesen wie Lisa. Sie hatten zuviel Angst, etwas zu tun, das Mr. Webb aufregen würde. Sie riefen hin und wieder an und schrieben zum Geburtstag, zum Muttertag und zu Weihnachten regelmäßig Karten. Oma nannte sie eine traurige Bande. Sie konnte nicht verstehen, wie sie oder ihr Vater Blutsverwandtschaft ignorieren konnten. »Deine Verwandten sind der Stoff für den Quilt deines Lebens«, sagte Oma immer. »Wenn du anfängst, die Quadrate aus deinem Quilt herauszuziehen, erfrierst du!« Oma war so klug. Aber sie war auch sehr verletzt. Sie sprach nicht darüber, aber Lisa spürte jedesmal ihren Schmerz, wenn sie sich mit ihr über ihren Sohn oder seine Kinder unterhielt. Lisa entschied, daß das ein Kampf sei, den sie nicht aufnehmen würde. Sie hatte ihre Oma, und das genügte ihr.

Es war Frühling. Oma war innerhalb von drei Monaten sechsmal im Krankenhaus gewesen und wieder entlassen worden. Jedesmal hatte man ihr beinahe den Tod verkündet. Jedes Mal hatte Oma den Ärzten ein Schnippchen geschlagen und war recht rasch wieder auf die Beine gekommen. Schließlich schickten sie Oma nach Hause, damit sie ihre letzten Tage in vertrauter Umgebung verbringe. Sie erhielt häusliche Pflege, und die Nachbarn kamen, um auf sie aufzupassen. Dadurch hatte Lisa etwas weniger Streß, aber sie fühlte sich dennoch verpflichtet, zur Wohnung zu fahren, um Oma zu sehen. Es war nicht weiter schlimm, bis die Zwischenprüfungen vor der Tür standen. Lisa hatte die ganze Woche über Tests, also rief sie Oma an, um ihr zu sagen, daß sie nicht vorbeikommen könne. Lisa versprach, jemanden aufzutreiben, der ihr eine Zeitung und Süßigkeiten brachte. Oma wollte sich partout von niemandem außer Lisa die Haare kämmen lassen. Oma sagte Lisa, sie solle sich keine Gedanken machen. Sie würde die Zeitung von gestern lesen und wäre zufrieden. Das war am Montag. Lisa war so zerschlagen, daß sie am Dienstag verschlief und zur Arbeit und zur Schule ging, ohne Oma anzurufen. Sie rief am Dienstag nach dem College an, und niemand hob ab. Sie rief Mittwoch nachmittag an, und niemand hob ab. Am Donnerstag schaute sie zwischen Arbeit und Schule bei Oma vorbei. Oma schlief. Sie hatte Medikamente bekommen und war im Himmel. Lisa gab ihr einen Kuß und versprach, am Freitag wiederzukommen. Der Freitag war die Hölle. Sie rief Oma an, aber jetzt wußte sie, warum niemand abhob. Am Wochenende lernte sie, ging mit den Jungs ins Kino und wusch zehn Maschinen schmutzige Wäsche, ohne Oma anzurufen. Oma starb am Montag morgen.

Lisa war voller Schuldgefühle. Sie fühlte sich so schuldig, daß sie im nächsten Semester nicht wieder zum College ging. Wochenlang lief sie herum und erging sich in Selbstvorwürfen. Als sie erfuhr, daß ihr Vater seine Mutter gesehen hatte, bevor sie starb, machte das die Sache nicht besser. »Ich hätte dasein sollen! Ich hätte sie frisieren sollen, ihr die Zeitung vorlesen sollen. Da war so viel, was ich hätte tun sollen.« Es war wie ein Lied in Lisas Kopf. Sie konnte die Gefühle von Schuld und Verantwortungslosigkeit nicht abschütteln. Am Ende wechselte sie vom Klagelied zum Wutgesang: »Wieviel muß ein Mensch eigentlich tun? Von New Jersey nach Manhattan, nach Brooklyn, in die Bronx, Tag für Tag, drei Monate lang! Wieviel wird von einem Menschen erwartet?« Wenn sie sich nicht schuldig fühlte, dann war sie wütend. Wenn sie nicht wütend war, dann war sie niedergeschlagen. Lisa versuchte sich an alles zu erinnern, was Oma ihr gesagt hatte, damit sie danach handeln konnte. Es ging ihr nicht sehr gut. Sie wollte aufgeben. Sie mußte aufgeben, aber sie würde es erst können, wenn sie gelernt hatte, Abstand zu nehmen.

Man muß wissen, wann man loslassen soll

Alle Beziehungen basieren auf denselben grundlegenden Komponenten: Menschen, Bedürfnisse und Erwartungen. Wir mögen noch so sehr versuchen, über den ganzen Bedürfnis- und Erwartungskram den Überblick zu behalten – normalerweise verfangen wir uns so sehr darin, daß der eigentliche Kern der Beziehung zugunsten dessen, was wir meinen tun zu müssen und was andere unserer Ansicht nach tun sollten, verlorengeht. Manchmal sind die Bedürfnisse sehr real. Zu anderen Zeiten sind sie es nicht. Manchmal basieren die Erwartungen auf handfester Realität. In den meisten Fällen ist das nicht so. Manchmal werden wir mit Erwartungen in bezug auf die Befriedigung von Bedürfnissen konfrontiert. Zu anderen Zeiten erlegen wir sie uns auf. Viel zu spät erkennen wir, daß, wenn Liebe die Basis einer Beziehung ist, alle Bedürfnisse und Erwartungen erfüllt werden, ohne daß wir uns im geringsten anstrengen müßten.

Welche Schauergeschichten man Ihnen auch über Sie erzählt hat, glauben Sie sie nicht! Was für eine schlechte Meinung Sie auch von sich haben, zeigen Sie Mut. Was auch immer um Sie herum geschieht, lassen Sie sich nicht unterkriegen. Was auch immer in Ihren Beziehungen geschieht, reißen Sie sich zusammen. Ganz gleich, was Sie im Gegenzug für Ihre Liebe erhalten, seien Sie gewiß, daß Sie beschützt werden. Göttlich beschützt. Solange Sie mit Liebe für die Liebe eintreten und Ihrem Ich nicht gestatten, sich auf der Suche nach Liebe zu verlieren, werden Sie sich einfach gut fühlen. In der Liebe können Sie nicht verlieren. Wer Sie liebt, wirklich liebt, hört niemals auf, Sie zu lieben, ganz gleich, was Sie tun. Er ist Ihnen vielleicht böse. Er ist vielleicht enttäuscht von Ihnen. Es geht dabei um *seine* Bedürfnisse und Erwartungen. Es geht nicht um Liebe. Je mehr Liebe Sie geben, desto mehr Liebe bekommen Sie. Vielleicht sieht es nicht immer so aus, aber es ist die reine Wahrheit. Sie bekommen sie vielleicht nicht von denjenigen, denen Sie sie geben – aber vertrauen Sie einfach darauf, daß Sie sie bekommen werden, ja müssen. Wer reichlich und mutig Liebe gibt, ohne Bedingungen zu stellen oder Erwartungen zu hegen, der bekommt immer auch Liebe zurück.

Schuldgefühl, Scham, Angst, Wut und Groll erwachsen nicht aus einer liebevollen Beziehung. Sie sind das Ergebnis der Bedingungen, die wir uns selber und den Menschen, die wir lieben, auferlegen. Wenn man sich als Folge seiner Liebeserfahrungen in einer dieser Situationen wiederfindet, dann erhält man Gelegenheit, den Wandel von vorbehaltlicher zu bedingungsloser Liebe zu vollziehen. Der Grad der geistigen, emotionalen und seelischen Entwicklung als Antwort auf die eigenen Liebesbeziehungen kann als Sprungbrett zu noch größerer Entwicklung und zur Entfaltung eines großartigeren, größeren und stattlicheren Ich dienen. Der Wandel ermöglicht die Erkenntnis, daß man nicht schuldig oder verletzt sein muß, daß man nicht beschämt oder wütend sein muß, daß man nicht voller Groll oder allein sein muß; das einzige, was man tun muß, ist, sich und alle anderen nach bestem Wissen und nach Kräften zu lieben. Man muß seine Liebe nicht beweisen, und man sollte auch von anderen nicht verlangen, ihre Liebe zu beweisen. Wenn man es tut, dann verlangt man, dieselben Erfahrungen noch einmal zu machen, dieselben Lektionen zu lernen und durch dasselbe Gelände zu marschieren, das man bereits durchquert hat. Solange wir uns nicht die Vorstellung zu eigen machen, daß Liebe nichts fordert, werden wir immer wieder dasselbe tun. Das ist keine sehr große spirituelle Erleuchtung!

Aufgeben und Loslassen sind zwei spirituelle Haushaltsreiniger, die uns der Erfahrung der Liebe näherbringen. Aufgeben, das heißt bewußt zugeben, was wir können und was nicht, hindert uns daran, falsche Verantwortlichkeiten zu übernehmen und Dinge zu tun, die unserem Wohlergehen abträglich sind. In Beziehungen möchten wir so oft alles sein, alles machen, alles geben, obwohl wir sehr gut wissen, daß es unmöglich ist. Wir versuchen, unsere Liebe zu beweisen. Wir unternehmen verzweifelte Versuche, zu beweisen, daß wir es wert sind, geliebt zu werden. Der Schlüssel liegt darin, jeden Gedanken, jede Überzeugung, jede Vorstellung aufzugeben, die zu dem Schluß führt, man sei nicht liebenswert. Wenn es gelingt, den Punkt zu erreichen, an dem man nicht mehr glaubt, nicht liebenswert zu sein, wird man sofort liebenswert! Wenn man liebenswert ist, muß man *gar nichts* tun – einfach nur dasein. Der Weg zu dieser Erkenntnis heißt Abstand. Nehmen Sie Abstand von allen sich selbst auferlegten Bedingungen. Sie müssen gar nichts tun. Sie müssen gar nichts haben.

Sie müssen gar nichts sein. In diesem Augenblick sind Sie schon *alles*. Alles, was Sie glauben, sein, tun oder haben zu müssen, um der Liebe würdiger zu sein, ist wie ein Schmutzring in der Badewanne – es muß entfernt werden.

Äußern Sie sich!

Sie wurde nicht schlau daraus, wann oder wie es angefangen hatte. Es geschah einfach irgendwie ganz plötzlich, über Nacht, während der ersten dreizehn Jahre ihres Lebens. Gerade noch war Daddy zur Arbeit gegangen, hatte in der Sonntagsschule unterrichtet und mit ihr und ihren Schwestern gespielt, während Mami sich um den Haushalt kümmerte. In der nächsten Minute saß Daddy im Wohnzimmer – er war gefeuert worden, und man hatte ihn aus der Kirche ausgeschlossen, weil er einmal zuviel betrunken gewesen war. Gerade noch hatte Mami geschrien und war weggerannt, weil Daddy mit ihr stritt. In der nächsten Minute weinte Mami, weil Daddy hingefallen war und sie ihn nicht hochheben konnte. Gerade noch hatte man eine sorglose Kindheit. In der nächsten Minute ist Daddy tot, und alles beginnt, wirklich in die Brüche zu gehen. Mitten in dieser dreizehn Jahre währenden Saga gedrängter Augenblicke kam Iris sich vollkommen hilflos vor. Sie konnte weder Daddy noch Mami helfen, und, zum Teufel noch mal, sich selber erst recht nicht!

Intelligente Menschen saufen sich nicht zu Tode! Also mußte er ein Dummkopf sein. Damit mußte sie sich eine Weile beschäftigen. Iris kam zu dem Schluß, daß ihr Vater ein Dummkopf war. Sie liebte ihren Vater, aber nun war sie böse auf ihn, weil er gestorben war und sie mit ihrer Mutter allein gelassen hatte. Ihrer Mutter, der strengen, verängstigten Mutter, die sich ständig Sorgen machte und ihr alles verbot. Ihre Mutter, so lieb sie auch war, war schwach, weinerlich und absolut nicht auf dem laufenden. Ihre Mutter, die noch nie gearbeitet hatte und sich im Leben nicht vorstellen konnte, wie sie allein sechs Kinder großziehen sollte. Ihre Mutter, die sie gleichzeitig liebte und haßte, weil sie alles war, was Iris nicht sein wollte. Wie konnte ihr Daddy nur sterben – streichen Sie das: sich umbringen und sie mit ihrer Mutter allein lassen?

Wenn das Leben einem Limonen gibt, dann muß man Limonade daraus machen. Ist man allergisch gegen Limonen, dann trinkt man besser Wasser! Wasser mag fade, nicht besonders aufregend und uninteressant sein, aber es verleiht Energie! Iris konnte die High School nicht schnell genug beenden. Sie konnte nicht schnell genug aufs College gehen. Sie konnte nicht schnell genug einen Abschluß machen oder eine Stelle finden, um die widerstreitenden Empfindungen abzustreifen, mit denen sie seit ihrem dreizehnten Lebensjahr gelebt hatte. Ihr Vater hatte ihr erzählt, wie schön, wie brillant und begabt sie sei. Ihre Mutter hatte ihr beigebracht, wie zerbrechlich, hilflos und verletzlich sie sei. Sie glaubte nicht, was Daddy ihr erzählte. Was Mami ihr erzählte, konnte sie nicht glauben. Sie schaffte die Schule, bekam einen Job, kaufte ein Haus, alles, weil sie wütend war. Es gibt Arten von Wut, die die Wirkung von Öl haben, das man ins Feuer gießt! Aber obwohl Iris wütend war, sagte sie kein einziges Wort. Wut regte Mami auf und ließ sie in Tränen ausbrechen. Mami regte alles auf! Schon in sehr jungen Jahren lernte Iris, daß sie ihre Empfindungen, welcher Art auch immer, besser für sich behielt – besonders den Tod ihres Vaters, weil er einfach so bizarr war. Wie kann man jemandem, den man liebt, böse sein, weil er stirbt? Wie kann man seine Mutter hassen? Wie kann man seine Empfindungen äußern, wenn man sie nicht versteht? Siebenundzwanzig Jahre lang litt Iris geistig und körperlich unter diesem Bündel quälender Fragen. Als alles mit der Zeit zuviel wurde, verschloß sie sich einfach.

Eine anständige Beziehung zu finden kann schwer sein, wenn man verschlossen ist, aber wer möchte schon ohne irgendeine Beziehung durchs Leben gehen? Iris beschloß, daß sie unter gar keinen Umständen eine Beziehung haben wollte, die so war wie die ihrer Eltern. Sie wollte nicht von ihrem Mann abhängig sein. Sie wollte nichts mit einem Mann zu tun haben, der trank. Sie hatte nicht vor, eine Jammerliese, Nörglerin oder Heulsuse zu werden. Eigentlich war sie zu wütend, um überhaupt etwas zu sagen. Männer verfügen nämlich über Radar! Sie wittern eine zornige Frau auf zehn Kilometer Entfernung. Statt sich also der Gefahr auszusetzen, daß man ihre Wut entdeckte, wurde Iris still, sehr still. Jedermann bemerkte, wie still sie doch sei. Stets sprach man von ihr als der lieben, stillen Iris. Und weil sie so still war, glaubten die Leute, sie sei hilflos. Immer versuchten die Leute, etwas für sie zu tun oder ihr bei etwas zu helfen, weil sie fälschlicherweise annahmen, hinter Iris' stiller Art verberge sich Schwäche.

Iris hatte drei denkwürdige Beziehungen. An sie erinnerte sie sich, weil es solche Katastrophen gewesen waren! Die erste Beziehung hatte sie, als sie zum College ging, mit einem Typen, dessen Tag mit Marihuana begann und mit Marihuana endete. Iris wußte nicht, daß es Marihuana war, weil er es in seine Zigaretten stopfte. Er war die meiste Zeit high, und als sie herausfand, was er trieb, dachte er, sie gehöre ihm. Er dachte es, weil sie ihm nie gesagt hatte, daß es nicht so war. Iris brauchte drei Monate, um von diesem Schwachkopf loszukommen. Den nächsten Typen lernte sie auf einer Party kennen. Nett genug schien er zu sein, aber er entpuppte sich als Schläger. Er hatte die sehr unangenehme Angewohnheit, Iris zu ohrfeigen, wenn sie nicht nach seiner Pfeife tanzte. Ihr Fehler war, daß sie nach dem ersten Schlag länger als fünf Minuten blieb. Obwohl der nächste Schlag erst sechs Monate später folgte, war Iris sich absolut im klaren darüber, daß es nicht das war, was ihr vorschwebte.

Die dritte Beziehung war die ernsteste – ernst in bezug auf Dauer und emotionales Engagement. Iris zog mit Buddy zusammen, und die beiden sprachen von Heirat. Buddy war alles, was sie hätte verlangen können, wenn sie viel gefragt hätte, aber sie tat es nicht und Buddy ebensowenig. Es dauerte zwei Jahre, bis die ersten Anzeichen offenkundig wurden – seine besitzergreifende Art, seine Eifersucht, seine Forderungen. Es hatte den Anschein, daß Buddy just in dem Moment, als Iris sich wohl genug fühlte, um sich zu öffnen, zu reden anzufangen und aus sich herauszugehen, den Verstand verlor. Er sagte ihr ständig, wie dumm und schwach sie sei. Wenn es darum ging, sie zu erniedrigen, war er sehr einfallsreich, und er untergrub ihr Selbstvertrauen auf jede erdenkliche Art. Iris wollte ihm nicht glauben, aber das Bündel quälender Fragen in ihrem Kopf hatte in jungen Jahren so viel Schaden angerichtet, daß ein Rest immer noch in ihrem Herzen nachhallte. Vielleicht hatte Mami die ganze Zeit recht gehabt. Vielleicht war sie wirklich zu schwach und verletzlich, um auf eigenen Füßen zu stehen. Oder Daddy könnte recht gehabt haben. Vielleicht sollte sie diesen Typen einfach sitzenlassen, auf eigenen Füßen stehen und selber tun, was getan werden mußte. »Ich will einfach nicht allein sein!« dachte Iris. Sie und Buddy würden damit fertig werden müssen.

Iris hatte so wenig Erfahrung mit Beziehungen und so armselige Vorbilder, denen sie nacheifern konnte, daß sie völlig verwirrt war. Buddy war nicht unerträglich, aber er war ziemlich schwer zu handhaben. Er respektierte ihre Meinung nicht. Er gab nichts auf ihr Urteil. Er achtete ihren Beitrag nicht. Iris redete nicht genug oder nicht mit genug Menschen, um es besser zu wissen, also blieb sie und hielt fünfeinhalb lange, passive Jahre den Mund. Als die Frauen dann anfingen, zu Hause anzurufen, wußte sie, daß es Zeit war, zu gehen. Auf ihre eigene unnachahmliche Art, ohne Buddy ein einziges Wort zu sagen, kam sie eines Tages von der Arbeit nach Hause, packte ihre Sachen, nahm ein paar Dinge mit Erinnerungswert mit und ging. Sie kehrte direkt zurück zu Mami, die sie in den ersten Tagen mit dem stets gleichen Refrain unterhielt: »Ich hab' es dir ja gleich gesagt!« Sie hatte das Lied wahrscheinlich immer weiter gesungen, aber Buddy rief so oft an, daß Mami kaum zum Reden kam. Sie war viel zu beschäftigt damit, die Gespräche entgegenzunehmen!

Als Iris sich weigerte, mit ihm zu reden, fing Buddy an, bei ihrer Mutter zu Hause aufzukreuzen. Iris ging dazu über, im Krankenhaus zwei und drei Schichten hintereinander zu arbeiten. Da wollte Buddy nicht zurückstehen und ging dazu über, ins Krankenhaus zu kommen. Nach drei Besuchen machte er eine Szene, eine so gewaltige Szene, daß Iris froh war, daß er sich bislang zurückgehalten hatte. Buddy drohte nicht nur, sie umzubringen, er brachte auch gleich die Pistole mit. Als die Polizei erschien, war er weg. Dann beschloß er, auf dem Parkplatz auf sie zu warten. Iris, nicht dumm, ließ sich fortan von einem der großen Pfleger zu ihrem Auto bringen. Buddy saß im Wagen, wartete, bis sie abfuhr, und folgte ihr nach Hause. An manchen Tagen hatte sie so viel Angst, zu Hause aus dem Wagen zu steigen, daß die beiden stundenlang durch die Gegend fuhren, bis er müde wurde oder bis sie zu müde war, daß es sie noch gekümmert hätte, was er mit ihr machte. Nach drei Monaten ging er weg. Aber da war der Schaden schon angerichtet. Iris war so verängstigt, so zermürbt, so verwirrt, daß sie sich nur noch mehr in sich zurückzog. So sehr zog sie sich zurück, daß sie zu einer Flasche Scotch griff, um Gesellschaft zu haben. Achtzehn Monate später wurde sie vom Dienst suspendiert, und man riet ihr, sich helfen zu lassen.

Sagen Sie's mit Gefühl!

Eine der nachhaltigsten Lehren aus meinen Beziehungen ist, wie schmerzhaft gerade *emotionale Unaufrichtigkeit* sein kann. Emotional unaufrichtig verhalten wir uns, wenn wir uns unsere Empfindungen nicht eingestehen. Emotionale Unaufrichtigkeit ist der bewußte Versuch, ein Gefühl zu verleugnen. Manchmal tun wir es aus Angst – Angst, daß das, was wir empfinden, irgendwie nicht richtig ist. Wenn wir verwirrt und unserer selbst oder unserer emotionalen Erfahrung nicht sicher sind, leugnen wir Gefühle eher, als sie uns einzugestehen. Ich glaube, daß unsere erlernte Antwort auf das, was uns über die *Richtigkeit* oder *Falschheit* unserer Gefühle gesagt worden ist, der größte Katalysator emotionaler Unaufrichtigkeit ist.

Wo wird uns beigebracht, daß gegen Empfindungen oder speziell gegen unsere Empfindungen nichts einzuwenden ist? Ich denke, es gibt nur sehr wenige Familien, in denen über die emotionale Seite des Lebens offen und ehrlich gesprochen wird. Ich meine nicht das, was im Leben geschieht, sondern was wir angesichts dieser Geschehnisse empfinden. Im Kindesalter bringt man uns allerhand über alles mögliche bei, Gefühlsdinge ausgenommen. Man läßt uns nicht im Zweifel über das, was wir nicht empfinden sollen, und man sagt uns, warum wir es nicht empfinden sollen. Doch wenn wir ein Risiko eingehen und etwas empfinden, dann laufen wir auch Gefahr, unserem Gefühl Ausdruck zu verleihen. In neun von zehn Fällen machen wir damit jemanden wütend. Und hier beginnt die Verwirrung. Nur wenigen von uns wird der Unterschied zwischen dem Eingeständnis eines Gefühls und der Äußerung eines Gefühls beigebracht.

Während Erwachsene aus irgendwelchen seltsamen Gründen glauben, es stehe ihnen frei, etwas zu empfinden und diesen Empfindungen Ausdruck zu verleihen, verwehren sie Kindern das nämliche Recht. Schon in jungen Jahren empfangen die kleinen Erdenbewohner die unterschwellige Botschaft: »Was ich empfinde, hat sich nach den Erwartungen oder Forderungen anderer zu richten.« Nichts könnte weiter von der Wahrheit entfernt sein, und nichts bringt uns in Beziehungen mehr Ärger ein als diese Art emotionaler Zensur. Als Antwort auf Botschaften der Kindheit entgehen uns zwei wichtige Lektionen: erstens, wie wir unsere Gefühle identifizieren, und zweitens, wie wir das, was wir empfinden, angemessen ausdrücken. Um den Hagel giftiger Empfindungen, der in Beziehungen im allgemeinen herniederprasselt, zu beseitigen, muß man fähig sein, Gefühle zu identifizieren und zu diesen Gefühlen zu stehen. Diese Fähigkeit nennt sich *Eingeständnis.* Hat man sich eine Empfindung erst einmal eingestanden, dann kann man anschließend wählen oder entscheiden, was man, wenn überhaupt, hinsichtlich der Empfindung unternehmen möchte. Diese Reaktion heißt *Äußerung*. Die Verwirrung, die bei den meisten herrscht, dreht sich um die angemessene Art der Gefühlsäußerung. Unsere Eltern und alle, die sich um uns sorgten, als wir klein waren, versuchten, unangebrachte Äußerungen zu unterbinden, und brachten uns dabei ahnungslos bei, das Gefühl zu unterdrücken. Gefühl und Gefühlsäußerung können riskant sein, aber sie sind der einzige Weg, emotional gesund zu bleiben. Sie sind außerdem die Grundlage emotionaler Gesundheit, wie sie bei der Entwicklung dauerhafter und erfüllender Beziehungen eine zentrale Rolle spielt.

Als Auswuchs unserer Kindheitserfahrungen leugnen wir manchmal, was wir empfinden oder daß wir überhaupt etwas empfinden. Wie drücken Sie Wut angemessen aus? Wut, die Kehrseite unausgesprochener Leidenschaft, ist wahrscheinlich das größte Tabu unseres emotionalen Repertoires. Man soll nicht wütend werden, und wenn man in Erwiderung auf eine menschliche Schwäche doch in Wut gerät, zeigt man es besser nicht! Wie wird man mit emotionaler Verwirrung fertig? Wenn man fühlt, was man nicht fühlen soll, werden Menschen böse. Sie reden vielleicht schlecht oder beschimpfen einen. In der Zwischenzeit verwirrt es einen noch mehr, warum niemand versteht, daß man so und nicht anders empfindet, wenn man nicht sicher ist, was man empfindet. Wie unterscheidet man das durch eine Magenverstimmung hervorgerufene Grummeln im Magen vom Bauchgrimmen aus Angst? Angst kann dazu führen, daß man sich vor Schmerzen krümmt. Ein fehlendes Mittagessen ebenso! Beides macht einen übellaunig, unentschlossen und gereizt. Ein Stück Pizza behebt eines dieser Probleme. Woher weiß man, was gegen Angst hilft, wenn es Angst ist? Als Erwachsener diese Fragen zu stellen ist eine Sache. Ein andere ist es, als Kind Angst zu haben, sie zu stellen. Die meisten Erwachsenen tragen ihre Kindheitsfragen in der Zwischenzeit direkt in ihr Erwachsenenleben hinein.

Unterdrücken Sie Ihre Gefühle nicht!

Ich muß etwa sieben oder acht Jahre alt gewesen sein, als meine Großmutter meinen Bruder und mich nach Virginia zu einer Art Familientreffen mitnahm, wie man so etwas bezeichnet. Damals dachte ich, es sei ein großes Picknick mit jeder Menge fremder Leute. Obwohl meine Großmutter mich in einem fort fragte: »Erinnerst du dich nicht an soundso?« und sagte: »Du weißt schon, der Soundso, geh spielen mit ihm«, hatte ich keine Ahnung, wer all diese Leute waren, und es waren Hunderte. Sie waren laut. Einige waren betrunken, und die meisten knufften mich andauernd mit ihren vor Barbecuesauce triefenden Fingern in meine Pausbacken. Um mich vor Beleidigungen und körperlichen Schäden zu schützen, klammerte ich mich an Großmamas Rockzipfel. Sie schüttelte mich immer wieder ab und sagte, ich solle mit den anderen Kindern spielen gehen.

Ich wollte nichts davon hören! Sie spielten mit Fröschen und wälzten sich im Schlamm, den sie hier Lehm nannten. Es war mehr, als meine an Wohnungen in New York City gewöhnte Diva-Mentalität vertragen konnte. Diven spielen keinesfalls, unter gar keinen Umständen, mit Fröschen!

Großmama schlug fortwährend nach mir, als sei ich eine Fliege. Sie hatte wahrscheinlich vergessen, daß Fliegen um so zudringlicher werden, je mehr man nach ihnen schlägt. Mein Bruder, dieser Verräter, war von einer Gruppe Froschinspektoren weggelockt worden. Was mich betraf, ging ich dahin, wo Oma hinging. Plötzlich gab jemand bekannt, das Boot sei fertig für die erste Tour. Was für ein Boot? Was für eine Tour? Jemand anders schlug vor, die Kinder sollten zuerst losfahren, mit Onkel Soundso. Wohin fahren? Mit wem? Wie Schafe, die man zur Schlachtbank führt, wurden wir alle langsam hinunter zum Wasser geleitet. Ich hatte mich inzwischen an das Gummiband von Großmamas Unterhosen gehängt. Während wir uns der Anlegestelle näherten, versuchte ich mir klar darüber zu werden, wie ich dem Schlachter entkäme. Mein Bruder wurde meine Rettung. Er warf einen Blick auf die winzige Nußschale mit dem ganzen Wasser drumherum und flippte aus: »Nein! Nein! Ich habe Angst!« schrie er. »Ich kann da nicht mit! Ich will da nicht mit!« Als er sich umdrehte, um von der Anlegestelle zu fliehen, griff Großmama ihn beim Arm und sagte ihm, er solle die Klappe halten, denn: »Du hast keine Angst!« Ein paar Kinder fingen an, ihn auszulachen; er sei ein Stadtkind und Angsthase. Einige von den betrunkenen Erwachsenen versuchten ihn dazu zu bringen, in das Boot zu steigen. Er sah aus, als habe er einen Anfall; er zuckte, zitterte, schrie und hatte Schaum vor dem Mund. Großmama sagte ihm, wenn er nicht die Klappe halte, werde sie ihm die Hose runterziehen und ihm den Hintern versohlen. Er hielt sie nicht. Sie machte es wahr. In der Zwischenzeit, während ich der Bootsfee dankte und mein Bruder seine Tracht Prügel bekam, fuhr das Boot ohne uns ab.

Emotionale Aufrichtigkeit beginnt mit der Fähigkeit, sich seine Gefühle einzugestehen. Auf diese Weise tragen wir der Tatsache Rechnung, daß wir emotionale Wesen sind und Gefühle haben. Erwachsene erkennen bei Kindern häufig nicht, daß auch sie emotionale Wesen sind. Folglich gestehen wir es uns als Erwachsene ebenfalls nicht ein. Es ist auch nicht immer notwendig, anderen kundzutun, was man empfindet. Doch sich selbst muß man diese Empfindungen gestatten. Nur die Erfahrung eigener Empfindungen versetzt einen in die Lage, mit dem inneren Ich in Verbindung zu bleiben. Hat man diesen Kontakt erst einmal hergestellt, so erkennt man, daß Empfindungen neutral sind und ihre Bedeutung aus der Kraft beziehen, die wir ihnen verleihen. Im wesentlichen gibt es so lange keine guten oder schlechten Empfindungen, bis wir uns sagen, sie seien gut oder schlecht. Der eigentliche Konflikt oder die Verwirrung, die wir erleben, besteht in dem Wissen um den Unterschied zwischen dem Eingeständnis dessen, was wir fühlen, und der angemessenen Äußerung dieses Wissens. Die Fähigkeit, Empfindungen zu identifizieren und sich einzugestehen, ist ein Zeichen emotionaler Gesundheit und Stabilität. Sie befähigt einen zur Wahl der passenden Reaktion. Wenn man andererseits so wenig einen Weg sieht, emotionale Erfahrungen als richtig oder falsch zu beurteilen, daß man am Ende ihr Vorhandensein überhaupt leugnet, bringt man sich in arge Bedrängnis, in eine emotionale Verlegenheit, die oftmals zu unangemessenen Äußerungen führen kann.

Ob man eine Liebesbeziehung hat oder nicht – wenn man seine Gefühle unterdrückt und sich damit einer Form der Selbsttäuschung hingibt, respektiert man weder sich noch seinen Partner. Selbsttäuschung bedeutet, sich die eigene Wahrheit oder die Wahrheit über andere nicht einzugestehen. Wenn man unfähig ist, die Wahrheit zu akzeptieren, ist man ein Lügner. Wenn man solch starke Gefühle wie Eigenliebe oder Liebe zu anderen hegt, dann erzeugt der Versuch, die Tiefen der eigenen Erfahrung zu leugnen, das, was man als Schmerz kennt. Solange man dies nicht begriffen hat, neigt man in der Zwischenzeit dazu, Empfindungen nach Kräften zu leugnen, weil man glaubt, Leugnen bewahre einen vor dem Aussprechen schmerzhafter Wahrheiten. Für die Liebe gilt hier: Eingeständnis und Äußerung sind nicht dasselbe! Eingeständnis bezeichnet den Mut, sich seine Gefühle einzugestehen. Äußerung meint die Geistesgegenwart und den Mut, sie anderen nicht vorzuenthalten. Beides erinnert unverhohlen daran, daß Liebe niemanden der Fähigkeit oder Kraft beraubt, Entscheidungen zu fällen.

Keine andere Lebenserfahrung beschwört mehr Empfindungen herauf als eine Beziehung, doch allzuoft gestatten wir uns in Beziehungen keine Gefühle. Sagen Sie niemals zuerst »Ich liebe dich«. Stellen Sie nicht zu früh zu viele Fragen. Wir erinnern uns noch gut an das, was vorher geschah, beim ersten oder letzten Mal, als wir gefühlsmäßig handelten. Erlernte Antworten versperren uns häufig die Sicht auf den Unterschied zwischen dem Eingeständnis eines Gefühls und der Gefühlsäußerung. Eingeständnis meint auch, zu einer vorurteilsfreien emotionalen Erfahrung fähig zu sein, das heißt auf *Abstand* zu gehen. Man gestattet sich eine Erfahrung, ohne die Ergebnisse der Erfahrung vorwegzunehmen. In dem Bemühen um *emotionale Aufrichtigkeit* erinnern wir uns daran, daß wir, als wir das letzte Mal Besorgnis, Argwohn oder Ängste zum Ausdruck brachten, entweder kritisiert wurden oder man uns sagte, so dürften wir nicht empfinden. Als Reaktion darauf kommt man zu dem Schluß, das Gefühl sei unpassend, nicht die Gefühlsäußerung. Der Schlüssel liegt darin, von allen Werturteilen über die eigenen Empfindungen Abstand zu nehmen oder sie aufzugeben.

Empfindungen sind immer angemessen. Oftmals ist es unsere Reaktion auf Empfindungen oder ihre Äußerung, womit wir uns Ärger einhandeln. Gerade deshalb ist emotionale Aufrichtigkeit entscheidend. Ein Mentor sagte mir einmal: »Unterdrücken Sie Ihre Gefühle nicht, und machen Sie sich klar, daß Sie nichts dagegen unternehmen müssen.« Glauben Sie mir, es war die härteste Lektion, die ich jemals gelernt habe! Lange Zeit schien es mir, als trüge ich mein Herz auf der Zunge. Wenn ich etwas stark genug empfand, mußte ich darüber reden. Als Kind saß ich deswegen meist in einer Ecke. Als Schülerin schickte man mich deswegen ins Büro des Rektors. In Beziehungen blieb ich deswegen mit gebrochenem Herzen zurück! Die schlimmsten Folgen hatten meine Gefühlsäußerungen, wenn ich mir nicht eingestand, was ich fühlte. Wenn ich etwas sagte, das mit uneingestandenen Gefühlen verbunden war, handelte ich mir für gewöhnlich eine Menge Ärger ein.

Ein anderer Aspekt des Eingeständnisses darf an dieser Stelle nicht verschwiegen werden. Es handelt sich darum, *sich mit etwas aufzuhalten*. Wohlmeinende Freunde raten einem als erste: »Halte dich nicht damit auf«, will sagen, halte nicht an negativen Emotionen oder Erlebnissen fest. Natürlich sagen sie einem nie, man möge nicht bei den guten Dingen verweilen. Kommt man folglich von einer Sache nicht los, handelt es sich aller Wahrscheinlichkeit nach um etwas weniger Angenehmes. Hören wir: *Halte dich nicht damit auf*, so verstehen wir: *Enthalte dich jedes Gefühls*, gestehe es dir nicht ein. Sich aufzuhalten hat mehr mit der Äußerung eines Gefühls als mit dem Eingeständnis zu tun. Aller Wahrscheinlichkeit nach hat derjenige, der Ihnen rät »Halte dich nicht damit auf«, Ihre traurige Geschichte bereits neunundneunzigmal gehört. Statt zu sagen: »Verschone mich mit deinem Drama!«, bekommt man zu hören: »Halte dich nicht damit auf.« Sich aufhalten heißt nicht weiterkommen. Man versucht zu begreifen, was geschehen ist, warum es geschehen ist und was man tun kann, um es besser zu machen. Statt über die Empfindungen denkt man über die Ereignisse nach oder spricht darüber. Vergessen Sie nicht, daß das Eingeständnis dessen, was Sie empfinden, Ihnen die Freiheit verschafft, Ihre Empfindung so auszudrücken, wie Sie möchten. Und das Eingeständnis gibt Ihnen die Kraft, das Erlebte auf eine Weise kundzutun, zu verarbeiten oder zu verwandeln, die Ihr eigenes und das Wohlbefinden Ihrer Freunde steigert.

Sie müssen gut achtgeben

Emotionale Unaufrichtigkeit in Beziehungen ist ein Mechanismus der Selbstverteidigung, dessen wir uns als Schutzmaßnahme bedienen, um einem gebrochenen Herzen vorzubeugen. So häufig benutzen wir sie, daß sie uns wie ein natürlicher Reflex erscheint. Auf der anderen Seite will das Leben davon nichts hören: Lange kommt man mit emotionaler Unaufrichtigkeit nicht durch. Man muß seine Gefühle respektieren, und am Ende wird man vom Leben selber aufgefordert, seine Empfindungen kundzutun. Als Reaktion auf diese Aufforderung muß man lernen, sich einer anderen Person gegenüber auszudrücken. Wenn es die richtige ist und das Eingeständnis aufrichtig, dann kann nichts passieren. Wenn man nicht glücklich oder mutig genug ist, sich Empfindungen einzugestehen, stürzt die Aufforderung einen in Verwirrung. Man findet sich in äußerster Bedrängnis wieder. Man kommt nicht weiter bei dem Versuch, sich darüber klarzuwerden, was man empfindet und was man äußern soll. Während man völlig verwirrt versucht, vom Fleck zu kommen, sagt man der falschen Person das Falsche. Diese Person erzählt es genau der Person, die es partout nicht wissen soll, und plötzlich wird man geschnitten. Jetzt ist man mehr als verwirrt oder ratlos. Man ist aufgebracht, verlegen und ohne Freunde.

Beziehungen bringen unseren Kram, unser Rohmaterial, an die Oberfläche, und Gefühle sind der Stoff, aus dem wir gemacht sind. Ob es sich um die Beziehung zu unseren Eltern, unserem Arbeitgeber oder um eine Liebesbeziehung handelt, Interaktion setzt tiefe und mächtige Empfindungen frei. Wichtige Liebesregel: Lernen Sie, in bezug auf Ihre Gefühle so aufrichtig wie möglich zu sein. Dieser einfache, still vor sich hin gesprochene Satz müßte eigentlich seinen Zweck erfüllen: »In diesem Augenblick fühle ich …« Wenn Sie sich Ihre Empfindung erst einmal eingestehen, dann haben Sie die Wahl, sie auszudrücken oder nicht. Wenn Sie sich entscheiden, sie auszudrücken, regen die Leute sich vielleicht über Sie auf. Aber das wird Sie nicht umbringen! Die Leute haben ein Recht darauf, sich aufzuregen, wenn sie es denn wollen. Im Beisein aufgeregter Leute ist es Ihre Aufgabe, der Versuchung zu widerstehen, sich als Ursache der Aufregung zu outen. Stehen Sie zu Ihrem Gefühl. Achten Sie auf die Empfindungen, die es in Ihrem Körper auslöst. Achten Sie auf die Gedanken oder Erinnerungen, die es für Sie heraufbeschwört. Genau in diesem Augenblick haben Sie eine hervorragende Heilungschance. Wenn Sie sich an die Umstände und Situationen erinnern, die dasselbe oder ein ähnliches Gefühl hervorriefen, dann können Sie darum bitten, geheilt zu werden.

Sie können sich dazu erziehen, just im Augenblick einer emotionalen Reaktion innezuhalten und tief Luft zu holen. Auf diese Weise können Sie wieder mit der Liebe, die das Leben ist, Verbindung aufnehmen. Während des Atemzugs empfinde ich es stets als hilfreich, eine rasche Bestandsaufnahme meines Körpers zu machen. Das heißt, ich frage mich: »Was empfinde ich? Wo empfinde ich es?« Hat man die Empfindung einmal lokalisiert, so fragt man weiter: »Was ist das?« Es klingt vielleicht so, als dauere das sehr lange. Keineswegs. Ich habe festgestellt, daß fünfzehn bis zwanzig Sekunden in aller Regel vollkommen ausreichen. Wahrscheinlich gerade genug Zeit, sich oder jemand anderen mitten im Satz zu erwischen, nachdem soeben die Worte ausgesprochen wurden, die Ihre emotionalen Knöpfe drücken. Emotionale Knöpfe werden häufig durch unbewußte, erlernte Reaktionen auf geistige oder emotionale Reize betätigt. Wie viele Male haben Sie sich schon gesagt: »Ich weiß nicht, warum ich so aufgebracht bin.«

Sehr wahrscheinlich reagierten Sie auf eine unbewußte Erinnerung, auf die Sie eine Reaktion gelernt haben. Wut ist die natürliche Reaktion auf das Gefühl der Hilflosigkeit. Angst ist die natürliche Reaktion, wenn man nicht weiß, wie man gegen das Gefühl der Hilflosigkeit angehen soll. Durch vor- und nachgeburtliche Erlebnisse lernen wir alle, auf beide emotionalen Erfahrungen zu reagieren.

Geist und Körper sind sehr kooperativ. Sie reagieren unmittelbar auf den geringsten Wunsch. Würde man darum bitten, geheilt zu werden, so würde man geheilt. Doch man muß willens sein, die Kontrolle über die Heilung aus der Hand zu geben. Und man muß willens sein, sich zur Erleichterung der Heilung auf Neuland zu wagen. Tief durchatmen, sobald eine Verstimmung sich ankündigt. Dem Verlangen widerstehen, die eigenen Gefühle beurteilen zu wollen. Sich Fragen in bezug auf erlernte emotionale Reaktionen stellen. Lernen, auf Abstand zu dem zu gehen, was eigener Einschätzung zufolge passieren könnte, wenn man sich äußert. Die eigenen Gefühle nicht unterdrücken und sie frei äußern. Dies sind all die neuen Dinge, die man tun kann, um die emotionale und spirituelle Heilung zu erleichtern. Es sind Verstärker für die spirituellen und emotionalen Reiniger Aufgeben und Abstand. Sie erleichtern es, mit sich in Kontakt zu bleiben, sich die eigenen Empfindungen einzugestehen und Gefühle auf angemessene Weise zum Ausdruck zu bringen. Diese Schlüssel tragen in allen Beziehungen zur emotionalen Gesundheit bei. Es sind Akte der Güte und Eigenliebe.

Weinen Sie nicht mehr

Joe brachte Marie in ein Pflegeheim ganz in der Nähe ihrer Wohnung. Anfangs war es sehr schwierig. Er verbrachte den größten Teil des Tages damit, zwischen Haus und Heim zu pendeln und Marie die Dinge zu bringen, von denen er dachte, daß sie sie für ihr Wohlbefinden brauche. Er vermißte sie so sehr und konnte den Gedanken nicht ertragen, daß sie unglücklich war. Außerdem dachte er, daß sie wegen dem, was er getan hatte, wütend auf ihn sei. Joe trat in die örtliche Kirche ein, weil er dachte, dort vielleicht ein wenig Trost zu finden. Er fand Freunde, mit denen er abends Karten spielen konnte, Bücher, die er Marie vorlesen konnte, wenn er sie besuchen ging. Ja, und er fand eine Freundin, die alles über Marie wußte und trotzdem glücklich war, Joe hin und wieder ins Kino oder abends in ein Restaurant zu begleiten. Alle wußten, daß Joe Marie liebte und sie noch lieben würde, wenn sie tot wäre. Sie wußten es, weil er es ihnen bei jeder Gelegenheit erzählte. Was er schließlich begriff, war, daß er Marie lieben und sein Leben so leben konnte, wie es für sie beide am besten war. Der Schlüssel hieß Loslassen.

Lisa besuchte ihre Seminare nie wieder, aber sie kam am Ende über Omas Tod hinweg. Für sie hieß der Schlüssel Vergeben. Den Anfang machte sie, indem sie ihrem Vater vergab, daß er seine Verantwortung auf sie abgewälzt hatte. Sich vergab sie, daß sie sie als die ihre akzeptiert hatte. Ihrer Mutter vergab sie, daß sie die Gesellschaft von Mr. Webb der Gesellschaft ihrer Tochter vorgezogen hatte. Sich vergab sie, daß sie wütend auf ihre Mutter gewesen war. Sie vergab all ihren Freunden, daß sie ihre Schwächen ausgenutzt hatten. Dann vergab sie sich, daß sie sich nicht genug liebte, um an sich zu arbeiten. Für Lisa war Vergeben der Schlüssel zum Loslassen. Loszulassen half ihr, von den Bedingungen Abstand zu nehmen, die sie sich selbst auferlegt hatte. Kürzlich wurde sie befördert und machte einen großen Karrieresprung, und sie lebt in einer recht guten Beziehung.

Iris ist noch nicht soweit. Noch hat sie einen ziemlich mühsamen Weg vor sich. Zwar hat sie die Entziehungskur erfolgreich hinter sich gebracht, aber sie spricht noch immer nicht. Es gibt Erlebnisse in unserem Leben, die eine so große Wirkung auf uns haben, daß der zu entrichtende emotionale Preis schier unbezahlbar erscheint. Kommt es zu solchen Erlebnissen, so ist der Weg zur Genesung lang, schmal und sehr steil. Manche Erlebnisse zu verarbeiten ist wie sterben: Man muß mit dem Alten sterben, bevor man wiedergeboren oder erleuchtet werden kann. Der Schmerz über den Tod ihres Vaters, die Jahre des Schweigens, die ambivalenten Gefühle gegenüber ihrer Mutter, der Selbsthaß sind noch zu groß. Doch wir wissen, daß die Heilung in dem Moment beginnen wird, da Iris willens ist aufzugeben; in dem Moment, da sie den Mut zu eigenen Gefühlen findet; in dem Moment, da sie das höchste Gebet »Hilf mir!« ausstößt. Liebe verweigert niemals die Antwort auf eine in ihrem Namen vorgetragene Bitte.

Kapitel 8

Bringen Sie den Müll raus

Robert war verheiratet. Joan wußte es, weil er es ihr gesagt hatte. Joan war attraktiv, gebildet, eine aufstrebende Anwältin und Tochter eines prominenten Politikers, aber offenbar unfähig, die Liebe ihres Lebens zu finden. Als sie Robert begegnete, hatte sie ein Bedürfnis, das nach Erfüllung verlangte – sie wollte einfach nicht mehr länger allein sein. Robert, der neun Jahre älter war als sie, gab ihr die ausgezeichnete Gelegenheit, ab und zu in den Genuß eines Abendessens, guter Gesellschaft und von Sex zu kommen. Die Tatsache, daß er ein verheirateter Mann war, erschien ihr nicht so schlimm wie ihr Alleinsein. Außerdem war sie sehr beschäftigt, und eine Affäre bedeutete, daß sie keinerlei Verpflichtung eingehen mußte und weiterhin Ausschau nach anderen Beziehungen halten und Alternativen erkunden konnte. Ein weiterer Vorteil war, daß sie ihren Vater zu beruhigen vermochte, der sie für eine alte Jungfer hielt. Daß ihr Vater stets in den höchsten Tönen von Robert sprach, verstärkte ihr gutes Gefühl.

Joan versicherte sich in einem fort, daß sie nichts Unrechtes tat – sie war ja schließlich nicht verheiratet! Man nennt das Verleugnung, aber das wußte Joan nicht. Vielleicht lag es daran, daß sie bereits oft etwas mit verheirateten Männern gehabt hatte – diese Verhältnisse waren niemals aufgeflogen, die Beziehungen begannen und endeten ohne großen Wirbel oder gänzlich undramatisch. Sie suchte einen anständigen Mann, mit dem sie so lange ihre Zeit ausfüllen konnte, bis der Richtige kam. Doch Joan mußte noch begreifen, daß das Richtige sich so lange nicht einstellen kann, wie man am Falschen festhält! Dann war da noch der Umstand, daß sie sich in einem emotionalen Tief befand, und sie wollte etwas erleben. Etwas Amüsantes, etwas Aufregendes. Wenn Sie in einer Beziehung nach Aufregung suchen, wird es Sie jedesmal erwischen!

Joan war sich nicht ganz sicher, wann es passierte, vielleicht im Jahr zwei, nein, es war Mitte des Jahres vier, als ihr bewußt wurde, daß sie Tag und Nacht an Robert dachte. Sie paßten so gut zueinander, es war erstaunlich! Er liebte Meeresfrüchte, sie liebte Meeresfrüchte. Er liebte die Oper, sie liebte die Oper. Das beste an der ganzen Sache war, daß sie beide Anwälte waren und sich ihre tagtäglichen Erlebnisse erzählen konnten. Besonders, weil sie einen Menschen gemeinsam um sich hatten: Joans Vater. Robert war sein Rechtsberater, sein persönlicher Anwalt. Sosehr sie auch dagegen anzukämpfen suchte, Joan mußte ständig daran denken, wie wundervoll es wäre, den Rest ihres Lebens gemeinsam mit Robert zu verbringen. Er war so großzügig! Das Armband, das er ihr zum Geburtstag geschenkt hatte, und der Anhänger mit dem Diamantherz, den sie zum Valentinstag bekommen hatte, waren in seinen Augen nur winzige Zeichen seiner Zuneigung. Das Beste von allem war seine Diskretion: Er hatte eine umwerfend diskrete Art, seine Frau zu betrügen. Das bewunderte Joan an ihm: daß er so verantwortungsbewußt und so rücksichtsvoll war.

Robert war nicht wie die anderen verheirateten Männer, mit denen Joan ein Verhältnis gehabt hatte. Nach ein paar Abenden, an denen sie selber gekocht hatte, und nach ein paar Monaten Sex (weshalb sie sich ja überhaupt mit ihnen einließ) hatte jeder von ihnen den Kopf verloren. Sie hatten ihre Frauen für sie verlassen wollen. »Vergiß nicht: keine feste Bindung«, pflegte sie ihnen zu antworten, während sie sie mit sanftem Nachdruck zur Tür hinausbeförderte. Diesmal traf es Joan. Ihr wurde klar, daß sie total verliebt in Robert war, und sie fragte sich, ob er verliebt in sie sei. Sie wagte nicht, ihn zu fragen, und er sprach nie davon. Was sie wußte, war, daß er seine Frau sehr *mochte* und große *Achtung* vor ihr hatte. Sie waren beide Stützen der Gemeinde. Wer Robert kannte, der kannte auch seine Frau. So ein Paar waren die beiden. Nicht das geringste deutete darauf hin, daß Robert und Joan jemals Anlaß zu Klatsch und Tratsch gegeben hätten, selbst nach vier Jahren nicht. Daddy war ein wenig besorgt, daß Joan keine Männer mehr mit nach Hause brachte, aber sie erinnerte ihn immer daran, daß Verabredungen zum Mittagessen genauso gut seien wie Verabredungen zum Abendessen.

Joan erging sich in Phantasien über sich und Robert, denn über ihn reden konnte sie mit niemandem. Sie durfte nicht das Risiko eingehen, Schande über ihre Familie zu bringen, besonders nicht über ihren Vater, der im Begriff stand, sich erneut um ein Amt zu bewerben. Außerdem hatte Robert keinen Zweifel daran gelassen, daß er seine Frau unter gar keinen Umständen verlassen würde. Sie sei seine beste Freundin und die Mutter seiner Kinder. Joan war versucht, ihn zu fragen, was sie dann sei, verkniff sich die Frage jedoch gewöhnlich. In all den Jahren, seit sie zusammen waren, hatten sie nie Streit gehabt. Niemals war ein böses Wort zwischen ihnen gefallen. Sie hatte nicht die Absicht, jetzt einen Streit vom Zaun zu brechen, nicht nach fast vier Jahren. Doch sie wünschte, sie hätte jemanden, mit dem sie über ihre Not sprechen könnte. Sie hatte versucht, mit Freunden zu reden, doch wenn sie ihnen erzählte, der Typ treffe sich noch mit einer anderen, gaben ihr alle denselben Rat: »Laß ihn sausen!« Allen voran ihr Daddy. Daddy sagte, sie steuere auf Schande und Skandal zu und täte besser daran, sich vorzusehen.

Im achten Monat des achten Jahres ihrer Beziehung geschah es, daß Joan und Robert gezwungen waren, sich mit den Realitäten ihres Lebens auseinanderzusetzen. Joan war schwanger. Sie war in ihrem ganzen Leben noch nicht schwanger gewesen, aber jetzt war sie es. Joan war Ende Dreißig, was für die biologische Uhr von großer Bedeutung war. Die Wahrheit an der Geschichte ist, daß sie heimlich um ein Baby gebetet hatte und vielleicht ein- oder zweimal die Pille vergessen hatte, um ein wenig nachzuhelfen. Zusammen mit dem Gebet um ein Baby hatte sie auch gleich um einen Ehemann gebetet. Schließlich vertraute Joan einer Freundin an, daß sie im vierten Monat schwanger von einem verheirateten Mann sei und nicht wisse, was sie nun tun solle. Gemeinsam durchdachten die beiden das ganze Durcheinander, nur um zu dem Schluß zu kommen, daß Joan alles bekommen habe, was sie wollte. »Du wolltest ein Baby, jetzt hast du eins. Du wolltest einen Mann, auch den hast du jetzt«, erklärte ihre Freundin. »Ich habe nicht die geringste Aussicht auf einen Ehemann«, gab Joan scharf zurück. »Ich bin seit acht Jahren mit Robert zusammen!« Ruhig erklärte ihre Freundin: »So genau hast du dich nicht ausgedrückt. Du hast niemals deutlich gesagt, daß du deinen *eigenen* Ehemann haben wolltest. Du hast genau das bekommen, was du wolltest und erwartet hast – einen Ehemann und ein Baby.«

Es gibt Zwangslagen und *Zwangslagen*! Raten Sie, in welcher Joan steckte? Bringt eine alleinstehende Frau in einer Kleinstadt ein Kind zur Welt, macht ihrem Vater Schande, zerstört ihre Karriere und bindet sich an diesen verheirateten Mann? Oder schleicht sie sich davon in die große Stadt, um abtreiben zu lassen und dadurch ihre sterbliche Seele zu beflecken und Gefahr zu laufen, in der Hölle zu schmoren? Diese Fragen erwogen Joan und ihre Freundin. Ist es nicht lustig, wie fromm wir plötzlich werden, wenn wir in Schwierigkeiten stecken? In den acht Jahren des Zusammenseins mit Robert interessierte Joan das Schicksal ihrer Seele keinen Deut, aber das ist ein anderes Kapitel. Im Augenblick jedoch türmte sich der Müll haushoch, und Joan mußte eine Entscheidung treffen.

Wir wollen noch einmal rasch einen kritischen Blick auf diese in der ersten Etage aufgetretene heikle Zwischenzeit-Zwangslage werfen, um sicher zu sein, daß wir nichts vergessen. Eine alleinstehende Frau hat seit acht Jahren eine Beziehung zu einem verheirateten Mann, der zufällig der Rechtsberater ihres sehr prominenten Vaters ist. Obwohl die Frau schwört, sie warte noch auf ihren Traummann, schläft sie im Verlauf dieser Beziehung mit dem verheirateten Mann, ohne zu verhüten, und das Ergebnis ist eine Schwangerschaft. Als diese alleinstehende Enddreißigerin feststellt, daß sie von ihrem verheirateten Liebhaber schwanger ist, vertraut sie ihrer

Freundin an, daß sie seit zehn Wochen schwanger sei und tatsächlich um einen Ehemann und ein Baby gebetet habe. Doch weil der Vater des Babys nicht *ihr* Ehemann ist, muß sie sich nun entscheiden, ob sie das Baby bekommen soll – was zu einem Skandal führen und Schande über ihre Familie bringen könnte – oder ob sie riskiert, für alle Ewigkeit in der Hölle zu schmoren, weil sie die Todsünde der Abtreibung begangen hat. Wenn man sieht, welche Herausforderungen manche Zwischenzeit-Erlebnisse darstellen können, möchte man im Zweifelsfalle zugunsten der Menschen entscheiden. Doch an einer Geschichte wie dieser erkennt man, daß alles und jedermann zu haben ist!

Wenn versteckte Pläne, unklare Motive, unerfüllbare Phantasien, Unaufrichtigkeit und falsche Verantwortlichkeiten die Grundlagen unserer Beziehung bilden, dann fehlt garantiert die Liebe. Es mag etwas da sein, das wie Liebe aussieht, sich wie Liebe anfühlt, aber es hat in keiner Weise, in gar keiner Form auch nur im entferntesten etwas mit dem Wesen der Liebe gemein. Sie können nicht etwas tun, das vollkommen sinnlos ist, und es Liebe nennen! Wenn Liebe da ist, gewinnt jeder. In diesem Szenario kann niemand gewinnen. Wenn Sie willens sind, am laufenden Band Lügen zu erzählen, wenn Sie umherschleichen oder sich verstecken, wenn Sie mit jemandem genau das machen, was Sie selbst niemals erleiden möchten, dann wandeln Sie nicht auf den Spuren der Liebe. Was Sie tun, ist auf Ihrem eigenen Mist gewachsen, auf Ihrem geistigen und emotionalen Müll! Das Dumme an dem Müll ist, daß Sie ihn ganz genau kennen! Sie wissen, daß er das ist, was Sie nicht wollen, wofür Sie keine Verwendung mehr haben, was Ihre Umgebung in Unordnung gebracht hat. Da ist noch ein anderes Problem mit dem Müll: Es gibt Zeiten, wo Sie Dinge auf den Müll werfen, die Sie eigentlich gar nicht wegwerfen wollen. Haben Sie es erst einmal getan, dann rennen Sie in Panik durchs ganze Haus und suchen diese Dinge. Plötzlich fällt Ihnen ein: »Ich muß sie auf den Müll geworfen haben!« Langsam und methodisch müssen Sie das alte nutzlose Zeug im Müll durchwühlen, den Moder, den ganzen übelriechenden

Mist, um zu finden, wonach Sie suchen. Schließlich finden Sie es unter Abfällen versteckt. Sie müssen es abwaschen, und es wird hoffentlich noch zu verwenden sein.

Robert war sprachlos. Er war hilfsbereit, aber er war auch entsetzt. Instinktiv wollte er zuerst wegzulaufen. Statt dessen fragte er Joan, was sie tun wolle. Sie gab zu, daß sie es nicht wisse. Sie wollte das Baby, aber sie wollte auch ihren Vater nicht enttäuschen. Besonders Roberts Kind wollte sie haben, aber sie wollte ihm auch keine Schwierigkeiten machen. Robert sagte, es sei ihre Entscheidung und er würde seinen Teil der Verantwortung akzeptieren, egal, wozu sie sich entschließe. Drei Wochen später, als Joan sich immer noch im unklaren war, erzählte Robert – ganz der Ehrenmann, der er war – die Sache Joans Vater. Nun, seien wir ehrlich – so ehrenhaft war er in Wirklichkeit auch wieder nicht! Er hatte Angst! Er redete, um zu verhindern, daß Joans einflußreicher Vater es aus anderen Quellen erfuhr – nämlich von Joan. Robert wollte es erklären. Er wollte seine Haut retten! Joans Vater war alles andere als erfreut, aber er wollte helfen. Er schlug Robert vor, die Sache sofort seiner Frau zu erzählen, denn Frauen seien sehr komisch, wenn sie so etwas von anderen Leuten hörten. Er wisse es schließlich, denn dasselbe sei ihm vor vielen Jahren, kurz nachdem Joan geboren worden war, passiert. Robert war schockiert! Nach allem, was er von diesem Mann wußte, und nach allem, was Joan ihm erzählt hatte, war er darauf gefaßt gewesen, gefeuert und anschließend erschossen zu werden. Statt dessen redete dieser *Ehrenmann* mit ihm, als sei er ein Sohn, ein Freund, ein Kollege, der in Schwierigkeiten steckte und seine Hilfe brauchte.

Versäumen Sie es, den Müll rauszubringen, wenn Ihnen der Duft zum erstenmal in die Nase steigt, dann wird er Ihre gesamte Umgebung verpesten! Oder es könnten Maden kommen, häßliche kleine Dinger, die an die privatesten Orte kriechen können. Falls oder wenn dies geschieht, müssen Sie damit fertig werden – ohne Umschweife. Joans Vater ging zu seiner Tochter und sagte ihr, daß er Bescheid wisse. Er sagte ihr auch, daß er sie unterstützen werde, wozu auch immer sie sich entscheide. Er erinnerte sie daran, daß er sich Enkel wünsche und daß er nicht kontrollieren könne, wie er sie bekäme. Seine ganze Sorge war ihr Glück.

Es gibt Mist, mit dem wir überschüttet werden. Er ist das Ergebnis unserer Erziehung und der Erfahrungen, die wir im Leben machen. Wir können diese Sorte Mist *Straßenmüll* nennen, Müll, der aus externen Quellen stammt. Dann gibt es den Mist, den wir sammeln. Wir lesen ihn auf, wir bringen ihn nach Hause, wir schaffen in unserer Umgebung Platz dafür, und anschließend beklagen wir uns in der Mehrzahl der Fälle über den Gestank. Wir nennen diese Sorte Mist *Hausmüll* – die Schlußfolgerungen, die wir in Reaktion auf die Erfahrungen ziehen, die wir im Leben machen. Häufig reagieren wir auf die Kombination von Straßen- und Hausmüll, indem wir einen Weg suchen, den Mist hin und her zu schieben, damit er in unser Bild paßt. Sehr oft ignorieren wir den Gestank und arrangieren uns mit dem Mist. Alle Dinge, von denen Joan fürchtete, ihr Vater würde sie sagen und tun, waren auf ihrem eigenen Mist gewachsen, den sie am Ende durchwühlen und mit dem sie sich auseinandersetzen müßte. Joan projizierte dieses Bild auf ihn und richtete ihre Handlungsweise danach aus. Joan beschloß, von zu Hause wegzugehen und das Baby zu bekommen. Es spielte keine Rolle, denn jeder in der Stadt erfuhr es. Das ist meistens so, wenn etwas im eigenen Müll gewaltig stinkt.

Wenn es uns nach einer Sache oder einem Erlebnis verlangt, sind die ersten Bilder dieses Verlangens rein. Sie entstammen unserem innersten Wesen, das Liebe ist. Dann befrachten wir unser Verlangen mit all unserem Mist und beschließen, so und nicht anders habe die Erfüllung unseres Wunsches auszusehen. Doch recht oft agieren wir auf eine Art und Weise, die sowohl unserem Verlangen als auch dem Bild, das wir sehen wollen, widerspricht. Wenn Sie heiraten möchten, Ihnen aber nur verheiratete Männer über den Weg laufen, dann stimmt etwas mit dem Projektor (Ihnen) nicht; das Bild hingegen (die Männer) ist völlig in Ordnung. Es mag sein, daß ein wenig Mist die Absicht oder die Erwartung vernebelt. Vielleicht müssen Sie sich von dem Bild verabschieden und auf das gewünschte Erlebnis konzentriert bleiben. Wenn Sie sich weiter auf das Erlebnis konzentrieren, wird das richtige Bild auftauchen.

Wie möchten Sie sich fühlen? Da unsere menschlichen Kenntnisse derart begrenzt sind, reagieren wir eher auf das, was wir sehen, als auf das, was wir wollen. Wir glauben, wir müßten das nehmen, was sich uns bietet, und es in das Bild einfügen, das wir geschaffen haben. Häufig geschieht dies, weil wir glauben, das Ende der Geschichte zu kennen. Wir denken, wir seien in jedem Augenblick im Besitz des kompletten Drehbuchs. Und wenn wir gerade anfangen, das, was wir haben, anzupassen, das, was wir wollen, zu modifizieren, taucht eine neue Gestalt auf, eine neue Handlung wird eingeführt, und das Bild gerät aus den Fugen. Geschieht dies, so bekommen wir es gewöhnlich mit der Angst zu tun. Um nichts anderes geht es in der Zwischenzeit, zu lernen, den Projektor – uns selber – durch die Kraft und die Gegenwart der Liebe anders einzustellen. Wenn dem Projektor Liebe hinzugefügt wird, liefert das Bild eine klarere Darstellung des Wunsches. Die Absicht stimmt wieder mit den Erwartungen überein. Die Gestalt wird zu einer ehrenwerten Verkörperung der Absicht, die nicht von Abfall verunreinigt ist. Entfernen Sie die Angst, entfernen Sie die Bedingungen, und das Erlebnis wird sich einstellen.

Sowohl im Leben als auch in Beziehungen müssen wir uns sehr klar sein über das, was wir suchen, was wir erwarten, was wir erleben möchten und was wir willens sind, dafür zu tun. In der ersten Etage des Hauses der Liebe werden Sie eine Menge darüber lernen. Das Lernen auf der ersten Etage konzentriert sich auf die Wunschvorstellung (deren Klärung), Integrität (wozu Sie beim Streben nach Verwirklichung Ihrer Wunschvorstellung bereit sind), Absicht (was Sie zu erreichen versuchen) und Erwartungen (was sie von dem halten, was Sie zu erreichen versuchen). All dies kann durch den Mist in unseren Köpfen verdeckt oder verunreinigt werden. »Ich kriege nie, was ich will! Die guten Kerle sind alle verheiratet! Mir läuft die Zeit davon! Besser, ich schnappe mir den Erstbesten, der mir über den Weg läuft!« Dies sind die Dinge, die wir projizieren, doch wir wundern uns, warum das Bild nicht dem entspricht, was wir eigener Aussage zufolge erleben möchten.

Man kann in der ersten Etage in große Schwierigkeiten geraten, weil es sehr leicht und verlockend ist, eine Sache zu wollen und bei seinen Handlungen nicht die Richtung einzuschlagen, die einen dieser Sache oder der Erfahrung, hinter der man her ist, näher bringt. Zu meinen, alles, was einem im Leben begegnet, weise den Weg zur Erfüllung der eigenen Wünsche, ist ein gefährlicher Irrglaube. Manches, was einem begegnet, hilft bei der schärferen Konturierung der eigenen Wunschvorstellung. Anderes wiederum dient als Hilfe zur Klärung oder Läuterung der eigenen Absicht. Dann gibt es da jene häufigen Gelegenheiten, wo Ihnen Dinge, die anderswohin unterwegs sind, begegnen und Sie fälschlicherweise annehmen, sie seien für Sie bestimmt. Ihre Erwartungen waren nicht eindeutig, also fangen Sie an, das Bild zu korrigieren.

1. *Welche Vorstellung habe ich von der Liebe? Wonach suche ich? Worauf schaue ich? Womit schaue ich?* Ihre Wunschvorstellung von der Liebe ist die Gesamtsumme Ihrer Erfahrungen, addiert zu Ihren Erwartungen, geteilt durch Ihr Verlangen. Das ist eine Menge Kram, und es dauert vielleicht eine Weile, ihn komplett durchzugehen. Die Beantwortung dieser Fragen ist das Werkzeug für den Frühjahrsputz im Haus der Liebe.
2. *Was erwarte ich wirklich von der Liebe?* Wenn Sie anfangen, Blöcke aus dem Fundament zu entfernen, gerät das ganze Gebäude ins Wanken. Die alten Gewohnheiten, Ideen und Erwartungen waren die Blöcke in Ihrem Fundament. Sie haben angefangen, sie aus Ihrem Bewußtsein herauszubrechen. Leider haben Sie sie nicht durch neue Ideen, neue Gewohnheiten oder neue Erwartungen ersetzt. Folglich möchten Sie vielleicht etwas Neues, aber Sie müssen erkennen, daß Sie es nicht unter Verwendung des alten Modus

operandi bekommen werden. Vielleicht liegt hier einiger Müll herum, den Sie wegräumen möchten.

3. *Glaube ich wirklich, daß ich Liebe verdiene?* Erwartungen ergeben Resultate. Was Sie in den hintersten Winkeln Ihres Seins glauben, manifestiert sich als Ihre Erfahrung. Wenn Sie unterwegs einiges von diesem Kram nicht mitbekommen, erwischen Sie sich irgendwann dabei, daß Sie die eine Sache verlangen und etwas anderes erleben.

Dies alles sind Erste-Etage-Fragen, die sich bei unserer Suche nach Antworten als Erfahrungen manifestieren.

Denken Sie daran, wenn Sie sich in der ersten Etage befinden, kennen Sie das Problem, aber nicht die Lösung. Sie wissen, was Sie wollen, aber Sie wissen nicht, wie Sie es zu einem Bestandteil Ihres Lebens machen sollen. Als ersten Schritt müssen Sie Ihre Erwartungen und Absichten untersuchen. Was versuchen Sie zu erreichen? Nach welcher Erfahrung sehnen Sie sich? Wenn Sie sich in der Zwischenzeit auf der ersten Etage des Hauses der Liebe befinden, müssen Sie lernen zu vertrauen. Haben Sie Vertrauen in sich, haben Sie Vertrauen in das Verfahren und, vor allen Dingen, haben Sie Vertrauen in die Liebe. Die Liebe wird Ihnen stets die edelste Verkörperung Ihrer Absichten und Erwartungen bescheren. Angst wird Ihre schlimmsten Alpträume Wirklichkeit werden lassen! Vertrauen wächst aus Bereitwilligkeit; diese Lektion haben Sie im Keller gelernt. Um Vertrauen zu beherrschen, müssen Sie willens sein, alles aufzugeben, was Sie momentan glauben und zu wissen glauben, damit Sie etwas anderes lernen können. Dieses Lernen verändert das Projizierte. Es hilft Ihnen bei der Klärung Ihrer Absicht.

Inzwischen dürften Sie wissen, daß die Stimme des Geistes zu Ihnen spricht. Diese Stimme ist Ihr Geist, Ihr *Ich*. Durch all Ihre Zwischenzeit-Erlebnisse hindurch, auf allen Etagen des Hauses der Liebe, war es Ihre Aufgabe, zuzuhören und dem Gehörten zu vertrauen. Es ist dieses Vertrauen, das Sie befähigt, in bezug auf die Erfahrungen, die Sie machen, und diejenigen, die Sie sich wünschen, klare und bewußte Entscheidungen zu fällen. Manchen von uns wurde gesagt, das sei egoistisch – es sei egoistisch, über sich und die eigenen Wünsche nachzudenken. Als Reaktion darauf waren wir von der Notwendigkeit überzeugt, uns ständig um das Wohl der Menschen um uns herum sorgen zu müssen. Sich zu vertrauen und die eigenen Gefühle zu achten ist nicht egoistisch. Es ist die größte Eigenliebe, deren Sie fähig sind. Das heißt nicht, daß Sie anderen gegenüber unempfindlich werden oder daß Sie andere zu Werkzeugen Ihrer Bedürfnisse und Wünsche machen. Sich zu vertrauen, zu achten und zu lieben bedeutet anzuerkennen, daß man ein Recht hat, glücklich zu sein. Ihre Selbstachtung befähigt Sie gleichzeitig dazu, andere ohne Wut, Groll oder Zwang zu unterstützen und zu fördern. Sie tun es aus Liebe, weil Sie es wollen. Dies sollen Beziehungen eigentlich leisten: uns eine Konstruktion liefern, mittels deren wir einander bei der Suche nach dem Glück und beim gemeinsamen Genuß des Glücks unterstützen und fördern. Es ist ein System gegenseitiger Hilfe, keine einseitige Krücke. Wie gefährlich es sein kann, Beziehungen wie Krücken zu benutzen, haben Sie im Keller gelernt.

Wo bin ich?

Daß Sie während einer Zwischenzeit-Erfahrung in der ersten Etage des Hauses der Liebe auf einmal nicht mehr wissen, wo im Leben Sie stehen, ist völlig normal. Vielleicht war Ihre Vergangenheit so schmerzvoll und verwirrend, daß Sie sich erlauben zu glauben, sie täten Ihr Bestes. Sollten Sie zu diesem Schluß kommen, dann haben Sie sowohl recht als auch unrecht. Sie haben recht damit, daß Sie genau das tun, was Sie tun müssen. Nicht, weil Sie es nicht besser könnten, sondern weil es für Sie noch mehr zu lernen gibt. Sie haben unrecht, weil Ihr Standort Ergebnis einer Wahl ist. Die Dinge, die Sie getan haben, die Entscheidungen, die Sie getroffen haben, die Wunschvorstellung, die Sie hegen, und die Art und Weise, wie Sie diese Wunschvorstellung verfolgen, sind allesamt Ergebnis einer Wahl. Es mag zwar durchaus stimmen, daß der Gestank Ihres Haus- und Straßenmülls Ihre Wahl beeinflußt hat, aber es ist nicht wahr, daß Ihnen keine anderen Optionen zur Verfügung gestanden hätten. Wenn Sie sich nach einer neuen Erfahrung sehnen, wenn Sie bereit sind, den Müll rauszubringen, und willens, dem Prozeß zu vertrauen, dann ist eine akkurate Einschätzung Ihres genauen Standortes in Ordnung.

Dieses aus Einschätzung, Auswertung und Reflexion bestehende Verfahren der Zwischenzeit verlangt von Ihnen, daß Sie sich bestimmte sehr eindringliche Fragen stellen und daß Sie bereit sind, die Antworten zu hören. Dieser kraftvolle spirituelle Hausreiniger bringt die vielen verschiedenen Bestandteile all der anderen Reiniger zum Kochen. Wenn dieser Punkt erreicht wird, werden Sie feststellen, daß Sie von einer Haltung des Vorbereitens zu einer Position des Gerüstetseins übergewechselt sind. Frage eins: Wo sind Sie – nicht geographisch, sondern mit Herz und Kopf? Fühlen Sie sich gut, brauchen Sie nichts, aber möchten Sie etwas, das zu bekommen Sie scheinbar nicht fähig sind? Sind Sie willens zu lernen, und versuchen Sie, sich zu entwickeln? Sind Sie müde, frustriert oder wütend? Sind Sie einsam, verwirrt und scharf? Arbeiten Sie hart, kommen aber nicht weiter? Bemühen Sie sich kaum und sehen zu, wie die Segnungen sich einstellen? Vielleicht fallen Ihnen noch ein paar weitere Fragen ein, die Sie sich stellen könnten, aber die hier versammelten verschaffen Ihnen einen guten Ausgangspunkt. Das sollten Sie bedenken:

1. Bewegen Sie sich nicht. Konzentrieren Sie sich auf Ihre Atmung. Finden Sie Ihren Rhythmus, und hören Sie sich drei bis fünf Minuten beim Atmen zu.
2. Bewirken Sie durch das Sprechen eines Gebets oder die Wiederholung einer Affirmation die Gegenwart von Licht, Liebe und Geist.
3. Bitten Sie alle Stimmen in Ihrem Kopf um Ruhe, so daß Sie die Stimme des Geistes hören können.
4. Stellen Sie eine Frage.

5. Warten Sie auf die Antwort. Vielleicht möchten Sie die Antwort aufschreiben – das heißt aufschreiben, was Ihnen in den Sinn kommt. Zensieren Sie es nicht, schreiben Sie es auf. Lesen Sie anschließend das Geschriebene.
6. Fangen Sie wieder von vorn an, und stellen Sie eine andere Frage.

Wenn Ihnen nichts einfällt, stellen Sie keine andere Frage. Beginnen Sie Ihren Tag oder Abend in aufnahmebereiter Haltung, denn die Antwort wird kommen. Jemand sagt vielleicht: »Sie sehen wirklich aus / klingen wie ...« Das ist die Antwort! Ein Lied ruft möglicherweise bestimmte Gefühle oder Erinnerungen wach. Das ist die Antwort! Es kann auf alle möglichen Arten geschehen, aber die Antwort wird sich im Laufe des Tages oder der nächsten paar Tage einstellen. Wenn Sie die Antwort erhalten, sind Sie bereit für die nächste Frage.

Wie bin ich hierhergekommen?

Gewappnet mit der Antwort auf die erste Frage, können Sie die Klarheit erlangen, die Sie bei der zweiten Frage wahrscheinlich dringend brauchen: Wie bin ich hierhergekommen? Um hierauf eine Antwort zu erhalten, gehen Sie genauso vor wie bei Frage eins. Ein Wort zur Vorsicht: Erliegen Sie nicht der Versuchung, jemand anders dafür verantwortlich zu machen, wo im Leben Sie stehen. Wenn die Antwort, die Sie erhalten, mit »weil sie / er ... getan hat« beginnt, dann haben Sie nicht tief genug Luft geholt. Sie haben die Stimmen nicht zum Verstummen gebracht. Sie haben Angst. Sie verstecken sich. Der Geist macht niemals jemanden für das verantwortlich, was uns zustößt, weil der Geist weiß, daß es keine Opfer gibt. Der Geist erkennt nur die Wahl an, die gebieterische Kraft des Lebens. Tun Sie noch ein paar Atemzüge, und stellen Sie sich die Frage erneut. Fügen Sie hinzu: »Welche Wahl habe ich getroffen oder habe ich versäumt?«

Nun sind Sie soweit, die Wahrheit zu hören. Wenn sie Ihnen erscheint, schreiben Sie sie auf. Studieren Sie sie. Lesen Sie sie immer wieder. Wenn Sie soweit sind, gehen Sie weiter zur nächsten Frage.

Was wollte ich mit dieser Wahl erreichen?

In einem Kursus wurde ich einmal gefragt: »Wenn Sie alles auf der Welt haben könnten, was Sie wollten, etwas, das aus Ihrem Leben all das machen würde, was Sie sich wünschen, worum würden Sie bitten?« Das war lange, bevor ich geistig erleuchtet wurde. Also sagte ich: »Um Geld.« Als das Wort mir über die Lippen kam, konnte ich spüren, wie der ganze Raum schauderte. Ohne mit der Wimper zu zucken, fragte der Gruppensprecher: »Wollen Sie das Geld, oder wollen Sie die Erfahrung, die Ihnen das Geld Ihrer Ansicht nach bescheren wird?« So was von hirnverbrannt! Ich fing an zu stottern. Schließlich sagte ich: »Ich möchte die Freiheit, die das Geld mir verschaffen würde.« Worauf der schlaue Sprecher erwiderte: »Warum nicht um Freiheit bitten und warten, bis das Universum sie einem auf göttliche und richtige Art bringt?« Aus dieser Perspektive hatte ich die Sache mein Lebtag noch nicht bedacht.

Sehr häufig im Leben tun wir Dinge oder unterlassen sie, bitten darum oder verkneifen uns die Bitte, weil wir glauben, unser Tun oder unsere Untätigkeit würden ein erwartetes Resultat hervorbringen. In Wahrheit weist die Konzentration auf die Erfahrung auch den passenden Weg, damit sie sich einstellt. Von Beziehungen, auch Beziehungen zu uns selbst, erhoffen wir uns eine bestimmte Erfahrung, und wir denken uns die Mittel aus, die diese Erfahrung unserer Ansicht nach bewirken werden. Wir kaufen Dinge, um anerkannt zu werden. Wir sagen Dinge, um das Gefühl zu haben, akzeptiert zu werden. Wir sagen bestimmte Dinge nicht, um Zurückweisung zu vermeiden. In den meisten Fällen konzentrieren wir uns genau auf das, was wir nicht wollen, so daß sich in Wirklichkeit gerade solche Erfahrungen vermehrt einstellen. Die Frage dieses Abschnitts hilft uns bei der Identifizierung dessen, worauf wir uns konzentriert haben, und der Erfahrung, die wir ermöglichen wollten. Verfahren Sie ebenso wie zuvor. Schreiben Sie die Antwort auf. Studieren Sie sie. Es hilft, wenn Sie sich die Frage mehrmals stellen, denn wenn Sie auch nur ein bißchen so sind wie der Rest der Welt, versuchen Sie wahrscheinlich, mehr als eine Sache auf einmal zu erreichen. Lassen Sie sich Zeit. Dieser Prozeß könnte mehrere Wochen dauern, aber um Klarheit zu erlangen, ist er den Zeitaufwand wert.

Was will ich wirklich?

Das ist eine einfache Frage, eine, für die die vorherige Frage Ihnen die Antwort(en) geliefert hat. Das Verfahren ist einfach: Erstellen Sie eine Liste. Schreiben Sie alle Antworten auf, die Sie auf die vorhergehende Frage erhalten haben, oder alle darauf basierenden Einsichten, und verwandeln Sie jede Antwort in die Aussage: »Was ich wirklich will, ist …« Beschränken Sie Ihre Antwort auf wenige Worte. Zum Beispiel: Was ich wirklich will, ist Bewegungsfreiheit erleben. Was ich wirklich will, ist akzeptiert werden. Was ich wirklich will, ist anerkannt werden. Studieren Sie die Liste sehr sorgfältig, um sicherzugehen, daß Sie niemanden für das verantwortlich gemacht haben, was Sie wollen. Das heißt, Sie sollten Aussagen vermeiden wie »Was ich wirklich will, ist, anerkannt werden von meinem Vater«, oder: »Was ich wirklich will, ist, geliebt werden von …«. Sie können solche Aussagen umgehen, indem Sie sie vor dem Wörtchen »von« beenden. Der Schlüssel liegt darin, nicht zu vergessen, daß niemand Ihnen geben kann, was Sie selber sich nicht geben können. Sobald Ihre Liste vollständig ist und Sie nunmehr allein die Verantwortung für die Verwirklichung Ihrer Wünsche tragen, können Sie zur nächsten Frage weitergehen.

Wenn Sie den Reiniger in der richtigen Dosierung angewendet haben, dann sind Sie jetzt gerüstet! Sie sind willens und bereit, sich auf eine neue Ebene des Liebens und Geliebtwerdens durch sich und alle anderen Menschen aufzuschwingen. Sie haben Grund zum Feiern, denn das war keine kleine Leistung. Sie haben eine Menge Abfall beseitigt! An diesem Punkt sollten Sie eine klare Vorstellung von dem haben, was Sie wollen, und von dem Erlebnis, das Sie suchen. Sie haben Ihre Fähigkeit, die Wahrheit zu akzeptieren, und die Bereitwilligkeit zu vertrauen unter Beweis gestellt. Sie haben eine Menge über sich und die Art Ihrer Interaktion mit anderen gelernt. Nun können Sie Ihre Schwächen und Ihre Stärken beschreiben, Ihre Ängste und Eigenheiten. Sie sind offen für neue Erfahrungen und willens, die Verantwortung dafür zu übernehmen, daß sie sich einstellen. Sie sind bereit, in klarer Absicht bessere Entscheidungen zu treffen. Ihre Knie sind gebeugt, Ihr Po ragt in die Luft, Ihre Füße haben einen festen Stand, und Sie sind bereit, dieses Rennen so zu laufen, wie es des Champions, der Sie sind, würdig ist. Nächster Schritt: Vergeben!

Sie können nicht mit einem Herzen oder Kopf voller »ich sollte«, »ich könnte« oder »ich würde« voranschreiten. Der einzige Weg zur Verringerung Ihrer Last, so daß Sie hinauf in die zweite Etage gelangen, heißt Vergeben. Sie haben sich genau unter die Lupe genommen und sind sich nun der Dinge wohl bewußt, die Ihnen nicht so wohl gerieten. Daß dieses Verfahren funktioniert, weiß ich, aber ich weiß auch, daß Sie ein Mensch sind. Und weil Sie ein Mensch sind, werden Sie sich Vorwürfe machen. Hören Sie auf damit! Sie werden sich analysieren. Vergessen Sie nicht, sich können Sie nicht in Ordnung bringen! Sie wollen wissen, warum Sie taten, was Sie taten, oder warum Sie andere Dinge unterließen. Sie wußten nicht, was Sie sonst tun sollten, deshalb taten Sie, was Sie taten! Sie wollen wissen, was denn jetzt als nächstes das Richtige sei. Sie sollten doch den Zwang, recht zu haben, schon im Keller aufgeben! Sie wollen wissen, warum er oder sie (Ihrer

Wahrnehmung zufolge) ungeschoren davongekommen ist und warum man Sie hier zurückließ, damit Sie leiden und sich abmühen. Seien Sie vorsichtig! Schuldzuweisungen und Fingerzeige auf andere können Sie rasch wieder in den Keller zurückbringen!

Auch ich bin ein Mensch, und auch ich möchte all dies ständig wissen! Nachdem ich mich durch meinen eigenen Mist hindurchgewühlt hatte, stellte ich fest, daß ich, ganz gleich, wieviel von einer Erfahrung oder von meinem Mist ich auf jemand anderen abzuwälzen versuchte, am Ende immer auf mich selbst zurückgeworfen wurde. Richtig, auf mich! Ich traf eine Wahl oder versäumte es, zu wählen. Ich sah nicht klar. Ich war nicht aufrichtig oder willens. Ich ging mit falschen Erwartungen an eine Sache heran, war auf Ärger aus, und ich bekam ihn! Wenn ich mich in dieser Art Zwangslage wiederfinde, einer typischen Erste-Etage-Zwischenzeit-Zwangslage, hilft Vergeben mir immer. Wenn Sie willens sind, zuzugeben, daß Sie sich in nichts von anderen Menschen unterscheiden, dann müssen auch Sie sich möglicherweise vergeben.

Vergeben Sie sich, nicht weil Sie etwas falsch gemacht haben, sondern weil Sie zuerst *dachten*, etwas falsch gemacht zu haben. Richtig, Sie Mensch, Sie! Wahrscheinlich dachten Sie, etwas mit Ihnen stimme nicht. Etwas, das niemand sonst wissen sollte. Also versteckten Sie sich. Sie verbargen sich hinter netten Worten, hübschen Gesten und seltsamen Ausflüchten, während Sie tief in Ihrem Innern wahrscheinlich dachten: »Hoffentlich merkt keiner, daß ich …« Diese insgeheime Empfindung verdunkelte Ihre Vorstellung und beherrschte Ihre Handlungen, weshalb Sie wahrscheinlich die Erfahrung, die Sie suchten, aus den Augen verloren. Vergeben Sie sich, nicht wegen all der Anzeichen, die Sie nicht erkannten, oder all der Dinge, um die Sie nicht baten, sondern weil Sie nicht verstanden, daß der einzige Weg zur Entdeckung dessen, was Sie wollen, über eine Zeit führt, in der Sie genau das haben, was Sie nicht wollen.

Es folgt eine sehr einfache Übung. Schreiben Sie an sieben

aufeinanderfolgenden Tagen jeden Morgen und jeden Abend fünfunddreißigmal folgende Aussage auf:

»Ich vergebe mir, daß ich jemals dachte, etwas falsch gemacht zu haben.«

Mit dieser Aussage schultern Sie die Verantwortung für sich und Ihr Leben. Was oder wer Ihnen auch in den Sinn kommt, schreiben Sie diese Aussage auf. Wenn Sie den Drang einfach nicht abschütteln können, über die Rolle nachzudenken, die jemand anders gespielt hat, greifen Sie zu folgender Aussage:

»Ich vergebe mir, daß ich denke, ... habe jemals etwas falsch gemacht.«

Dadurch entgehen Sie der Versuchung der Schuldzuweisung. An wen immer Sie auch denken, diese Personen haben nichts falsch gemacht. Es erging ihnen genauso wie Ihnen. All diese Menschen entdeckten lediglich, was sie nicht wollten, um sich auf diesem Wege klar darüber zu werden, was sie wollten.

Los!

Sich Klarheit zu verschaffen, Absichten und Erwartungen zu prüfen, sich die Erfahrung, die Sie machen möchten, ehrlich einzugestehen und sich zu vergeben, daß Sie so viel Mist mit sich herumschleppen: All das ist, als würde Ihnen ein Weisheitszahn gezogen – es kann eine Weile dauern, bis alles verheilt ist! Die gute Nachricht lautet, daß dieser Heilungsprozeß ungeachtet der Probleme, mit denen Sie in der Zwischenzeit konfrontiert werden, funktioniert. Das könnte eine Familienangelegenheit sein, ein Problem, das mit Ihrem Beruf oder Ihrem Arbeitsplatz zusammenhängt, oder es könnte auch ganz gut ein Beziehungsproblem sein. Das Absolvieren des Verfahrens verschafft Ihnen ungeachtet des Problems Klarheit. Wenn Sie allein sind und keine Beziehung haben, werden Sie wahrscheinlich sehr leicht Erfolg damit haben – wenn Sie allein sind, ist ausreichend Zeit vorhanden, um an sich selbst zu arbeiten.

Von denjenigen, die sich in einer Beziehung befinden, wird etwas Zusätzliches verlangt. Sie werden sich Zeit zum Alleinsein nehmen müssen. Sie werden sich Raum schaffen müssen, um die Atem- und Schreibübungen zu absolvieren. Die Beziehung entwickelt sich in der Zwischenzeit weiter. Probleme tauchen nach wie vor auf. Dinge werden gesagt, und Sie fühlen sich genötigt zu antworten. Ihre Aufgabe ist es, jeden der spirituellen Reiniger zu benutzen, von dem Sie glauben, daß er funktioniert. Das heißt, was können Sie in der Situation, wie sie ist, in diesem Augenblick anwenden, um Frieden zu stiften? Ein rascher Rückblick auf die voraufgegangenen Etagen wird Ihnen bei der Entscheidung helfen. Vergessen Sie nicht, fangen Sie innen an! Stellen Sie alle Fragen, und treffen Sie alle Aussagen aus Ihrer eigenen Perspektive. Zeigen Sie nicht mit dem Finger nach außen! Geben Sie niemandem die Schuld, auch sich nicht! Klagen Sie nicht an: Stehen Sie statt dessen zu Ihrer Verantwortung. Bitten Sie Ihren Partner, Ihnen Zeit und Gelegenheit zu geben, Klarheit zu gewinnen. Schmollen Sie in der Zwischenzeit nicht, stampfen Sie nicht mit den Füßen, hören Sie nicht auf zu sprechen und, vor allem anderen, machen Sie dem Verfahren kein Ende.

Alles muß im Unsichtbaren geschehen sein, bevor es sichtbar werden kann. Die Zwischenzeit ist eine aktive Zeit. Selbst wenn Sie verletzt und wütend sind, müssen Sie daran glauben, daß Sie sich wandeln und entwickeln. Die Heilung geschieht! Die Tatsache, daß Sie sie nicht sehen, bedeutet nicht, daß sie sich nicht vollzieht. Zeigen Sie ein wenig Bereitschaft, hüllen Sie sich in Vertrauen, denken Sie an die Wahrheit, wischen Sie ein bißchen Staub, und übernehmen Sie Verantwortung. Es erfordert Arbeit, sich zu finden und Liebe zu finden – und Sie müssen willens sein, diese Arbeit geduldig und verantwortungsbewußt zu verrichten. Sie können diese Ziele erreichen, wenn Sie sich eine klare Vorstellung bewahren, in ehrbarer Absicht. Wenn Sie verletzt sind, welchen Reiniger müssen Sie benutzen? Wenn Sie wütend sind, welchen Reiniger sollten Sie anwenden? Wenn Sie ungeduldig werden, erinnern Sie sich daran, wie weit Sie gekommen sind.

Denken Sie in der Zwischenzeit stets daran, daß Sie die Stufen im Haus der Liebe erklimmen. Sie müssen wissen, daß Sie geleitet werden und daß die Menschen oder Informationen, die Sie benötigen, nur ein Gebet entfernt sind. Hin und wieder werden Sie kleine Trippelschritte machen und das Gefühl haben, die Reise sei für einen Versuch auf eigene Faust zu lang. Sie sind niemals allein! Die ganze Zeit wachen Engel über Sie. Sie werden auch erleben, daß Sie gewaltige Fortschritte machen, für die Sie sich am liebsten selbst auf die Schulter klopfen würden. Nehmen Sie das Verdienst für Ihre wachsende Entwicklung nicht vorschnell für sich selbst in Anspruch. Lassen Sie Gott das Verdienst, denn es war Gott, der Sie niemals, nicht einmal eine Sekunde lang, aufgegeben hat. Vielleicht finden Sie sich in Situationen wieder, wo Kellerverhalten und -einstellungen Sie locken. Haben Sie keine Angst! Vergessen Sie nicht, wer neben Ihnen geht. Sie müssen wissen, daß Sie nicht fehlgehen können. Sie müssen wissen, daß Sie sich nicht zu verirren oder den Halt zu verlieren brauchen. Sie brauchen nicht in negatives Denken und schlecht funktionierende Beziehungen zu verfallen.

Zwischen erster und zweiter Etage

Sie möchten es ignorieren, aber Sie können es nicht – es ist eine Schande! Wenn Ihre Mutter das sähe, würde sie einen Anfall bekommen, und Sie wären aus dem Verkehr gezogen – für immer. Da liegen Berge von Papieren. Manche könnten wichtig sein, aber woher sollen Sie das wissen? Sie sind den Stoß wochenlang nicht durchgegangen! Oh, ich verstehe! Sie konnten die Papiere vielleicht gar nicht sehen, weil sie unter den Socken lagen, den ungleichen Socken, die Sie vor dem Trocknermonster gerettet haben. Richtig, diese Socken sind sauber, aber wer soll das wissen, wo sie doch über dieses schmutzige Glas drapiert sind und auf der krümeligen Kuchenplatte liegen. Das auf der Platte *war* doch Kuchen, oder nicht? Aber was spielt das für eine Rolle! Was sind schon ein paar saubere Socken in einem Haufen dreckiger T-Shirts!

Also, Sie wissen, wenn Ihre Mutter diese Kommode sähe, würde sie sich auf die Eisenbahngleise legen und sich dazu Scotch in den Hals schütten! Sie wissen auch, daß sie Ihnen etwas anderes beigebracht hat! Räumen Sie diese Kommode auf! Misten Sie diesen Wandschrank aus! Reißen Sie sich doch einmal zusammen! Vielleicht gibt es etwas, das Sie suchen, aber nicht finden können, weil Sie so viel Zeug herumliegen haben!

Kapitel 9

Die Kommode abwischen

Sie werden der Dumme sein, basta! Sie müssen sich entscheiden, wie oft Sie der Dumme sein wollen. Zweimal? Sechsmal? Zehnmal? Setzen Sie sich eine Grenze, aber sagen Sie nicht, Sie werden nicht der Dumme sein, denn Sie werden es sein, zumindest einmal. Menschen, die Beziehungen aus dem Wege gehen, aus Angst, der Dumme zu sein, müssen darüber hinwegkommen. Geben Sie sich eine bestimmte Anzahl von Versuchen, und dann nichts wie ran! Ich weiß, Ihre Mutter hat Ihnen gesagt: »Sei kein Narr!« Was sie in Wirklichkeit meinte, war, such dir aus, was für ein Narr du sein willst, sei solch ein Narr, und dann bring es hinter dich! Ich weiß nicht, mit wie vielen Menschen ich gesprochen habe, deren großes Problem lautet: »Ich will nicht verletzt werden! Ich will nicht der Dumme sein! Ich will nicht schwach erscheinen! Ich will nicht als Blödmann dastehen!« All das wird geschehen, egal, was Sie tun, also wählen Sie ruhig ein paarmal. Wenn Sie erst einmal erkannt haben, daß Sie soundso oft der Dumme gewesen sind, dann fangen Sie an, sich zusammenzureißen. Wenn Sie an Ihre Grenze stoßen, gibt es zwei Optionen: Entweder Sie hören auf, der Dumme zu sein, oder Sie geben sich noch ein paar Versuche.

Carols Limit lag bei drei. Dreimal würde sie die Dumme sein. Sie erhöhte ihr Limit auf sechs, beschloß jedoch, bei fünf aufzuhören. Es war einfach zu schmerzhaft! Und es war beschämend. Sie fühlte sich immer von den gleichen Typen angezogen, immer aus dem gleichen Grund, und es endete immer gleich. Es war nicht einfach das Geld, es war das Gefühl, das sie in ihr auslösten. Das Problem war, um die Burschen dazu zu bringen, ihr dieses Gefühl zu vermitteln, konnte sie nicht sie selber sein. Sie mußte eine andere sein. Sie mußte süß, witzig, leidenschaftlich und unterwürfig sein. So war sie aber gar nicht!

So glaubte sie sein zu müssen, um die Art von Typen zu bekommen, bei denen sie sich wohl fühlte. Aber wissen Sie was? Es war ermüdend! Es war ermüdend, und sie war müde, und sie beschloß aufzuhören, bevor sie in noch mehr Schwierigkeiten geriet – bevor sie ihr Limit erreichte und nicht mehr aufhören konnte.

John hatte keine Grenzen. Er steckte in einer Krise. Er begegnete ihr in einem Restaurant. Sie fingen an, sich über Musik und Bier zu unterhalten. Acht Stunden lang redeten sie in dieser Nacht. Es ist schwer, eine Frau zu finden, die Bier wirklich zu schätzen weiß, und wenn man tatsächlich eine findet, will man die Situation voll ausnutzen. Sie war kontaktfreudig, urkomisch, und sie hatte einen wirklich schönen Körper. Er war verrückt nach einem schönen Körper. Er verstärkt den geheimnisvollen Nimbus des Sexuellen. Er wußte, er würde wieder der Dumme sein, aber er brauchte eine Beziehung mit ein wenig Schwung. Seine Ehe, die gerade zu Ende ging, war zur reinen Routine geworden. Nach Hause kommen. »Wie war dein Tag?« Prima. Fernsehen. Schlafen gehen. Er war auf der Suche nach jemandem, der ehrgeizig war, bei dem alles im Fluß war und der ein paar positive Dinge tat. Er wußte, daß solche Frauen ihn immer angezogen hatten, obwohl er eine ganz andere geheiratet hatte. Das war dumm gewesen. Chance Nummer eins verspielt. Chance Nummer zwei am Horizont in Sicht.

Faye war nicht sexbesessen, sie hatte lediglich ein starkes Bedürfnis nach Sex. Sie wollte etwas ganz Besonderes für jemand anderen sein. Sie wollte von jemandem geliebt werden. Damit sie etwas Besonderes sein könnte, dafür war ihrer Ansicht nach Sex der Schlüssel. Durch Sex würde sie die Liebe bekommen, die sie so dringend brauchte. Trotz dieser Handlungsmaxime war sie pingelig. Sie ging nicht einfach mit jedem. Sie wählte nach einem ausgeklügelten Verfahren aus. Es gab ganz bestimmte Dinge, die ein potentieller Kandidat zu tun hatte, um bei ihr eine Chance zu haben. Das waren die Dinge, die ihr das Gefühl vermittelten, etwas Besonderes zu sein. Es waren die Dinge, von denen sie überzeugt war, daß ein Mann sie erst für eine Frau tue, wenn er sie liebe. Es ist absolut erstaunlich, wozu man einen Menschen bringen kann, wenn man Sex als Mohrrübe und Lust als Leine benutzt! Faye beherrschte es bis zur Wissenschaft, aber selbst Wissenschaftler können bei manchen Experimenten scheitern. Da gab es jene Zeiten, wo sie vergaß, was sie tat, oder das Ziel aus den Augen verlor und die Spielregeln änderte. Bei solchen Gelegenheiten, wenn sie alles vergaß und sich kopfüber fallenließ, geschah es, daß sie wirklich am Boden zerstört war. Bei jenen sieben oder acht Gelegenheiten im Verlauf der letzten zwölf Jahre hatte sie all ihre Chancen, die Dumme zu sein, aufgebraucht.

Wozu das alles?

Genau! Das ist es, was wir alle wollen! Wir wollen so geliebt werden, wie wir sind – total und bedingungslos. Leider versuchen wir in einem fort, im Liebeskurs eine Eins zu bekommen. Man braucht keine Eins oder das beste Prüfungsergebnis! Man braucht nur zu bestehen! Den meisten genügt das leider nicht. Sie wollen das große Los ziehen und mit jemandem für immer und ewig zusammensein. Beim Streben nach einer Eins, bei dem Versuch, es richtig zu machen, für immer dabeizusein, eignen wir uns eine Menge Sachen an, von denen wir glauben, sie führten uns direkt ins Zentrum der ganzen Sache. Doch wenn für uns die Zwischenzeit beginnt, werden wir mit diesen Dingen konfrontiert, all den Dingen, die wir auf der Suche nach Liebe tun und getan haben. Und wissen Sie was? Es gefällt uns nicht! Uns gefällt nicht, was wir sehen! Uns gefällt nicht, was wir uns für die Liebe tun sehen. Uns gefällt nicht, was wir uns sagen hören, um Liebe zu erhalten. Wir sehen dabei wie Dummköpfe aus und fühlen uns auch so.

Selbst wenn wir erkennen, daß es unsere Entscheidung war,

diese törichten Dinge zu tun oder zu sagen, geben wir *ihnen* die Schuld, den Menschen, von denen wir dachten, daß wir sie lieben. Wenn das nicht funktioniert, vergleichen wir unser Tun mit dem Tun der anderen, um entscheiden zu können, was schlimmer war. Wenn man sich in der Zwischenzeit befindet, muß man herausfinden, warum – warum hat man das getan? Warum hat man sich nicht am eigenen Tun gehindert? Warum tut man es noch immer? Warum kann man nicht damit aufhören? Das ist der Kram, das sind die Fragen, die man auf dieser, der abschließenden Etappe der Reise durch das Haus der Liebe beantworten muß. Man hat eine Menge getan! Man hat gewaltige Fortschritte gemacht! Man hat jede Menge Dinge in Augenschein genommen, aber ein kleiner Rest bleibt noch zu tun.

Liebe ist die großartigste Gefühlsregung, die ein Mensch erleben kann, und sie ist eine Erfahrung, die nicht auf Menschen begrenzt ist. Nachdem ich mir Hunderte von Stunden einen naturwissenschaftlichen Sender angeschaut hatte, bin ich zu dem Schluß gekommen, daß Tiere ihren Nachwuchs und einander lieben. Ich habe auch gesehen, welche großen Verwüstungen der Mangel an Liebe sowohl im Tierreich als auch im Reich des Menschen anrichtet. Liebe ist das spirituelle Verlängerungskabel, das uns alle miteinander verbindet. Wir sind uns der Verbindung nicht immer bewußt oder der Tatsache, daß jede Lebenserfahrung darauf abzielt, sie uns bewußt zu machen. In der Zwischenzeit, während wir die Verbindung zum Wunder der Liebe durch ebendieses Wunder wiederherstellen, verbringen wir sehr viel Zeit in Angst und Wut. In solchem Zustand richten wir die Verwüstung an, die wir in Beziehungen Leid nennen. Erst wenn man Angst und Wut überwunden hat, findet man den Weg in die zweite Etage.

Immer schön der Reihe nach!

Einige Dinge in den Griff zu bekommen heißt nicht, alles im Griff zu haben. Und es heißt nicht, daß Sie trotz des Krams, den Sie noch mit sich herumschleppen, nicht mit dem Lern-

und Heilungsprozeß fortfahren können. Darf ich Ihnen etwas sagen? Da Sie nun einmal nicht Jesus, Buddha, Gandhi oder Mutter Teresa sind, werden Sie einiges von diesem Kram mit ins Grab nehmen! Das müssen Sie begreifen. Sie müssen lernen, manches in der Schwebe zu lassen. Sie wissen, es ist da, Sie wissen, Sie müßten sich darum kümmern, aber Sie dürfen auch nicht vergessen, daß Sie nicht alles in diesem Leben erledigen müssen. Tun Sie etwas, lassen Sie anderes liegen, lassen Sie manches sich entwickeln. Tun Sie etwas mehr, lassen Sie es sich ein wenig mehr entwickeln. Wenn wir nur das tun, wozu wir imstande sind, dürfte das mehr als ausreichen, uns vorwärtszubringen. Wir arbeiten andauernd an uns, weil wir glauben, daß wir alles machen müssen, und zwar in diesem Augenblick! Ebenso halten wir es mit Beziehungen. Wir überzeugen uns davon, daß etwas nicht stimmt und daß es auf der Stelle in Ordnung gebracht werden muß. Und es muß perfekt sein, sofort! Solange die Welt sich dreht, werden Dinge miteinander übereinstimmen und sich wieder voneinander entfernen. Bleiben Sie ruhig! Lernen Sie, bewußt einiges in der Schwebe zu lassen. Es wird Sie nicht umbringen. Lassen Sie es einfach dort, wo es ist. Sie wissen doch, Sie können später darauf zurückkommen.

Manches von Ihrem Kram kommt Ihnen vielleicht sogar ganz gelegen, da Sie gerade die wichtigste Lektion lernen, nämlich bedingungslose Liebe zu geben. Deshalb begeben Sie sich ja in die zweite Etage. Sie wollen in der Lage sein, jederzeit bedingungslose Liebe zu geben und zu empfangen. Wenn Sie, durch Beziehungen angeschlagen und verletzt, auf die einzelnen Abschnitte Ihres Lebens zurückblicken, dann ist Liebe der spirituelle Reiniger, der Ihnen zu erkennen hilft, daß es so schlecht nun wirklich nicht war. Mit Hilfe der Liebe verstehen Sie schließlich, daß das Leben bislang ein selbstverfaßtes Drehbuch war und daß diejenigen, die in Ihrer Show mitspielten, tatsächlich diejenigen waren, die Sie gebeten hatten mitzuwirken. Es ging immer um Sie und Ihren Kram, was die Sache mit der Liebe so verwirrend und manchmal schwer durchschaubar machte – weil Sie nämlich auf den Kram der anderen schauten! Suchen Sie sich aus, wie Sie auf Dinge reagieren wollen: auf Ihren Kram und den Kram anderer. Werden Sie sich klar darüber, was wirklich vor sich geht, und suchen Sie sich aus, wie Sie darauf reagieren wollen. Bislang waren die meisten Dinge, die in Ihrem Leben passierten, völlig normal. Ihr Leben entwickelte sich, Sie entwickelten sich – es war alles ganz normal. Für gewöhnlich ist es unsere Reaktion, die das Problem verursacht. Wir müssen lernen, daß wir nicht reagieren müssen, nur weil in unserem Leben etwas geschieht oder nicht geschieht.

Es gibt ein paar andere Dinge, die es wert sind, an dieser Stelle erwähnt zu werden, weil sie während des Heilungsprozesses so leicht versäumt werden. Wenn Sie diese Dinge nicht fest im Griff haben, kann es passieren, daß Sie sich verirren oder aus einem tiefen dunklen Wandschrank nicht mehr herauskommen. Es ist schwer, wieder aus einem Wandschrank herauszufinden, wenn halbfertiger oder unentdeckter Kram den Weg versperrt. Während man sich beim Aufstieg in die zweite Etage der bedingungslosen Liebe nähert, muß man einige Hochleistungsreiniger verwenden, um den aufgetürmten Kram zu entfernen, der in unglückliche Liebesaffären mündete: *Wahl* ist der eine Reiniger, *Klarheit* der andere.

Hacken Sie nicht weiter auf sich herum!

Wenn man schon denkt, daß man es nicht richtig macht oder daß man nicht genug auf die richtige Art tut, machen Entwürfe einen verrückt! Der Entwurf fängt an, wenn man sagt: »Das muß ich in Ordnung bringen!« – »Dies muß ich tun!« – »Das muß ich ändern!« Wenn man mit Entwürfen anfängt, läuft man außerdem Gefahr zu denken, man müsse all dies tun und alles sofort in Ordnung bringen. Wenn man auf dieser Ebene des Herumhackens auf der eigenen Person verharrt, wird man niemals klarsehen. Man wird unweigerlich an den Punkt gelangen, an dem man denkt: »Es wird mir nie gelingen!« Wenn wir entwerfen, sagen wir deshalb: »Ich habe mich so sehr bemüht, und es funktioniert immer noch nicht.« Was man getan hat oder tut, ist nicht das Problem. Das Problem ist, daß man *entwirft*, was getan und wie es getan werden sollte, bevor man klarsieht. Man reagiert auf Erfahrungen, Ängste, Unzulänglichkeitsgefühle. In Wahrheit weiß man weder, was man tun, noch, wie man es tun soll. Ja, es gibt ein paar Dinge, ein paar Sachen, die klar sind. An ihnen kann man arbeiten. Man kann die Prinzipien anwenden. Man kann die Einstellungen anpassen. Man kann sein Verhalten ändern. Das Entscheidende bleibt nach wie vor, daß es einfach ein paar Dinge gibt, die wahrscheinlich nicht so funktionieren, wie man sich das vorstellt. Darüber muß man sich im klaren sein.

Man muß außerdem, soweit erforderlich, offen und willens bleiben, alles Notwendige zu tun, und zwar der Reihe nach. Wenn Sie sehen, daß Ihr Kram an die Oberfläche drängt, setzen Sie alles, was Sie wissen, alles, was Ihnen hilft, damit fertig zu werden, in die Praxis um. Leisten Sie keinen Widerstand! Unterdrücken Sie nichts! Lassen Sie im Bewußtsein alles nach oben kommen, so daß Ihnen zumindest klar ist, was vorgeht. Wenn es Ihnen erst einmal zu Bewußtsein gekommen ist und Sie sich darüber im klaren sind, wählen Sie, was Sie angehen möchten, und gehen Sie es an. Wahl spielt hier eine wichtige Rolle. Wenn Sie sich durch Ihre Ängste arbeiten, aber auch wissen, daß Sie Selbstwertprobleme haben, dann suchen Sie sich eins von beiden aus, Angst oder Selbstwert – und arbeiten Sie daran. Wenn Sie wissen, daß Sie eine Beziehung möchten, aber ebenfalls wissen, daß Sie ein paar Probleme haben, was Ihre Eignung dazu betrifft, suchen Sie sich eines aus – und arbeiten Sie daran. Wenn Sie sich eine Sache aussuchen, und etwas anderes kommt in Ihnen hoch, können Sie es sich immer noch anders überlegen. Wenn Sie jedoch versuchen, an der einen Sache zu arbeiten, während Sie die andere ins reine bringen, wird es Sie anwidern! Sie werden sich satt haben! Sie werden die Arbeit an sich und das Aufräumen satt haben! Konzentrieren Sie sich auf die Erfahrung, die Sie sich wünschen. Versuchen Sie diese Erfahrung körperlich zu spüren, ohne darüber zu richten. Widerstehen Sie der Versuchung, sie zu entwerfen, indem Sie sagen, sie *müsse* so oder so beschaffen sein. Lernen Sie die anvisierte Empfindung auszudrücken, so daß das Universum Ihnen antworten kann. Denken Sie daran, daß alles, was Sie glauben zu wollen, nur ein Bruchteil dessen ist, was Gott Ihnen geben möchte.

Liebe fordert nicht, daß Sie Ihr Ich verleugnen oder mißbrauchen, um die Liebe zu ergreifen. Ganz im Gegenteil: Die Liebe möchte, daß Sie all Ihre Teile – die zerbrochenen, übel zugerichteten ebenso wie die polierten und glänzenden, die erworbenen wie die Ihnen angeborenen – in die zweite Etage Ihres Hauses mitbringen. Die Liebe heißt Sie und alles, was Sie mitbringen, willkommen. Durch die Gegenwart der Liebe sollen Sie geheilt werden. Die Liebe möchte Sie wieder eins machen, eins mit dem Einen, der Sie damals, heute und immerdar liebt, gleich in welcher Verfassung Sie sind. Die Liebe fordert von Ihnen nicht, mehr von sich zu geben, als Sie geben können. Wenn Sie nur sich selber Liebe geben, dann ist das schon ausreichend. Sobald Sie sich Liebe geben, öffnet die Liebe Ihr Herz, damit Sie die Liebe empfangen, die andere für Sie bereithalten.

Jeder Fehler kann korrigiert werden

Ich traf eine junge Frau, die so sehr davon überzeugt war, daß vieles mit ihr im argen lag, daß sie sich damit abgefunden hatte, den Rest ihres Lebens allein zu verbringen. Sie hatte den Mann verloren, den sie für immer zu lieben glaubte. Sie hatte die Arbeit verloren, die ihr wirklich Freude gemacht hatte. Sie würde ihr Auto verlieren, weil sie keinen Job mehr hatte. Sie war in einem fürchterlichen Zustand! Wie durch ein Wunder entschloß sie sich mitten in dieser schlimmen Lage, an sich zu arbeiten. Zu einem solchen Entschluß gelangt man, wenn man die Lektionen des Erdgeschosses und der ersten Etage wirklich beherrscht. Man verliert vielleicht den Halt, aber man stürzt nicht ab! Die Frau hatte im Marketing gearbeitet und beschloß, das, was sie im Berufsleben gelernt hatte, auf ihr Privat- und Liebesleben anzuwenden. Es ging um vier Größen: Produkt, Preis, Verpackung und Promotion. Nachdem sie entschieden hatte, sie sei das Produkt, erkannte sie die Notwendigkeit, sich zu entwickeln. Sie mußte sich klar darüber werden, wer sie wirklich war und was sie wollte. Sie begriff, daß sie ein Mensch mit vielen Facetten war. Wie bei einer Zwiebel legte sie Schicht um Schicht, Stück für Stück frei. Zwar hatte sie viel gearbeitet, dennoch erkannte sie, daß sie jedesmal, wenn eine neue Schicht freilag, die gleiche Arbeit noch einmal verrichten mußte, nur auf einer tieferen Ebene und ein bißchen intensiver.

Wenn du willst, daß dein Produkt auf dem Markt gut ankommt, dachte sie, dann mußt du es beschreiben, definieren und den Kaufinteressenten präzise erklären können, was es ist und was es kann. Es ist unerläßlich für die Selbstachtung und das Selbstvertrauen. Der erste Schritt besteht darin, zu wissen, wer man ist, die guten und die nicht so guten Seiten der eigenen Persönlichkeit kennenzulernen. Zu lernen, die süchtig machenden und zerstörerischen Verhaltensmuster zu erkennen, um sie abzubauen, ist der große zweite Schritt. Muster sind Muster. Jeder hat sie. Doch wenn wir so mutig sind, zuzugeben, daß das Muster eine Sucht ist oder zerstörerisch wirkt, ist dies ein entwicklungsmäßiges Bravourstück! Um dazu fähig zu sein, darf man nicht über sich zu Gericht sitzen oder sich kritisieren. Statt dessen muß man sich der Wahl, die man in jedem einzelnen Augenblick trifft, bewußt werden. Dies geschieht, indem man seinen Selbstgesprächen zuhört und negative Botschaften unterbricht. Es geschieht, indem man Bedürfnis durch Verlangen, Verzweiflung durch Empfänglichkeit ersetzt. Es geschieht, indem man fixe Ideen durch Entschlossenheit ersetzt. Die empfängliche Entschlossenheit darf nicht sein, jemanden zu finden. Sie muß darin bestehen, sich zu lieben. Die in der Zwischenzeit verbrachte Spanne hilft, Klarheit über sich und über die Verhaltensmuster, die in Widerspruch zur eigenen Identität stehen, zu gewinnen.

Seien Sie willens, Ihre Produktinformationen offen und aufrichtig zuerst sich und dann anderen mitzuteilen. Zu viele Menschen, die den Auftrag haben, Liebe zu finden, betreiben die falsche Werbung! Manchmal kennen wir die Wahrheit einfach nicht. In anderen Situationen kennen wir sie, ziehen es jedoch vor, sie nicht preiszugeben. Am Ende, wenn wir »mit nach Hause genommen« werden und der Käufer die Wahrheit entdeckt, werden wir prompt umgetauscht. Wenn Sie nicht möchten, daß Ihr Produkt nach kurzer Zeit wieder aus dem Regal verschwindet, ist Produktentwicklung entscheidend. Die innere emotionale und geistige Entwicklung, die Fähigkeit, sich anzuerkennen und zu lieben, sind unabdingbar, damit man die Liebe findet, die man sich wünscht. Während man lernt, sich zu lieben, genießen Sie Priorität, ganz gleich, ob jemals ein Liebhaber aufkreuzt oder nicht.

Durch Ihre Beziehungserfahrungen im Keller sowie in der ersten und zweiten Etage haben Sie erste Hinweise darauf erhalten, daß Liebe eine Situation sein kann, in der man nur gewinnt. Dies ist Ihr Ziel, während Sie unterwegs zur zweiten Etage sind. Sie müssen nun zu begreifen versuchen, daß man Liebe oder etwas anderes auch geben kann, ohne etwas zu verlieren. Sie können sich bewußt entschließen, Zeit, Mittel oder Ihr Leben mit jemandem zu teilen, weil es keine Frage des Überlebens ist. Wenn Sie diese bewußte Wahl treffen, können Sie nicht verlieren. Sie entwickeln sich. Eine Beziehung kann enden, ohne Sie zu erschöpfen. Sie haben gelernt, was für Sie funktioniert und was nicht. Sie erkennen jetzt, daß der Vorteil jeder einzelnen Ihrer früheren Erfahrungen vollkommene Selbstanerkennung ist. Jetzt können Sie sich so akzeptieren, wie Sie sind, und stehen zu dem, was Sie sich aussuchen – weil Sie wissen, daß Sie immer und immer wieder wählen können, so lange, bis Sie zufrieden sind. Das ist eine wichtige Entdeckung! Der Kompaß funktioniert jetzt ausgezeichnet. Ihre Erkundungsreise durch das Haus der

Liebe, die Sie bis hierher gebracht hat, war vielleicht nicht einfach, aber Sie haben es geschafft!

Man bekommt das, wofür man bezahlt hat

Der Preis. Was ist das eigene Produkt wert? Was verträgt der Markt? Sobald man eine sehr deutliche Vorstellung davon hat, was oder wer das eigene Produkt ist, muß man den Preis festsetzen. Im Reich der Persönlichkeitsentwicklung bezieht der Preis sich auf die Fähigkeit, klar artikulieren zu können, was man will. Er ist das Ergebnis des Selbstwertgefühls. Er ist Ausdruck der Gewißheit, daß man sich nicht mit allem, was daherkommt, zufriedengeben muß, nur weil man ein gewisses Alter erreicht hat, einem bestimmten Milieu entstammt, einem Haare aus dem Kinn sprießen oder, bei Männern, die Haare auf dem Kopf ausgehen. Man hat gewisse Standards entwickelt, wie man behandelt werden möchte und was man von sich und für sich erwartet. Natürlich sind einige dieser Standards verhandelbar, andere hingegen nicht.

Jetzt, da Sie Ihr Produkt kennen, Ihre Stärken und Schwächen, und keine Angst davor haben, sie sich einzugestehen, ist Ihr Wert beachtlich gestiegen. Sie müssen nicht mehr länger krampfhaft zu verbergen suchen, was Sie getan haben. All das ist kein Geheimnis mehr. Ihre Ausrutscher, Stürze oder falschen Schritte dürfen Ihnen nicht als Krücke dienen, auf die Sie zurückgreifen, wenn die Dinge nicht so laufen, wie Sie es geplant haben. Kein Selbstmitleid mehr! Keine Selbstvorwürfe mehr! Sie sind ein wertvolles und lohnendes Produkt, voller Liebe und bewußt in Ihrer Wahl. Sie haben volles Vertrauen in Ihr Produkt. Wollen Sie es also Schnäppchenjägern in den Rachen werfen? Oder möchten Sie einen Preis verlangen wie für ein Designermöbelstück? Nutzen und Wert, die Sie für sich festsetzen, bestimmen, welche Menschen sich für Sie interessieren. Wer in hochpreisigen Geschäften einkauft, weiß genau, was er will und wie er es behandeln muß, wenn er es erst einmal hat. Ein solcher Kunde erkennt ein Meisterwerk auf den ersten Blick und schreckt nicht davor zurück, alle Register zu ziehen, um es in seiner Nähe zu haben. Keller-Schnäppchenjäger sind nicht so zielstrebig oder gewissenhaft. Ein Schnäppchenjäger könnte ein seltenes Kunstwerk in Händen halten, ohne es überhaupt als solches zu erkennen. Während Sie Ihr Bewußtsein von den letzten Stäubchen aus Selbstzweifeln befreien, werden Sie befähigt, für Ihr Produkt einen Preis festzusetzen, der seinem wahren Nutzen und Wert entspricht.

Sie sind unterwegs von der ersten zur zweiten Etage des Hauses der Liebe. Dies ist die beste Zwischenzeit von allen! Sie haben gelernt, sich zuzuhören und dem, was Sie hören, zu vertrauen. Jetzt erkennen Sie, daß Schwierigkeiten sich einstellen, um vorüberzugehen, nicht, um zu bleiben! Sie verstehen, daß eine Verzögerung kein Leugnen ist! Ihnen ist vollkommen bewußt, daß alle Lebenserfahrungen vorübergehend sind. Sie verstehen auch, daß Sie während einer vorübergehenden Zwischenzeit-Erfahrung, die ein Jahr, zehn oder zwanzig Jahre dauern kann, willens sind, nach besten Kräften weiter voranzuschreiten, weiter zu handeln und sich zu entwickeln. Sie besitzen einen Korb voller Prinzipien – Bereitwilligkeit, Vertrauen, Wahrheit, Verantwortung, Wahl, Aufgabe und Abstand –, die Sie anwenden können, um jede vorübergehende und doch herausfordernde Situation des Lebens bewältigen zu können. Sie sollten jetzt ebenfalls erkennen, daß Sie – auch wenn Sie wissen, daß die Ereignisse ein wenig Arbeit erfordern – das Stehvermögen besitzen, sich ausreichend Zeit zu nehmen, um sich darüber klarzuwerden, was geschieht, bevor Sie weitermachen und irgend etwas Törichtes tun.

Wie vertreibt man sein Produkt? Auf welchem Markt plaziert man es? Das kann eine schwere Entscheidung sein. Ich glaube fest daran, daß die Liebe einen findet, wenn man soweit ist. Die Eigenliebe, das Selbstwertgefühl und das Selbstvertrauen, das Sie entwickelt haben, magnetisiert die Seele und lockt weitere Gleichgesinnte an. Auf der anderen Seite bin ich mir klar darüber, daß es für einen Magneten ein Kinderspiel ist, Metallteile oder schlau als Silber und Gold verkleidete Dinge anzuziehen. Keine Sorge! Sie haben Grundsätze. Sie sehen klar. Sie erkennen leicht jene Dinge, die nicht rein oder massiv sind. Das ist der Segen all dessen, was Sie während dieser Reise durchgemacht haben. Sie haben Fertigkeiten und Fähigkeiten erworben, die sich einstellen, wenn Sie sie brauchen. Der Schlüssel liegt hier darin, daß Sie sich nicht davon überzeugen, aus Blech Platin machen zu können! Einer Sache einen Namen zu geben, der ihr nicht gerecht wird, ist ein altes Verhaltensschema. Von diesem Gebrechen sind Sie geheilt.

Halten Sie sich in liebevoller Umgebung auf, die Ihnen guttut, auch wenn dort nichts besonders Aufregendes passiert. Aber Vorsicht: Suchen Sie an diesen Orten nicht nach Liebe – amüsieren Sie sich dort. Gehen Sie irgendwohin, und machen Sie Dinge aus reinem Vergnügen an der Sache. Spaß haben ist eine ausgezeichnete Verkaufsstrategie für Ihr Produkt. Wenn man dem Vergnügen nachgeht, findet einen das Vergnügen auch. Wenn man nicht nach Wegen sucht, der Einsamkeit zu entfliehen, beschäftigen angenehme Erlebnisse die Gedanken. Wenn man das Wesen der Verzweiflung besiegt, das die eigene Ausstrahlung blockiert, findet man viele angenehme und freudige Aktivitäten, mit denen man die Zeit ausfüllen kann. Vergnügen ist Labsal für Seele, Verstand oder Körper – ebenso, wie es den Geist belebt. Während in der Zwischenzeit der Entwicklungs-, Lern- und Heilungsprozeß stattfindet, plazieren Sie Ihr Produkt unbedingt auf einem liebevollen, hilfreichen, von Freude und Vergnügen erfüllten Markt.

Zur Promotion des Produkts gehören Verpackung und Werbung. Die Verpackung ist in der Zwischenzeit unabdingbar. Wenn man keine Beziehung oder in einer Beziehung Ärger hat, neigt man stets dazu, es mit anderen Dingen zu übertreiben – Essen, Süßigkeiten, Alkohol und massenweise sitzenden Tätigkeiten. Bloß nicht! Sie könnten sich in der Zwischenzeit die ganze Verpackung ruinieren! Wirkungsvolle Produktpromotion heißt, dafür Sorge zu tragen, daß das Produkt in guter Verfassung bleibt. Meditieren Sie. Trainieren Sie. Beten Sie. Führen Sie Tagebuch über Ihre Gedanken. All diese Aktivitäten, einzeln durchgeführt oder beständig miteinander kombiniert, tragen zur scharfen Konturierung von Geist und

Körper bei. Besuchen Sie Kurse, engagieren Sie sich im Sozialdienst der Gemeinde, leisten Sie ehrenamtliche Tätigkeiten. Das sind großartige Methoden, um für das Produkt zu werben und es auf den geeigneten Märkten anzubieten. Und es ist eine großartige Methode, um der Zwischenzeit-Völlerei oder anderen Formen des Selbstmitleids zu entgehen.

Ein weiterer entscheidender Aspekt der Promotion ist zu wissen, wie man diejenigen erreichen kann, die man für sein Produkt interessieren möchte. Das ergibt sich weniger aus dem Ort, an den man mit dem Produkt geht, vielmehr ist es eine Reaktion darauf, wer man ist, wie man empfindet und was man denkt. Klärende, befreiende und stärkende Übungen verhindern mehr als die Zerstörung der Verpackung. Sie verbessern auch die Präsentation der Verpackung. Menschen wissen, wann man sich schlecht fühlt oder wann man wütend oder frustriert ist. Menschen haben eine Sinneswahrnehmung, die die Schwingungen eines emotionalen Leidens aufnimmt. Wir Menschen verfügen wirklich über ein emotionales Radar. Darüber hinaus bemerken Menschen zwangsläufig die sich ansammelnden Pfunde, die verfilzten Haare und die dunklen Ringe unter den Augen. Wenn sie es erwähnen, reagiert man verärgert, dabei ist es lediglich eine Warnung, daß man bei der Promotion und Werbung für die Verpackung versagt.

Sarah, die junge Frau, die mir von den vier Größen erzählte, tat das alles. Um an sich arbeiten zu können, hörte sie auf, nach einer Beziehung Ausschau zu halten oder sich Sorgen darüber zu machen, daß sie keine hatte. Sie zog von einer Stadt in die nächste. Sie wechselte die Arbeitsstelle. Sie kaufte ein Haus. Sie trat in eine Kirche ein, und sie hatte nur ein Ziel im Sinn – sich zu finden und in Ordnung zu kommen. Ja, sie wünschte sich eine Beziehung. Ja, sie ging in der Zwischenzeit aus. Ja, sie war manche Tage und Nächte einsam, niedergeschlagen und fragte sich, ob sie das Richtige gemacht habe oder nicht. Sie fragte sich, ob sie es jemals auf die Reihe brächte. Was sie nicht tat, war aufzuhören, an sich zu arbeiten, immer schön der Reihe nach, jeden Tag ein bißchen. Sie griff nicht zu Süßigkeiten als Sexersatz. Sie rief nicht ihren Ex an, um zu versuchen, ihn oder sich selber glauben zu machen, daß es funktionieren könnte. Eines Tages zahlte sich die ganze Arbeit, zahlten sich all die Tränen endlich aus. Ein feiner, gebildeter Freier vom anderen Ende der Kirchenbank ließ ihr einen Zettel zukommen. So ist es richtig! Er gab den Zettel die ganze Reihe von zwanzig oder mehr Leuten durch. Er nannte Namen und Telefonnummer und bat sie, ihn anzurufen, wenn sie Lust habe, mit ihm essen zu gehen. Sie brauchte zwei Wochen für die Antwort. Doch sie wurde nicht enttäuscht.

Die vier Größen sind eine ausgezeichnete Methode, um sich vom Erdgeschoß, wo man nicht weiß, was falsch läuft, zur ersten Etage aufzuschwingen, wo man nicht weiß, was man dagegen machen soll. Sie sind ein brauchbares Werkzeug, um all den Kram durchzuarbeiten, der einen daran hindert, von der ersten hinauf in die zweite Etage zu gelangen. Wenn man diese Methode ernsthaft auf sich und das eigene Leben anwendet, werden alle spirituellen Reiniger, die man unterwegs mitgenommen hat, in ihrer Wirksamkeit verstärkt. Man lernt, für sich und die Erfahrungen, die man sich für sein Leben wünscht, noch mehr Verantwortung zu übernehmen. Man lernt, noch mehr von der Vergangenheit aufzugeben, damit man ganz im Augenblick leben kann. Diese vier Prinzipien sind wie ein antibakterieller Reiniger, der hilft, so rasch mit dem eigenen Kram zurechtzukommen, daß der Aufstieg zur zweiten Etage garantiert ist.

Der Einsatz dieser Werkzeuge während einer Zwischenzeit-Erfahrung ist vergleichbar mit der Einstellung einer Haushälterin, einer, die weiß, was zu tun ist, und es mit überaus zufriedenstellenden Ergebnissen tut.

Darf ich Ihnen ein Geheimnis verraten? Wir haben alle dasselbe Problem. Wir alle glauben, daß wir voneinander getrennt sind. Ebenso glauben wir, daß wir von Gott getrennt sind. Solange wir in Körpern stecken, hegen wir den Glauben, daß der eine hier und der andere dort ist. Das dort ist Ihr Kram, und dies hier ist mein Kram. Wegen unserer Körper können wir die seelische Interaktion nicht wahrnehmen. Wir sind uns der Gemeinschaft im Geiste nicht bewußt. Unsere

Erfahrungen waren vielfältig und unterschiedlich. Aufgrund ganz unterschiedlicher Erfahrungen hat sich das Leben jedes Menschen verschieden gestaltet. Wir haben vielleicht nicht exakt dieselben Dinge erlebt, aber wir alle haben, aus dem Munde verschiedener Menschen, das gleiche in vielen Variationen gehört. Wir alle haben gehört: »Ich und du gegen den Rest der Welt, darum geht es« und »Entweder wir oder die anderen«. Wir alle haben gehört: »Es hat nicht mit mir zu tun!« Das sind die unbedeutenden Details, die den Glauben an die Trennung stützen.

Doch unsere Seelen kennen die Wahrheit. Seelen verlangen nach Vereinigung. Deshalb versuchen wir fortwährend, die Beziehungsgeschichte in den Griff zu bekommen. In Beziehungen fordern die höheren Mächte uns auf, zusammenzukommen, zu lernen, eins zu sein. Wenn wir die zweite Etage des Hauses der Liebe erreichen, sind wir soweit, dem Drängen der Seele nachzugeben, dem Drängen, in Liebe vereint zu sein. Inzwischen sind wir uns so klar über das, was wir tun und lassen sollen, daß wir darüber nicht mehr nachzudenken brauchen. Es ist eine unverzichtbare Zutat, die den meisten fehlt. Menschen fragen immer: »Woher soll ich das wissen? Woher soll ich wissen, wann es in Ordnung ist? Woher soll ich wissen, wann ich in Ordnung bin?« Wenn Sie fragen müssen, dann sehen Sie nicht klar und können es nicht wissen. Diese Lektion haben wir unten im Erdgeschoß gelernt! Der beste Weg, den Segen zu beschreiben, daß man seinen Kram so weit im Griff hat, um die Liebe zu erkennen, wenn man sie sieht, ist dieser Satz: »Die Schafe erkennen stets die Stimme des Hirten.«

Während Sie sich der zweiten Etage nähern, spricht die Liebe zu Ihnen. Sie flüstert Ihnen sanft ins Herz und erinnert Sie an die großartigste Vision Gottes von Ihnen und für Sie. Ihren Verstand erreicht sie mit zarten, melodischen Liedern. Die Haupttextzeile fragt: »Wie spricht der Liebhaber zum Geliebten?« Der mehrstimmige Refrain lautet: »Ich finde einen Weg, uns beide zu achten. Ich finde einen Weg, unsere Identität und Gleichheit zu achten.« Wenn die Liebe spricht oder singt, müssen Sie lauschen; andernfalls hören Sie die zarte

Stimme nicht. Wenn Sie das einmal verpassen, denken Sie plötzlich nur noch an all das, was die Liebe Ihrer Ansicht nach nicht ist und nicht bieten kann. Die Liebe möchte, daß Sie über dem Lärmen Ihrer eigenen furchtsamen Gedanken ihre Stimme erkennen und hören. Doch Ihnen muß klar sein, daß die Liebe nicht mit Ihnen streiten wird. Sie müssen lernen, ihrer Stimme zuzuhören, sie anzuerkennen und ihr zu vertrauen. Während Sie in der Zwischenzeit das Zuhören lernen, vergeuden Sie keine Zeit, und seien Sie nicht ängstlich, einsam oder unsicher.

Kapitel 10

Den Wandschrank ausräumen

Ihre Beziehung hatte lange gedauert, zweiunddreißig Jahre, um genau zu sein. Obwohl manchmal hart und schwierig, waren es alles in allem recht gute Jahre gewesen. Sie hatten gemeinsam einiges erreicht – ein schönes Heim, zwei Kinder, die inzwischen groß waren und sich gut machten. Außerdem besaßen sie ein aufstrebendes Geschäft, an dem sie zu gleichen Teilen beteiligt waren. Jeri hatte zwei höhere akademische Grade. Willie drohte andauernd, wieder zur Schule zu gehen, hatte es aber nie geschafft. Zusammen waren sie wie Touristen, die gemächlich durchs Leben gingen, taten, was sie konnten, so gut sie es konnten, und die Höhen und Tiefen und die Zeiten dazwischen, die Zwischenzeiten, spielend bewältigten. Wie alle Menschen, die so lange zusammengelebt haben, kannten sie einander ziemlich gut, gingen sich manchmal gegenseitig auf die Nerven, aber in der Not war einer immer für den anderen da. Doch dann geschah etwas. Irgendwann gegen Ende des zweiunddreißigsten Jahres begann Jeri sich zu verändern.

Menschen entwickeln Gewohnheiten. Sie machen bestimmte Dinge so und nicht anders, aber nicht, weil es anders nicht ginge. Vielmehr machen sie es so, weil Menschen sich gern an das Hergebrachte halten. Machen wir uns doch nichts vor, wir sind leicht abzurichtende Gewohnheitstiere, denen es ausgesprochen angenehm ist, bestimmte Dinge auf bestimmte Art zu tun. Wollten wir ehrlich sein, so müßten wir zugeben, daß die Art, wie wir die Dinge angehen, in der Mehrzahl der Fälle nichts anderes als der Versuch ist, Schmerzen, Unbehagen, Unvertrautem aus dem Weg zu gehen, nicht notwendigerweise in der Absicht, Dinge auf die beste oder die richtige Art zu tun – falls es so etwas gibt. Wenn wir dies berücksichtigen, können wir ehrlich behaupten, daß wir als Menschen nicht immer alles richtig machen.

Wir kürzen die Sache ab. Wir flunkern ein wenig. Wir tun, womit wir glauben, uns selber zu retten. Wir reagieren auf viele Lebenssituationen mit Furcht, unsere Antwort fällt ängstlich aus. Das ist normal und gilt für die meisten Menschen. Es galt auch für Jeri und Willie.

Jeri spielte seit langer Zeit mit Spiritualität und spirituellen Fragen. Willie sah unbeteiligt zu. Jedesmal, wenn Jeri mit einer Information oder einer Übung ankam, die hilfreich zu sein schien, schloß Willie sich an. Wenn das Ergebnis positiv war, wurde Willie nur ein wenig mehr beeinflußt – nicht überzeugt, nur beeinflußt. Jeri hingegen neigte immer stärker einer spirituellen Lebensweise zu. Wir sprechen hier nicht nur von Meditation, Gebet oder einer Phase, die Jeri durchmachte. Wir reden über die Anwendung der Prinzipien und Vorstellungen der spirituellen Lehre, die in Wirklichkeit die Art und Weise verändern, wie man sich und das Leben sieht. Jeri begann das Leben, seinen Sinn und ihre Rolle im Leben in Frage zu stellen. Jeri begann nach einem Zweck zu suchen und nach einem Weg, wie dieser Zweck auf jede einzelne Lebensphase anwendbar wäre. Willie sah noch immer unbeteiligt zu und unterstützte sie, war jedoch skeptisch. Doch als die Veränderungen so tiefgreifend wurden, daß sie sich auf ihre Art, Dinge zu tun, auswirkten, fing Willie allmählich an, sich Sorgen zu machen. Mehr als Sorgen – Willie bekam es mit der Angst zu tun.

Jeri, die Willie von ganzem Herzen liebte, sprach offen darüber, das Leben anders anzugehen, wobei sie darauf verwies, daß die bisherigen Entscheidungen und eingeschlagenen Wege ihnen jede Menge Chaos, Krisen und Dramatik beschert hätten. Zwar räumte sie ein, daß es am Ende mehr oder weniger »okay« gewesen sei, aber Jeri war überzeugt, daß es so nicht hätte sein müssen. Das Leben werde von unseren Wünschen bestimmt, mit unseren Erwartungen multipliziert, durch unsere Entscheidungen geteilt. Offensichtlich etwas, das Jeri in einem spirituellen Buch gelesen hatte, dachte Willie. Jeri beharrte darauf, daß es die Stimme inneren Rates sei, die sie eindringlich bat, einen neuen Weg zu erkunden. Jeri wollte Willie helfen, die Angst zu überwinden und zu einer, wie sie sagte, »höheren Ebene des Seins und des Bewußtseins« zu gelangen. Willie gefiel die alte Lebensweise und die Art, die Dinge zu handhaben, und sah keine Notwendigkeit für eine Veränderung. Sie seien zusammen so weit gekommen, argumentierte Willie. Sie seien keine Kriminellen. Sie hätten nie jemandem weh getan, also warum müßten die Dinge sich ändern? Jeri konnte nicht erklären, warum. »Sie tun es einfach«, wurde ihre Standardantwort, und als Jeri sich dieser Antwort immer öfter bediente, fing der richtige Ärger an.

Jeri machte nach und nach alles anders, auf eine Art, die völlig unvertraut war. Die neue Art war in der Tat so neu, daß Jeri laufend sagte: »Es muß aus meinem Innern herauskommen.« Jeri begann mehr Zeit der Lektüre von Büchern über spirituelle Dinge, dem Besuch von Kursen, Workshops und Seminaren zu widmen, lauschte in sich hinein und folgte ihrem inneren Rat. Willie war jederzeit willkommen, aber Jeri ging allein, wenn Willie sich weigerte. Nachdem das ein Jahr so gegangen war, begann Willie Theater zu machen und mit Jeri über alles und jedes zu streiten. Jeri fing an, mit größerem Bedacht vorzugehen, wollte alle Entscheidungen genauer abwägen, prüfte, bevor sie wählte, und weigerte sich, Ängsten nachzugeben, indem sie nach einem neuen Weg suchte, genau das zu tun, was sie immer getan hatten. Willie tobte! Das war lebensbedrohlich! Wenn das Leben, das man sich aufgebaut hat, plötzlich mit der Möglichkeit der Veränderung konfrontiert wird, bedeutet dies in Wirklichkeit, daß das alte Leben, die alte Art sterben muß. Willie begann einen verzweifelten Überlebenskampf!

Noch mehr Kram in den Griff bekommen

Hier ging es nicht um Liebe. Daß diese Menschen sich liebten, stand außer Frage, daran gab es keinen Zweifel. Hier ging es nicht um Untreue, entfernte Verwandte oder gar nur eine kleine Meinungsverschiedenheit. Damit schlagen Menschen sich normalerweise in Beziehungen herum. Hier ging es um einen einschneidenden Bewußtseinswandel, darum, wie er in die Wege geleitet werden sollte, welches Verhalten diese Veränderung einem selber abverlangte und wie die Umwelt auf die eigene Veränderung reagierte. Es ging um Identität, um die Frage, wer man war und wie man sich im Wissen darum verhielt. Es ging um Eigenliebe und Selbstverwirklichung. Es ging um die Verwirklichung der ganzen Persönlichkeit! Es ging darum herauszufinden, wer man war, wenn jemand anders einem sagte, wer man sein sollte.

Jeri und Willie standen vor einigen ziemlich drängenden Problemen, was die eigene Persönlichkeit und ihre Beziehung betraf. Es waren dieselben Probleme, mit denen wir alle im Haus der Liebe konfrontiert sind, wenn wir uns von der ersten in die zweite Etage begeben. Ob Sie in einer Beziehung stecken oder nicht, wenn es Ihnen mit Ihrer geistigen Entwicklung ernst ist, müssen Sie sich mit diesen Dingen auseinandersetzen – dem, was Ihnen angeboren ist, dem, was Sie gelernt haben, dem, was Sie als hinderlich und störend für die eigene Weiterentwicklung erkennen. Sie sind gezwungen, zu den Grenzen Ihres Denkens und Lebens vorzustoßen, um herauszufinden, ob die Einschränkungen in Ihrem Leben real oder frei erfunden sind und ob Sie weiter mit ihnen leben möchten. Während Sie sich mit all diesen Dingen auseinandersetzen, Entscheidungen treffen und auswählen, lernen Sie, Ihren eigenen Standpunkt zu behaupten und auf eigenen Füßen zu stehen – was letztendlich bedeutet, daß Sie von sich und Ihrem Tun überzeugt sein müssen. Für eine Beziehung heißt das, daß es nicht darum geht, dem Partner zu vertrauen, sondern darum, zu lernen, sich zu vertrauen. Auf eine kleine Herausforderung müssen Sie allerdings gefaßt sein: Es gibt keine Garantie dafür, daß das, was Sie tun, für die Beziehung funktioniert. Sie müssen der Tatsache ins Auge sehen, daß es, während Sie voranschreiten, sich geistig entwickeln und einen Bewußtseinswandel erleben, keine Garantie dafür gibt, daß Ihr Partner auf der anderen Seite des Weges, der nun richtig ist, dasein wird. Jeri verstand das, und Willie ebenfalls.

Wenn Sie jemals die Festigkeit einer Beziehung erproben wollen, bringen Sie das Thema Geld ins Spiel! Geld fördert das Schlechteste im Menschen zutage. Es aktiviert in einem Maße verborgene Eigenschaften, daß man den Menschen, mit dem man den größten Teil seines Lebens verbracht hat, möglicherweise nicht mehr wiedererkennt. Was Menschen mit Geld tun, wie sie auf Geldangelegenheiten reagieren, was sie für Geld bereit sind zu tun, ist mehr als anderes im Leben eine Sache des Charakters. Unsere Ansichten über Geld stehen in direktem Zusammenhang mit unseren Ansichten über Wert und Nutzen der eigenen Person. Das Leben war soweit, Jeri und Willie auf die Probe zu stellen, und tat es durch eine Geldangelegenheit. Unter normalen Umständen, so wie es früher gewesen wäre, hätten Jeri und Willie sich zusammengesetzt und sich über den zweckmäßigsten Weg verständigt, mit der Situation fertig zu werden und den Schaden so gering wie möglich zu halten. Wenn es bedeutete, Geld zu leihen, hätten sie es sich geliehen. Wenn es bedeutete, ein klein wenig zu schwindeln, um Zeit zu gewinnen, hätten sie sich auf eine kleine Lüge geeinigt und sie beide erzählt. Wenn der Ausweg aus der Situation hieß, sich zu verstecken, nicht ans Telefon zu gehen, andere Leute an ihrer Statt kleine Lügen erzählen zu lassen, hätten sie dies und mehr getan, um sich vor der erkannten Krise zu retten.

Bei alledem wäre es völlig normal gewesen, wie zwei kopflose Hühner herumzulaufen, sich gegenseitig die Schuld zuzuschieben und sich anschließend schlecht zu fühlen. Sie hätten sich versprochen, sich zu ändern, hätten diesbezüglich Pläne gemacht, die nur so lange vorgehalten hätten wie die Krise. Sie hätten Freunde angerufen, ihnen die ganze traurige Geschichte erzählt, sich in Ausflüchte gerettet und jede angebotene Hilfe angenommen. Das bedeutete auch, sie wären ärgerlich geworden, wenn keine Hilfe angeboten worden wäre. Am Ende hätten sie sich gegenseitig bei sich entschuldigt und mehr oder weniger so weitergemacht wie bisher. In den zweiunddreißig Jahren ihres Zusammenlebens hatten sie unbewußt einen Spickzettel mit den unter normalen Umständen anzuwendenden Maßnahmen zur Behebung einer schmerzhaften finanziellen Krise entwickelt. Doch dies waren keine normalen Umstände.

Jeri verharrte beinahe bewegungsunfähig und wollte die Situation zunächst einmal aus jedem Blickwinkel unter die Lupe nehmen. Willie hingegen wollte das Problem mit allen notwendigen Mitteln angehen. Jeri fing an zu beten – bevor telefoniert wurde, betete Jeri; bevor eine Frage beantwortet wurde, betete Jeri. Willie gebärdete sich in der Zwischenzeit vollkommen hysterisch! Es sei absoluter Blödsinn, das Denken einzustellen, um zu beten, sagte Willie. Kein Gebet könne die Welt vor dem Einsturz bewahren, Geldeintreiber davon abhalten, anzurufen oder den Gerichtsvollzieher daran hindern, das ganze Hab und Gut zu pfänden! Jeri hatte auf Willies Einwände eine gute Antwort. »Die Dinge laufen bloß nicht ganz synchron. Das heißt nicht, daß du dich verlieren mußt.« Willie fand, das war das Lächerlichste, was jemand sagen konnte, und das sagte er Jeri in wenigen wohlgewählten Worten. Jeris Reaktion war Beten.

Je mehr Jeri betete, desto schlimmer schien alles zu werden. Leute mit rechtsgültigen Dokumenten kamen im Büro vorbei und verlangten die eine oder andere Sache zu sehen. Willie hatte sich im Büro vergraben und weigerte sich, herauszukommen und mit jemandem zu sprechen. Jeri sagte allen dasselbe: »Im Moment können wir nichts tun. Bitte, dürfen wir in ein paar Tagen auf Sie zurückkommen?« Willie war zu ausgeflippt, um überhaupt zur Kenntnis zu nehmen, daß alle genau das taten, worum Jeri sie bat – sie gingen ohne Streit weg. »Was willst du in ein paar Tagen machen? Was willst du ihnen erzählen, wenn sie wiederkommen?« Jeri räumte ein, daß sie darauf im Moment auch keine Antwort wisse, aber recht zuversichtlich sei, daß, wenn man eine brauche, sie auch bekomme. »Von wem?« wollte Willie wissen. »Vom Geist«, erwiderte Jeri. »Ich habe mein Leben und diese Situation dem *Geist* übergeben.«

Wir wollen rasch Rückschau halten. Im Keller wußten Sie nicht, daß Sie ein Problem hatten. Im Erdgeschoß wußten Sie, daß Sie ein Problem hatten, und Sie lernten die Natur des Problems kennen. In der ersten Etage kannten Sie die Natur des Problems, aber Sie wußten nicht, was Sie dagegen tun sollten. In der ersten Etage lernten Sie, etwas dagegen zu unternehmen. Um in die zweite Etage zu gelangen, müssen Sie jetzt lernen, Ihr Wissen anzuwenden. Wie lernt man, verantwortlich zu sein? Das war die Erdgeschoß-Lektion. Man übernimmt Verantwortung für sich selber, indem man die volle Wahrheit sagt. Wenn man erst einmal die Wahrheit sagt, was tut man? Man gibt auf. Man hört auf zu kämpfen, hört auf, es herauszufinden. Man hört auf zu handeln, als stehe man nicht zu seinen Empfindungen. Das nennt sich Abstand. Man nimmt Abstand vom Ergebnis, steht zu seinen Empfindungen und sucht nach einem passenden Weg, ihnen Ausdruck zu verleihen. Um seine Gefühle ausdrücken zu können, muß man klarsehen. Man muß eine artikulierbare Wunschvorstellung haben. Und man muß Erwartungen hegen, nicht an die Adresse anderer, sondern an sich selbst. Man muß stets erwarten, daß man es überlebt. Man muß wissen, daß man es immer schaffen wird, ganz gleich, mit welcher Situation man gerade konfrontiert ist. Jeri hatte all diese Dinge auf der Reise durch das Haus der Liebe gelernt. Mit diesen theoretischen Daten ausgerüstet, beschenkt einen das Leben mit Situationen und Erfahrungen, bei denen man das Gelernte anwenden kann.

Wenden Sie Ihr Wissen an! Dies ist die wichtigste Herausforderung, die Herausforderung, die im Haus der Liebe den Aufstieg von der ersten zur zweiten Etage ermöglicht. Hier ist die Theorie: Wenn man etwas *kann*, tut man es. Wenn man von etwas *weiß*, versucht man es herauszufinden. Etwas können heißt, man muß über praktische Erfahrung verfügen. Man weiß aus erster Hand, wie das Wissen in die Praxis umgesetzt wird und wie man die gewünschten Resultate erhält. Wenn man von etwas weiß, was gleichbedeutend damit ist, es zu kennen, heißt das, daß man über intellektuelles Wissen verfügt. Sie haben etwas darüber gelesen, davon gehört, alles, was Sie wissen, ist an Ort und Stelle im Kopf eingeschlossen. Doch Sie besitzen keinerlei praktische Erfahrung mit der Umsetzung dieses Wissens. Sie sind, verzeihen Sie diesen Ausdruck, ein Stubenspiritist! Sie können kluge Reden darüber führen, aber selber angewendet haben Sie es noch nie! Das ist es, was uns in Beziehungen und allen anderen Aspekten des Lebens verrückt macht! Was wir tun müssen, wissen wir, aber wenn die Zwischenzeit uns erwischt, scheinen wir unser Wissen nicht anwenden zu können. Wir wissen, wir sollten mit dem Partner in einer Beziehung liebevoll umgehen und ihn unterstützen. Doch wenn wir Angst haben, wenn es so aussieht, als seien Dinge oder Menschen außer Kontrolle geraten und täten Dinge, die wir nicht verstehen, ist es schwer, weiter hilfreich zu sein. Es ist schwer, die ganze erlernte Theorie anzuwenden.

Jeri setzte die Theorie mitten in einer finanziellen Krise in die Praxis um. Sie übte, sich selber gegenüber ehrlich zu sein. Sie achtete, was sie empfand und was sie wußte. Sie war Willie gegenüber nicht unsensibel, sie ließ nur nicht zu, daß sie von ihrer eigenen Wahrheit abgebracht wurde. Sie versuchte nicht, Willie zu zwingen, die Dinge durch ihre Brille zu sehen. Wozu Willie sich auch entschloß, es war ganz prima. Jeri ging den Weg weiter, den sie für sich gewählt hatte. Das ist außerordentlich schwer – besonders, wenn man Dinge zweiunddreißig Jahre lang so und nicht anders gehandhabt hat. Jeri war genauso ängstlich, genauso unsicher wie Willie. Der Unterschied war, daß Jeri sich verpflichtet hatte, sich innerlich und äußerlich zu ändern. Und sie war willens, die Beziehung aufzugeben, um die Veränderung zu vollziehen. Willie auf der anderen Seite klammerte sich verzweifelt an das, was war – was vertraut, bequem, zweckmäßig war, nicht unbedingt an das, was am besten oder das Richtige war.

Willie begann Jeris Aktionen zu sabotieren – bewußt zu sabotieren durch das Eingehen von Verpflichtungen, die Jeri würde einhalten müssen. Indem Willie Leuten Dinge sagte, die Jeri anschließend bereinigen mußte. Natürlich belastete das ihre Beziehung schrecklich. Es war ein Willenskampf, ein Tauziehen. Willie wollte sich nicht ändern. Es war zu furchteinflößend, zu neu, zu unvertraut. Vielleicht waren die Dinge nicht immer gut gelaufen, aber sie hatten es immer geschafft, sich durchzuschlagen und durchzukommen. Sogar Willie mußte zugeben, daß es vielleicht einen besseren, einfacheren Weg zu leben gab, aber das bedeutete Arbeit – harte, furchteinflößende Arbeit. Außerdem, wer sagte überhaupt, daß dann alles besser würde? Dafür gab es keinerlei Beweis, nur die Theorie, spirituelle Theorie. Willie wußte sehr wohl, daß diese Theorie Jeris Persönlichkeit stark veränderte und manche ihrer Wesenszüge schwinden ließ. Jeri wurde distanzierter, war weniger bereit, sich etwas sagen zu lassen, Willies Gründe, warum alles so bleiben sollte, wie es war, gelten zu lassen. Jeri war nicht einmal mehr willens, zu streiten oder zu diskutieren. Sie erklärte etwas, bat um Unterstützung, und egal, was Willie sagte, Jeri lächelte, betete und ging immer weiter. Es war alles ein bißchen viel. Eine Auseinandersetzung war vonnöten. Eine abschließende Auseinandersetzung. Wenn Jeri auf Willies Sichtweise nicht einging, war das Ende unausweichlich.

Denken Sie daran, und es ist getan!

Seien Sie vorsichtig mit dem, worum Sie bitten! Und seien Sie noch vorsichtiger mit dem, was Sie denken! Auch wenn Sie nur daran denken, sich zu ändern, werden die Kräfte des Universums Ihre Bitte hören und die Räder des Wandels in Bewegung setzen. Bevor Willie ein Wort sagen konnte, gab Jeri ihm einen Brief. In dem Glauben, er habe etwas mit dem finanziellen Problem zu tun, öffnete Willie den Brief und las ihn. Er lautete:

Hallo Willie,
ich schreibe Dir diesen Brief, um Dir für all das zu danken, was Du für mich gewesen bist. Ich danke Dir für alles, was Du in

meinem Leben gewesen bist, und für die vielfältigen Beweise Deiner Sorge und Hilfsbereitschaft mir gegenüber. Wir haben viel Großartiges zusammen erlebt, und obwohl unsere Beziehung einmal liebevoll und gesund war, bin ich der Meinung, daß sie mir, meinen Wünschen oder dem Zweck, den Gott, wie ich glaube, mit meinem Leben verfolgt, nicht mehr länger dient. Inzwischen finde ich unsere Beziehung schrecklich, und ich möchte sie nicht mehr fortsetzen. Ich befreie Dich deshalb von allen bewußten und unbewußten Abmachungen, die wir in der Vergangenheit eingegangen sind, um unsere Beziehung aufrechtzuerhalten. Ohne Einschränkungen und bedingungslos vergebe ich Dir heute all Deine Handlungen, soweit sie kalt, hemmend, ungesund auf mein Leben wirkten. Ebenso erbitte ich Deine Vergebung für alle Situationen, in denen ich in Deinem Leben eine solche Rolle gespielt habe. Du bist nun frei, Dich um Dein höheres und besseres Wohl zu kümmern. Ich wünsche mir für Dich Liebe, Licht, Frieden und alle guten Dinge in Hülle und Fülle im Reich Gottes. Ich gebe Dich frei. Ich verzichte auf Deine Kraft in meinem Dasein, und ich bitte darum, Du mögest entsprechend Gottes vollkommenem Plan für mein Leben in produktive und nutzbringende Energie verwandelt werden. Ich danke Dir. Ich liebe Dich. Jeri.

Als Willie den Brief las, nahm Jeri ein altes Foto von sich, legte es in einen Schuhkarton und ging damit nach draußen auf den Hof hinter dem Haus, wo sie ein kurzes Gebet sprach, bevor sie den Karton vergrub. Sie verstehen: Willie und Jeri waren ein und dieselbe Person. Wilhelmina Jermaine Johnson, fast dreiunddreißig Jahre alt, war auf dem Weg, sich selbst zu entdecken. Sie war auf dem Weg hin zu Eigenliebe. Sie erkannte, daß ihr altes Ich und ihr neues Ich, der Mensch, der sie einst war, und der Mensch, der sie sein wollte, beide im selben Körper existierten. Das alte Ich, das verängstigte Ich, war darauf programmiert, Dinge auf eine bestimmte Art und Weise zu tun. Dabei spielte keine Rolle, als wie absonderlich oder unproduktiv diese Dinge sich herausstellten. Willie machte immer wieder das gleiche. Sie zog immer dieselbe Art von unbefriedigenden und unverbindlichen Beziehungen an. Sie zog im Leben andauernd dieselbe Art von Krisen und Chaos an. Jedesmal, wenn das neue Ich, das bewußte Ich, etwas anders machen wollte, sabotierte das alte Ich diese Bemühungen, indem es zu den alten Rezepten und den alten Denkschablonen zurückkehrte.

Willie war Wilhelmina, das ängstliche kleine Mädchen, das in einem zerrütteten Heim aufwuchs, wo die Liebe verworren aussah und sich als sehr schmerzhaft erwies. Jeri war Jermaine, die strahlende junge Frau, die willens war, alte Muster, vertraute Muster zu durchbrechen, um sich lieben und achten zu können. Wie die meisten von uns führte sie einen heftigen Kampf mit sich selbst – sie wollte sich ändern, wußte aber nicht, wie. Sie mußte Dinge auf eine andere Art tun und hatte Angst, es würde nicht funktionieren. Sie erwartete mehr von sich, wollte mehr für sich, erkannte, daß ihre bisherige Art ihr nicht die Erfüllung ihrer Wünsche beschert hatte, und fürchtete die ganze Zeit, daß sie mit einer neuen Art nicht zurechtkäme. Sie brauchte die Zustimmung und Unterstützung der Menschen, die sie liebte, erkannte aber gleichzeitig, daß sie sich mit dem alten Ich ganz wohl fühlte und Angst vor dem neuen Ich hatte. Wie für jeden von uns kam auch für Jeri der Augenblick im Leben, wo sie sich zwischen Bleiben und Gehen entscheiden mußte, dazwischen, die alte zu bleiben oder jemand Neues zu werden. Es ist eine das Innerste verändernde Erfahrung, in deren Verlauf man sich einzig und allein auf die Liebe verlassen kann. Die Liebe Gottes.

Jeri beschloß, sich zu ändern. Sie änderte ihren Namen, um anzuzeigen, daß sie einen Bewußtseinswandel durchgemacht hatte. Sie war auf Liebe aus, wobei sie erkannte, daß Liebe bedeutete, alles Bekannte, alles Vertraute aufzugeben, sogar den Namen. Das waren ihre Verhaltensmuster, ihre unbewußten Reaktionen auf das Leben. Man muß seine Verhaltensmuster kennen und in der Lage sein, zu erkennen, wann man ihnen erliegt, bevor man hoffen kann, sie zu ändern. Jeri erkannte ihre Verhaltensmuster in Beziehungen, wenn sie Männer anzog, wo sie sie anzog und wie sie sich fühlte, wenn sie aufkreuzten, und – am allerwichtigsten – was sie bereit war, zu tun, damit sie bei ihr blieben. Sie erkannte, daß, was sie bislang getan hatte, sie nicht glücklich gemacht hatte. Ihr wurde bewußt, wie sie mit Geld umging: wie sie Geld benutzte, was sie über Geld dachte, wie sie sich fühlte, wenn sie Geld hatte, und was sie von sich hielt, wenn Geld nicht verfügbar war. Warum Liebe und Geld? Weil beide von derselben planetarischen Schwingung beherrscht werden. Liebe und Geld stehen beide unter dem Einfluß desselben universalen Gesetzes, des Gesetzes von Ursache und Wirkung, das da lautet: Was man einsetzt, ist die Ursache, was man herausbekommt, ist die Wirkung. Wenn man Liebe gibt, erhält man Liebe, und was man über sich denkt, die Ursache, manifestiert sich als eigener Kontostand, die Wirkung!

Jeri wünschte sich eine engagierte Ehe, in der sie Kinder haben und großziehen wollte, ihre eigenen Kinder. Sie wünschte sich einen liebevollen, geistvollen Partner, der bereit wäre, sich zu entwickeln. Sie erkannte auch, daß sie die Liebe, die sie sich wünschte, erst bekäme, wenn sie selber diese Liebe *sein* könnte. Die Prozedur, die da hieß: »Was Liebe nicht ist«, hatte Jeri so viele Male durchgemacht, da war sie Expertin. Eines Tages, mitten im tiefsten Kummer, in einer sehr schwierigen Zwischenzeit, wurde ihr bewußt, daß es in all ihren Beziehungen ein durchgängiges Schlüsselelement gab. Es zeigte sich, egal, was sie tat oder mit wem sie es tat. Dieses Element war Jeri.

Dieses Element sind Sie. Die Kernzutat jeder Beziehung in Ihrem Leben sind Sie. Nun, hier kommt der schwierige Teil, der Teil, den zu akzeptieren wir stets Schwierigkeiten haben. Womit wir in Beziehungen, besonders in Liebesbeziehungen kämpfen, spiegelt – sehr deutlich, möchte ich hinzufügen – unseren eigenen inneren Konflikt. Warum und Wer in Heim, Familie und Firma sind immer derselbe Mensch. Leider erkennen wir nur selten, daß die Probleme, vor denen wir im Leben stehen, unsere eigenen sind. Wir erkennen das nicht, weil wir nach außen statt nach innen schauen.

Alles wurzelt in dem Mißverständnis und in dem Glauben, es fehle an Liebe. Die Probleme und Herausforderungen, vor denen wir im Leben und ganz besonders in unseren Beziehungen stehen, resultieren aus dem Mißverständnis des Zwecks der Liebe, aus einem Mangel an Liebe zu uns selber, der letztendlich bestimmt, wie stark wir Teile von uns unterdrücken. Den verängstigten Teil. Den Teil, den wir für wertlos halten. Den Teil, der in der Vergangenheit zurückgewiesen, verlassen und mißbraucht wurde. Die Energie, die wir unterdrücken – in Form von Gedanken, Empfindungen und Überzeugungen –, fällt durch Menschen und Erfahrungen mit großer Wucht auf uns zurück. Wir können uns noch so sehr verstellen und unsere Probleme auf alle möglichen Arten verschleiern, sie werden dennoch immer wieder an unsere Tür anklopfen und fragen: »Was ist wohl nötig, damit du dich damit auseinandersetzt? Was ist wohl nötig, um dich dazu zu bewegen, dich mit diesem Teil von mir zu beschäftigen?«

Ich selber hatte Beziehungen zu Menschen, die nie einer Fliege etwas zuleide getan hatten, während in ihrem Leben dauernd Zerrissenheit und Chaos herrschten. Eigentlich gehörte ich selber zu diesen Menschen! Ich gehörte zu denen, die ständig sagten: »Ich habe nie Glück in Beziehungen.« Ich dachte, daß alle guten Menschen entweder verheiratet oder tot seien! Man hat auf mir herumgehackt, mich gemieden, mißachtet und geschmäht – wie mir schien, aus keinem vernünftigen Grund. Ich dachte, das Wer und Was meiner Zwangslage seien ziemlich eindeutig. Sie waren gehässig. Sie waren verrückt. Sie hatten aus irgendeinem unerfindlichen Grund ein Problem mit mir. Ich gab mich damit zufrieden, einfach vor mich hin zu leben, die Schläge zu parieren und angesichts all dessen zu lächeln. Bis ein Freund von mir eines Tages sagte: »In deiner Welt, deiner Erfahrung, gibt es nur dich und Gott. Wenn Gott es nicht ist, der verrückt spielt, dann bist du es!«

Jeri erkannte, daß sie wieder Theater gemacht hatte. Wieder neurotisch gewesen war. Sie erkannte, daß sie von sich selber oder ihrem Leben nicht allzuviel hielt. Sie erkannte, daß sie von ihrem Verhalten in Beziehungen nicht allzuviel hielt. Sie hatte ihre Liebespartner dazu verpflichtet, sie mit allem zu versorgen, was sie selber nicht für sich getan oder sich nicht gegeben hatte. Sie hatte viel zuviel Zeit damit zugebracht, Bedingungen zu stellen, wie Liebe aussehen sollte, während sie in Wahrheit zugeben mußte, daß sie es eigentlich nicht wußte. Jeri hatte keine Ahnung, wie reine, göttliche, bedingungslose Liebe aussehen würde, wie sie wäre, weil sie sich selber diese Art von Liebe nicht gegeben hatte. Jetzt war sie soweit. Sie war soweit, die Dinge anders zu sehen und Dinge anders aufzunehmen. Aus ihren Erfahrungen hatte sie gelernt und war nun bereit, das Gelernte anzuwenden. Deshalb mußte sie Willie begraben. Als das erledigt war, begann für Jeri die Zwischenzeit. Es war eine Zwischenzeit, die dreieinhalb Jahre dauerte.

Wenn man darüber zu reden beginnt, Bruchstücke und Teile des eigenen Bewußtseins zu vernichten, erwägt man einen radikalen Wandel. Das ist nichts für zaghafte Gemüter. Er erfordert mehr als Engagement, mehr als Hingabe. Er erfordert absolutes, totales Selbstvertrauen. Es gibt keine Richtlinien, denen man folgen kann. Möglich, daß Hilfe oder Unterstützung von denen kommt, die den Weg zuvor beschritten haben, aber sie sind ihn in ihren Schuhen gegangen. Sie kennen vielleicht nicht die komplizierten winzigen Details des eigenen Modus operandi. Sie wissen nicht, wie tief verletzt oder verwirrt man ist, wie stark die eigenen Wünsche sind. Nur man selber weiß es. Deshalb muß man während des ganzen Prozesses zu sich halten. Und nur man selber weiß, ob man sich trauen kann. Das alte Ich wird im Kopf auftauchen und sagen: »O nein! Nicht schon wieder! Werden wir wieder eine dieser Phasen durchmachen? Warum sich verrückt machen? Worum geht's überhaupt?« Man gerät wirklich in Versuchung, wieder zu den alten Denk- und Gefühlsschablonen zurückzukehren. Man muß sich selber so weit vertrauen, daß man sich selbst während des ganzen Prozesses die Hand hält, ganz gleich, was geschieht.

Jeri war zu allem entschlossen, es war unglaublich. Sie ließ nichts unversucht, sich selber zu finden, sich zu lieben und ihren göttlichen Freund anzulocken. Sie machte ihre Sache sehr, sehr gut. Sie brach mit alten Verhaltensmustern. Probierte neue Dinge aus. Reagierte sehr viel anders auf das Leben. Dann kam der Test – es war ein Test auf zwei Beinen. Über Eigenliebe wußte sie nämlich schon Bescheid. Doch es kam die Zeit, da sie ihr Wissen anwenden mußte. Sie begegnete ihrem Test an einem warmen Tag in Washington, D. C. Sie spazierte über die Straße, kümmerte sich um nichts und dachte an die Liebe und den ganzen Rest. Sie ging an dem Test vorbei und bewunderte im stillen seine ebenmäßigen Gesichtszüge und die gute Figur. Nach etwa zehn Schritten rief es plötzlich hinter ihr: »Hallo, wie heißen Sie?« Jeri antwortete, nannte sich jedoch nicht Wilhelmina. Er lächelte, schüttelte den Kopf und sagte: »Ich bin so froh, Sie zu treffen, denn Sie werden meine Frau.« Jeri war schockiert! Sie war begeistert! Das war eine sehr direkte Annäherung. Interessant, immerhin. Jeri war sehr neugierig.

Er hatte alles! Das Aussehen, die Persönlichkeit, die Einstellung, den Beruf, den Körper, für den man sterben wollte – nein, halt, streichen Sie das: für den man leben wollte. Er hatte alles! Sie fingen an zu reden, machten Spaziergänge, gingen essen; sie taten alles – bis auf Sex. Jeri war wirklich in Versuchung, und er bemühte sich sehr, aber Jeri wußte sehr genau, was sie tat und was sie wollte. Kein Sex! Schluß, aus, basta! Also, was glauben Sie, was wollte dieser Mann wohl in den ersten drei Monaten ihres Zusammenseins mindestens 53 Millionen Mal von Jeri? Erraten! Sex. Nicht, daß er penetrant gewesen wäre, aber er war sehr beharrlich. »Komm, verbring die Nacht mit mir. Laß uns am Wochenende wegfahren. Kann ich die Nacht bei dir bleiben? Stimmt etwas mit mir nicht? Stimmt mit dir etwas nicht? Wie kannst du erwarten, daß ich dich heirate, wenn ich dich von dieser intimen Seite gar nicht kenne?« Es wurde sehr heftig, sehr schwer, aber Jeri gab nichts her außer ihrer Zeit!

Wenn man an sich selber, seinem geistigen Ich, zu arbeiten beginnt, wird man eine entsprechende Kraft anziehen. Nicht dieselbe, aber eine entsprechende Kraft. Die geistige Person wird eine nichtgeistige Person anziehen – eine Person, die Spiritualität für Quatsch hält. Die Person, die eine Schlankheitskur macht, wird den Freund anziehen, der korpulente Leute mag. Er erzählt Ihnen, wie gut Sie aussehen, wie gern er Fleisch auf den Knochen hat! Sie trachten nach geistigem Muskelaufbau, und was stärkt Muskeln mehr als Widerstand? Wichtig ist, sich nicht im Programm des anderen zu verfangen. Lassen Sie sich nicht unterkriegen! Halten Sie durch! Akzeptieren Sie den anderen, stoßen Sie ihn nicht weg, aber vergessen Sie nie, was Sie tun. Beten Sie, wenn der andere vor dem Fernseher hockt. Lassen Sie sich zum Essen einladen, aber nehmen Sie nur einen Salat. Die Tatsache, daß diese Person nicht denselben Weg geht wie Sie, heißt nicht, daß Sie beide nicht zusammensein können. Mit dem Widerstand fertig zu werden, der Ihre Muskeln aufbaut, ist der Lernprozeß.

Der Feind ist in mir!

Während Jeri ihre physische Widerstandskraft aufbaute, wehrte sie sich gegen eine geistige Versuchung. In ihrem Kopf schrie Willie: »Gib ihm ein bißchen! Gib ihm nur ein bißchen! Zeig ihm, wie sehr du ihn magst!« Jeri schwankte, knickte aber nicht ein. Willie verlegte sich auf eine neue Taktik: »Das ist der erste nette Bursche, dem du seit langem begegnet bist. Schau, er ist bereit zu warten. Er will mit dir irgendwohin fahren. Er bezahlt das Essen. Willst du es nicht ausprobieren?« *Nein*, dachte Jeri bei sich. Jawohl, laß es sein. Halt den Mund und hör sofort auf! Manchmal muß man einfach mit sich selber reden! Man muß sich über Angst und Schwäche hinwegreden. Man muß sich an die Wunschvorstellung und das Ziel erinnern. Man muß mit dem Widerstand des alten Ich fertig werden. Man darf die Erwartungen an sich und für sich nicht vergessen. Man muß wachsam gegenüber dem erneuten Auftauchen der Verhaltensmuster der Vergangenheit sein, die nicht zu den gewünschten Resultaten führten.

Wir wollen ganz deutlich sein: Wir reden hier nicht darüber, Sie oder die andere Person zu bestrafen. Wir reden über Ihre Zeit, darüber, daß Sie mit Ihrem Körper in Kontakt bleiben, zu Ihren Gefühlen stehen und diese Empfindungen angemessen äußern. Wenn Sie es zu eilig haben, gelingt Ihnen das alles nicht. Bei jedem Prozeß ist es das beste, Schritt für Schritt vorzugehen, immer schön der Reihe nach. Es gibt etwas, das Sie immer tun können und das Ihnen Gelegenheit gibt, sich darüber klarzuwerden, was mit Ihnen und der anderen Person geschieht – und das ist, es langsamer angehen zu lassen. Die Zeit bringt alles an den Tag, und Sie haben wirklich soviel Zeit, wie Sie brauchen, um sicher zu sein – nicht zu *glauben*, sicher zu sein, sondern zu *spüren*, daß Sie sicher sind. Solange man nichts überstürzt, wird der Körper einen niemals belügen. Wenn Sie es langsamer angehen lassen und zu Ihren Empfindungen stehen, ist die Chance sehr viel größer, daß Sie nicht in die Falle alter Verhaltensmuster tappen.

Wir halten nicht viel von einer gemächlichen Gangart. Wir leben in einer Welt, in der alles auf der Stelle verfügbar sein muß, und wir wollen auf der Stelle Liebe. Wir werden in Beziehungen verletzt und nehmen Schaden, weil wir es zu eilig haben. Man lernt jemanden kennen, und es dauert keine zwei Wochen, da geht man miteinander ins Bett, der andere hat einen Wohnungsschlüssel, man leiht ihm seinen Wagen, schon kennt er die persönliche Geheimnummer, und noch ehe man den zweiten Vornamen der anderen Person kennt, steht man schon mit gebrochenem Herzen da. Selbst wenn die Alarmglocken im Kopf schrillen, hält man nicht inne. Man weiß nicht, ob die Glocken nicht vielleicht eine Reaktion auf alte Verhaltensmuster, alten Argwohn, alte Neurosen sind oder ob es sich tatsächlich um echte Warnsignale handelt. Achten Sie stets auf die Alarmglocken, denn es sind die inneren Schutzvorrichtungen! Sie heißen Intuition. Um sie zu hören, müssen Sie sich Zeit nehmen, sich über Ihre Gefühle klarzuwerden. Sollten Sie feststellen, daß es sich bei den Glocken um alten Argwohn handelt, der hochkommt, dann müssen Sie damit fertig werden. Sie müssen auf Vertrauen bauen.

Machen Sie einen kleinen Schritt und dann noch einen, bis Sie wieder zur Ruhe gekommen sind. Sollten Sie feststellen, daß es ein Teil Ihrer Neurose ist, dann können Sie an der Neurose arbeiten.

Was denke ich hier? Was tue ich? Was will ich eigentlich? Warten Sie die Antworten in Ruhe ab, bevor Sie weitermachen. Warten Sie, bis Sie sicher sind, daß das, was Sie tun, Sie auch ans Ziel Ihrer Wünsche bringt. Das Schlimmste, was passieren kann, während Sie sich Zeit nehmen, ist, daß Sie entdecken, daß der andere tatsächlich ein gemeiner Kerl ist. Doch die Zeit hat Ihnen die Gelegenheit verschafft, sich rückzuversichern, bevor Sie emotionale Schrammen davontragen und verletzt werden.

Sie sind in solchen Situationen allerdings nicht allein. Zu einer Beziehung gehören immer zwei, so daß es wahrscheinlich ist, daß Ihr Test oder Ihre wahre Liebe mit zwei Beinen, zwei Armen und einem Namen versehen auftaucht. Wenn Sie das Gefühl haben, der andere sei zu schnell, sagen Sie einfach: »In meinem Kopf schrillen ein paar Alarmglocken, die absolut nichts mit dir zu tun haben. Ich brauche ein wenig mehr Zeit. Ich muß auf meine Gefühle Rücksicht nehmen, damit ich sicher sein kann, das Richtige für mich zu tun.« Laden Sie Ihren Kram nicht bei der anderen Person ab. Bestimmen Sie Ihre eigenen Ziele und Ihren eigenen Rhythmus, und akzeptieren Sie die Verantwortung für sich. Wenn der andere kein wahrhaft liebevoller Lehrer ist, der in Ihr Leben getreten ist, um bei Ihrer Heilung zu helfen, wird ihn die solcherart verkündete Wahrheit in die Flucht schlagen. Er wird so rasch verschwunden sein, daß Sie denken, alles sei nur ein Traum gewesen. Wenn das geschieht, dürfen Sie sagen: »Na ja, wieder einer, der nicht gepaßt hat.« Sie können auch sagen: »Gott, ich danke dir! Ich weiß, du wirst mir den passenden Lehrer und eine Beziehung schicken, die mir helfen werden, an mir zu arbeiten.« Um diese Arbeit leisten zu können, müssen Sie willens sein, nichts zu überstürzen und ein paar von den Haien, die angebissen haben, wieder ins Wasser zu werfen. Jeri war bereit dazu. Sie erzählte ihm von den Alarmglocken. Er lachte.

Lachen ist nicht ganz dasselbe wie Verschwinden, aber ein paar Tests können verwirrend sein. Jeri machte weiter – langsam. Sie sahen sich auch weiterhin, und eines Tages ging sie ein bißchen zu weit. Sie gewährte ihm einen Kuß. Richtig so, viereinhalb Monate ohne auch nur einen Kuß! Das Mädchen war wirklich ernsthaft bemüht, sich zu heilen, und er schien ein kooperativer Arzt zu sein. Sie saßen im Auto, als er sich plötzlich, aber sachte zu ihr umwandte, sie in die Arme nahm und ihr einen riesigen, langen, heißen Kuß auf die Lippen drückte. In dem Augenblick, da ihre Lippen sich berührten, setzte ihr Verstand aus. In ihrem Körper regte sich nichts. Ihr blieb die Luft weg. Sie vergaß, wie sie hieß. Das geschah allerdings, nachdem sie neununddreißig Monate nicht geküßt worden war! Im Verlauf des Kusses gingen sämtliche Alarmglocken in ihrem Kopf los. Warnung! Gefahr! Rückwärtsgang einlegen! Sofort aussteigen! So tönten die Glocken. Nur durch die Gnade Gottes rutschte sie nicht auf ihrem Sitz von ihm weg und flüchtete schnurstracks aus dem Fenster, weil das Öffnen der Tür zu lange dauern würde. Im tiefsten Innern wußte sie, daß sie auf gewaltigen Ärger zusteuerte.

So schnell er sie küßte, so rasch sagte Jeri: »Nein! Soweit bin ich noch nicht.« Wieder lachte er sie an, aber er startete auch den Wagen. In dem Moment, in dem sie diese Worte aussprach, wurde ihr bewußt, daß sie den sich selber geleisteten Eid gehalten hatte. Seine *Gefühle* waren nicht echt, und sie vertraute auf ihre Intuition. Das Risiko war groß, sehr groß, aber Jeri war bereit. Wissen Sie, was geschah? Jede Gemeinheit, zu der ein Mensch nur fähig sein kann, trat bei diesem Mann hervor. Er nannte jede häßliche Einstellung und Gewohnheit, die ein Mensch nur besitzen konnte, sein eigen! Jeri war es ein Rätsel, wie so jemand überhaupt atmen durfte. Die Beziehung dauerte noch drei Wochen. Er war die Gemeinheit in Person. Und wissen Sie, was noch? Als Jeri zu sich, nicht zu ihm, nur zu sich selber sagte: »Für mich war's das!«, verschwand er. Er rief nicht mehr an, und sie hörte nie wieder etwas von ihm.

Als alles gesagt und getan war, hatte Jeri mit einem anderen Muster gebrochen. Sie gestattete der Angst vor dem Alleinsein nicht mehr länger, ihr Leben zu beherrschen. Sie erzählte die Sache nicht ihren Freundinnen, sie stöhnte und jammerte nachts nicht, sie ging nicht los und kaufte sich die größte Schokoladentorte, die sie auftreiben konnte. Statt dessen arbeitete sie an sich. Sie wehrte sich nicht gegen ihre Traurigkeit, aber sie fühlte sich wohl bei dem, was sie getan hatte. Ihm gab sie keine Schuld. Sie redete nicht einmal über ihn. Sie dachte nach, rekapitulierte ihre Schritte noch einmal und war außerordentlich dankbar. Sie erkannte, daß es länger gedauert hätte, bis die Gemeinheit zum Vorschein gekommen wäre, wenn sie nicht in den Kuß eingewilligt hätte. Sie erkannte auch, daß sie möglicherweise nicht mehr aus der Sache herausgekommen wäre, wenn sie mehr als den Kuß zugelassen hätte, weil sie dann schon zu tief dringesteckt hätte. Jeri arbeitete weiter an ihren Neurosen – den Unzulänglichkeitsgefühlen, der Bedürftigkeit, der Selbstkritik, der Selbstverurteilung. Sie arbeitete an ihrer Karriere. Sie kam schließlich zu dem Schluß, daß sie niemals verlieren konnte, wenn sie sich Zeit nähme, auf ihren Körper vertraute und ihre Gefühle achtete! Wenn Sie sich an das Verfahren und die Prinzipien halten, können Sie nicht verlieren, und Sie merken, daß es mit Ihnen am Ende sehr viel besser steht.

Wenn Sie das Ende wissen möchten,
schauen Sie auf den Anfang!

Es ist so ein Jammer, daß wir das Leben nicht in dem Bewußtsein beginnen: »Ich bin heil. Ich bin vollständig. Ich bin vollkommen.« All dies sind wir und noch mehr. Doch leider erinnern wir uns nicht an alles, was wir waren, als wir geboren wurden. Die Gedächtnislücke verwandelt sich in Tausende von Unsicherheiten: die Angst, verlassen zu werden; die Angst vor Zurückweisung; die Angst, daß wir unzulänglich sind. Eine Unsicherheit ist ein Stück Information, an das wir uns nicht mehr erinnern. Mehr ist es nicht. Wenn die Unsicherheit Angst ist, dann ist es in Wirklichkeit die Angst, daß man etwas sehr Wichtiges vergessen hat. Wenn die Unsicherheit ein Argwohn ist, dann argwöhnt man, daß man dieselbe schlechte Wahl oder falsche Entscheidung trifft wie schon in der Vergangenheit. Da wir die Wahrheit vergessen haben, glauben wir, daß wir auf eine oder viele Arten Schiffbruch erleiden. Mehr als alles andere tragen wir diese Ängste in Beziehungen hinein. Um uns in der Überzeugung zu bestärken, daß wir nicht liebenswert seien, rufen wir uns in Beziehungen all unsere vermeintlichen Unzulänglichkeiten und Fehler ins Gedächtnis. Wir rufen die Menschen, die Situationen, die Erlebnisse herbei, die unserem Erinnerungsvermögen auf die Sprünge helfen sollen. Leider geschieht nichts anderes, als daß wir böse auf sie werden und die Möglichkeiten der Heilung verpassen.

Die Dinge, die in den Wandschränken des Verstandes und des Herzens schlummern, kommen im Laufe Ihres Lebens immer wieder zum Vorschein, weil die Liebe Sie heilen möchte. Diese Dinge tauchen in Ihren Liebesbeziehungen auf oder jedesmal, wenn Sie die Kraft oder Gegenwart der Liebe beschwören. Sie können diese Dinge Prüfungen nennen, aber tatsächlich handelt es sich um die Dinge in Ihrem Bewußtsein, die der Heilung bedürfen. Es sind die Dinge, die Sie daran hindern, die Liebe in höchster Vollendung zu erleben. Warum machen wir in Beziehungen immer wieder dieselben Fehler? Weil wir immer wieder den Menschen folgen, die uns zu helfen versuchen, uns daran zu erinnern, daß wir heil, gesund und vollkommen sind. Diese Menschen sind die Antwort auf unseren Schrei nach Erinnerung an alles, was es über die Liebe zu wissen gibt. In dem Moment, da man anfängt, sich zu erinnern, tauchen neue Menschen und neue Situationen auf, mit denen die Gelegenheit einhergeht, zu zeigen, daß man sich schon viel besser schlägt, daß man sich ein bißchen mehr erinnert. Deshalb ist es so wichtig, daß wir auf die Menschen, die erscheinen, um in unseren Heilungsdramen mitzuspielen, nicht wütend werden oder ihnen grollen. Gott schickt einem nicht immer das, was man selber für das Wünschenswerteste hält. Gott schickt einem das, was zur eigenen Heilung notwendig ist. Es erscheint auf verschiedenen Ebenen, mit unterschiedlichen Charakteren, und jedesmal löst es eine andere Empfindung aus. Ihre Aufgabe ist es, sich der Wahrheit zu entsinnen.

Wir fangen eine Beziehung an, weil wir jemanden suchen, der dieselben Dinge möchte wie wir. Wir wünschen uns jemanden, der dieselben Dinge mag wie wir. Wir wünschen uns jemanden, der dieselbe Richtung eingeschlagen hat wie wir. Irgendwo im Hinterkopf glaubt jeder von uns, daß er so schlecht nicht sein kann, wenn es dort draußen noch jemanden gibt, der so ist wie wir. Ohne es zu merken, begeben wir uns auf die Suche nach uns selbst, und wir glauben, daß wir glücklich sein werden, sollte es uns gelingen, uns zu finden. Das Problem ist, daß uns nicht immer gefällt, wer wir sind, weil wir die Wahrheit vergessen haben. Wir denken, wir müßten in Ordnung gebracht werden – nicht geheilt, aber in Ordnung gebracht. Das ist ein großer Unterschied. Wenn wir uns in anderen Menschen sehen, in Partnern, Familienangehörigen, Freunden, entwickeln wir folglich großen Eifer, sie zurechtzubiegen, statt uns selber zu heilen. Dann ist da die Frage der Ausgewogenheit. Die Liebe möchte, daß wir unsere Vorstellung von Ausgewogenheit und Ganzheit kurieren.

Das universale Prinzip der Polarität, das die Vorstellung der Ausgewogenheit erklärt, besagt, daß alles dual angelegt ist. Alles hat Pole. Zu allem existiert der ergänzende Gegensatz. Ähnlich und unähnlich sind ihrem Wesen nach identisch, aber unterschiedlich im Grad. Extreme berühren sich. Ausgewogenheit herrscht, wenn zwei verschiedene Dinge sich an den entgegengesetzten Enden einer Skala befinden, die anders aussehen und sich anders verhalten, in Wirklichkeit jedoch Extreme desselben Dings sind. Ohne diese Extreme keine Ganzheit. Wenn man beispielsweise immer pünktlich ist, wirkt man höchstwahrscheinlich auf jemanden anziehend, der keine Uhr besitzt, jemanden, der niemals irgendwo pünktlich sein kann. Wir sprechen hier über jemanden, der nicht einmal rechtzeitig pinkeln kann! Das ist Ausgewogenheit. Schauen Sie sich die universalen Gesetze an. Sie finden Licht und Dunkelheit, Oben und Unten, Gut und Böse, Männlich und Weiblich. Sie alle gehören jeweils zusammen und ergänzen sich. Sie alle gewähren Ganzheit und Vollendung.

Wenn man an dem einen Ende der Skala jemanden hat, der dreimal am Tag mit seinem Partner schlafen möchte, und am anderen Ende der Skala ebenfalls jemanden, der dreimal am Tag Geschlechtsverkehr haben möchte, dann könnten diese beiden sich auch gleich umbringen! Sie würden nie etwas schaffen! Ausgewogenheit erfordert, daß sich an dem einen Ende der Skala eine Person befindet, die Sex mag und dreimal täglich Sex haben möchte, während sich am entgegengesetzten Ende der Skala jemand befindet, dem Sex ein Greuel ist und der findet, man sollte einzig um der Fortpflanzung willen Sex haben. Die Lektion hier lautet Anerkennung, Toleranz und Harmonie. Glauben Sie nicht, daß etwas mit Ihnen nicht in Ordnung ist, nur weil Sie eine Schwäche für Sex haben oder auch nicht. Entfernen Sie Unzulänglichkeit und Angst aus Ihrem Wandschrank. Lernen Sie zusammenzuarbeiten. Darum geht es in der Liebe. Versuchen Sie nicht, eine Kopie von sich zu produzieren. Das ist keine Ausgewogenheit.

Wir suchen immer wieder nach Gleichförmigkeit, wenn Heilen Toleranz, Anerkennung und bedingungslose Liebe einander ergänzender Unterschiede erfordert. Wenn der pünktliche Mensch denjenigen heiratet, der ständig zu spät kommt, dann erhalten beide die Chance, voneinander zu lernen und sich gegenseitig zu kurieren. Der pünktliche Mensch erhält Gelegenheit, zu vermitteln: »He, du mußt zuverlässig sein! Du mußt Verantwortung zeigen! Du mußt die Zeit anderer Menschen achten!« Wer immer zu spät kommt, vermittelt: »Hör mal, sieh das nicht so eng. Das Leben ist viel zu kurz! Mach dich nicht verrückt! Wenn du da bist, bist du da!« Arbeiten die beiden zusammen, dürfte dabei wohl der folgende vernünftige Kompromiß herauskommen: »Wir werden uns bemühen, pünktlich dort zu sein, aber wenn nicht, werden wir uns deswegen nicht gleich gegenseitig umbringen! Ich mache dir keinen Vorwurf! Du wirst nicht wütend sein! Ich werde weiter mit dir sprechen! Du wirst meinen Erstgeborenen deswegen nicht zur Adoption freigeben!« Beide Seiten lehren, beide Seiten lernen und erreichen dadurch die Heilung und die Ausgewogenheit, die die Voraussetzung bedingungsloser Liebe sind. Gleichförmigkeit heilt nicht. Sie erlaubt uns, das, was wir über uns denken, was wir von uns halten, im Wandschrank zu verbergen.

Irgendwo zwischen der ersten und zweiten Etage des Hauses der Liebe müssen Sie lernen, die Menschen zu lieben, ganz gleich, was sie tun. Hören Sie auf, den Kopf auf die Tischplatte zu knallen und zu schreien, Sie könnten es nicht. Sie können es! Sie müssen! Um sich heilen zu können, müssen Sie lernen, Menschen zu akzeptieren und ihnen zu vergeben. Das ist ein Riesenschritt. Es erfordert die Bereitwilligkeit, die Menschen so zu sehen, wie Gott sie sieht – als unschuldige kleine Kinder, die den Weg nach Hause suchen. Es bedeutet, daß Sie auf das schauen müssen, was Sie tun, nicht auf das, was Ihnen angetan wird. Es bedeutet, daß Sie untersuchen müssen, warum Sie auf Menschen und Situationen so reagieren, wie Sie es tun – das heißt, warum Sie wie empfinden. Einmal im Besitz dieser Information, erkennen Sie, daß jede Erfahrung und das Resultat jeder Erfahrung nichts anderes waren als eine Chance, ein neues Reaktionsmuster zu entwickeln. Die Offenbarung ist Ihre Heilung. Diese Offenbarung leitet die Beerdigungszeremonie für das alte Ich ein.

Nach dem Verschwinden des alten und mit dem Auftauchen des neuen Ich können Sie, sobald Sie sich in einer Situation wiederfinden, die einer früheren Situation ähnelt, auf neue Art und Weise reagieren. Genau das tat Jeri. Ihre neuartige Reaktion war getragen von Eigenliebe, weil sie erkannte, daß, ganz gleich, wie gemein Menschen sich benehmen, es immer ihre, Jeris, Themen waren, die durchgespielt wurden. Dasselbe tun Menschen für Sie, um Ihnen zu helfen, Ordnung in Ihrem Wandschrank zu schaffen und Dinge wegzuwerfen. Dafür verdienen sie Ihre Liebe. Lieben Sie all jene, die kommen, um mit Ihnen in Ihren Sachen zu wühlen. Wenn Sie sie lieben, sind Sie in der Lage, sich zu vergeben. Sich zu vergeben, daß Sie es sich so schwer gemacht haben. Sich zu vergeben, so schlecht von Menschen gedacht zu haben, die Ihnen helfen wollten. Sich zu vergeben, andere aufgefordert und ihnen erlaubt zu haben, Sie ebenfalls zu verletzen. Damit zeigen Sie endgültig Verantwortung und ungefähr alles, was Sie brauchen, um in die zweite Etage aufzusteigen. PS: Jeri heiratete einen Geistlichen. Sie haben inzwischen zwei Kinder und wohnen in der zweiten Etage.

Die zweite Etage

Sie hätten nicht alles sofort machen müssen! Sie mußten nicht gleich alle Schubladen und Wandschränke leeren, alle Rollos einweichen, den Kühlschrank zum Abtauen ausschalten, überall Pfützen hinterlassen, alle schmutzigen Kleidungsstücke mitten auf den Boden werfen und das Ungeziefer ausräuchern! So schwer mußten Sie es sich nicht machen, aber Sie haben es getan. Sie haben es nicht nur getan, Sie haben es vollbracht! Sie haben es geschafft! Sie haben das ganze Haus auf Vordermann gebracht: Wäsche gewaschen, sämtliche Staubmäuse entfernt, die frischgewaschenen Gardinen aufgehängt, alle Kleidungsstücke weggeräumt und etwa zwanzig Müllsäcke hinausgeschafft. Gratuliere! Sie müßten eigentlich sehr stolz auf sich sein! Aber bevor Sie sich setzen, um sich auszuruhen, wollen wir alles noch einmal durchgehen, nur um zu sehen, ob jedes Teil an seinem Platz ist.

Kapitel 11

Ziehen Sie die Jalousien hoch, und lassen Sie ein wenig Sonne hinein

Sie waren seit dem Teenageralter ein Pärchen gewesen. Sie waren zusammen aufgewachsen. Wahrscheinlich hätten Karen und Stan einfach Freunde bleiben sollen, aber sobald in einer Beziehung Sex ins Spiel kommt, nimmt sie einfach einen anderen Verlauf. Für seine Familie war Karen wie eine Tochter, und er war für ihre Familie wie ein Sohn. Obwohl die beiden Familien sich niemals begegneten, wußten sie alles voneinander. Jeder beschäftigte sich mit jedem. Je mehr Karens und Stans Beziehung sich entwickelte, desto mehr gediehen die familiären Verstrickungen. Karen ging nach der High School aufs College. Stan ging zur Arbeit. Als Karens Familie quer durchs Land umzog, zog Stan mit. Als Karen vom College nach Hause kam, wartete Stan auf sie – er wohnte im Haus ihrer Mutter. Es war keineswegs ungewöhnlich, daß beide im Haus ihrer Mutter zusammenlebten, denn jeder dachte, daß sie jetzt irgendwann heiraten würden.

Sehr bald nach ihrer Rückkehr vom College erwartete Karen ihr erstes Kind. Damals sagte sie ihrer Mutter: »Ich werde Stan niemals heiraten, weil ich nicht in ihn verliebt bin. Ich liebe ihn, aber ich bin nicht *verliebt* in ihn. Ich weiß, er ist ein guter Mensch, aber er hat einfach keinen Antrieb. Er macht Versprechungen, die er nicht hält. Er glaubt, alle hätten ein Problem, nur er nicht. Er ist so talentiert und begabt, aber er will sich partout nicht bewerben. Ich dachte, es würde anders, wenn ich mit dem Studium fertig wäre, aber es hat sich nichts geändert.« Mutter bekam einen hysterischen Anfall! Mit einem Mann zusammenzuleben, mit dem man nicht verheiratet war, ein Kind von einem Mann zu haben, in den man nicht verliebt war, war mehr, als eine altmodische Mutter vertragen konnte. Sie versuchte es und fragte: »Wenn er zum Heiraten nicht gut genug ist, wie kann er dann als Vater deiner Kinder gut genug sein?« Karen gab ihr nie eine Antwort auf diese Frage. Sie konnte sie nicht beantworten. Die Frage war nur zu berechtigt.

Das Kind kam zur Welt, ein bezauberndes kleines Mädchen, für das Karen alles tat. Sie sorgte für das Baby, sie bezahlte die Rechnungen, sie tat alles. Nie bat sie Stan um Hilfe, und er bot sie nie an. Verstehen Sie mich nicht falsch: Er liebte seine Tochter über alles. Er hätte alles in der Welt für sie getan. Das Problem war, man mußte Stan fragen, wenn man etwas von ihm wollte. Wenn man ihn fragte, dann tat er es gewöhnlich. Wenn man ihn nicht fragte, rührte er keinen Finger. Der Mann war völlig saft- und kraftlos. Ziemlich genau um die Zeit, als ihre gemeinsame Tochter zwei Jahre alt wurde, entschied Karen, daß sie diese Beziehung nicht mehr länger wollte. Nicht, daß sie Stan direkt leid gewesen wäre, aber sie konnte schlicht und einfach nicht mehr! Außerdem hatte Karen zunehmend den Eindruck, als sei sie in der Beziehung ohnehin auf sich gestellt. Stan versprach ständig, er werde sich einen besseren Job suchen, aber er tat es nicht. Er redete ständig darüber, was er tun wolle, um sich ein besseres Leben aufzubauen. Er tat nichts von alledem.

Was er machte, war, sich über andere zu beklagen und darüber, daß er nie eine anständige Chance bekommen habe. Er redete davon, daß er ein besserer Vater sein wolle, aber freiwillig tat er kaum das Notwendige. Vor allem war Stan sehr launisch. Übellaunig ist eigentlich der bessere Ausdruck. Ein um den anderen Tag wußte Karen nicht, was sie sagen, wie sie sich verhalten oder was sie denken sollte; sie wollte Stans Gefühle nicht verletzen oder ihm Anlaß geben, tagelang stumm zu schmollen. Karen und Stan lebten mehr wie Bruder und Schwester zusammen, die eine jüngere Schwester großzogen, als wie ein Paar mit Tochter. Vielleicht, weil sie nicht verheiratet waren. Vielleicht, weil beide, obwohl körperlich anwesend, in der Beziehung gar nicht präsent waren.

Sagen Sie, was Sie sagen wollen!

Karen dachte, sie hätte Stan wirklich klargemacht, daß sie mit ihm fertig und nun bereit sei, zu handeln. Stan war sich hundertprozentig sicher, daß er diese Beziehung wollte und daß er alles in seiner Macht Stehende tun würde, um sie zu behalten – wie all die anderen Male, als er gesagt hatte, er werde etwas tun. Alles, was Karen denken konnte, war: »Jaja, schon gut!« Plötzlich erstrahlte alles in hellem Licht! Sehr zum Erstaunen und zur Freude Karens begann Stan ihr überall im Haus etwas mehr zur Hand zu gehen. Er half ihr mit dem Baby ein bißchen mehr. Er machte alles, wovon er glaubte, daß es Karen gefallen würde. In einem Augenblick der Schwäche – ja, auch in der zweiten Etage kann einen die Schwäche ereilen – ließ sich Karen erweichen und willigte ein, es noch einmal zu versuchen. Der Versuch dauerte drei Wochen und gip felte in Karens Ankündigung, sie werde mit dem Baby aus dem Haus ihrer Mutter ausziehen. »Und was ist mit mir?« fragte Stan. »Mit dir?« erwiderte Karen. So sanft und liebevoll wie möglich gab Karen Stan zu verstehen, daß es sie künftig nichts mehr angehe und auch nicht mehr interessiere, was er tue. Unnötig zu sagen, daß Stan über die Ankündigung oder die Situation nicht allzu erfreut war. Sagte er Karen, was er empfand? Nein. Fragte er, wie sie künftig die Kinderpflege, Besuche und alles Weitere regeln würden? Nein. Statt dessen verlor Stan seine Arbeit! Er wurde gefeuert, weil er einem Aufseher frech die Meinung sagte.

Aus dem persönlichen Problem wurde nun ein weiteres Problem der Familie – Stan hatte kein Geld. Er konnte nicht ausziehen. Sie wohnten im Haus ihrer Mutter. Karen bereitete alles für den Umzug vor, und ihre Mutter stand kurz davor, den Verstand zu verlieren! Aber wie jede gute Mutter hielt sie den Mund! Karen war soweit, allein auszuziehen, aber wie konnte sie Stan im Haus ihrer Mutter zurücklassen? Wenn er sonst schon nichts war, so war Stan doch ihr Freund, und Freunde helfen einander immer aus der Patsche. Karen sagte Stan, er könne mit ihr kommen, einfach so lange, bis er selber klarkomme, einen neuen Job habe und wieder auf eigenen Füßen stehe. Stan erwiderte, er wolle keine Last sein. Karen war hin und her gerissen, ob sie sich für Stan verantwortlich fühlen solle oder nicht. Karen wollte handeln und ein neues Leben beginnen. Stan schien an einem Schritt in diese Richtung nicht sonderlich interessiert zu sein. Die Folge war, daß Karen versuchte, ihn zu umgehen. Sie fing an zu sparen und begab sich auf Wohnungssuche. Sie leistete auch eine Anzahlung, überlegte es sich dann aber wieder anders. Sie fühlte sich schuldig, weil Stan die ganze Zeit herumsaß. Das Schuldgefühl wurde so stark, daß sie Stan mitnahm, ohne weiter über ihre gemeinsamen Pläne oder die Beziehung zu sprechen.

Wenn man Menschen nicht gestattet, für sich selber verantwortlich zu sein, werden sie die Verantwortung von sich aus kaum übernehmen. Wenn man für sie tut, was eigentlich sie selber für sich tun müßten, dann, glauben Sie mir, werden sie einen gewähren lassen. Wenn man eine Entscheidung trifft und sie nicht in die Tat umsetzt, wird das, was man beschlossen hat, nicht passieren. Wenn man sich selber nicht achtet, werden es andere kaum tun. Wenn man andere Menschen, ihre Wahl, ihre Entscheidungen, nicht respektiert, wird man reichlich Schwierigkeiten haben, sich selber zu respektieren. Verantwortung für andere zu übernehmen, Entscheidungen nicht zu verwirklichen, sich selber nicht zu achten, sich nicht auf eine Weise zu präsentieren, die andere respektieren können oder wollen, führt zu emotionaler Lähmung – man weiß zwar, was man tun soll, aber man weiß nicht, wie. Und genau deshalb ist man hier in der zweiten Etage: um es zu lernen und zu üben.

Sie haben sehr hart daran gearbeitet, es so weit zu bringen, und Sie haben ausgezeichnete Arbeit geleistet. Wahrscheinlich sind Sie jetzt müde, sehr müde. Das ist nicht weiter verwunderlich. Doch falls Sie sich an die Lektionen der ersten Etage erinnern, dann wissen Sie, daß Sie, um so weit zu kommen, ein guter Schüler sein müssen. Deshalb dürfte Ihnen bekannt sein, daß die guten Schüler immer die schwierigsten Prüfungen zu bestehen haben. In dieser Etage des Hauses der Liebe lautet daher Ihre Mission, Ihr Wissen anzuwenden und immer, in jeder Situation, unter allen Umständen, Ihren Kenntnissen entsprechend zu handeln. Ihr Ziel lautet Beherrschung. Sie haben die Theorie gemeistert, jetzt müssen Sie sich in der Praxis bewähren. Schütten Sie alle Reiniger in den Eimer, das heißt in Ihren Verstand, und lassen Sie sich im Leben von dieser Kraft leiten. Richtig, den Großteil dieser Arbeit haben Sie auf den unteren Etagen bereits erledigt. Doch jetzt erledigen Sie sie auf einer anderen Ebene, aus einer höheren Warte des Bewußtseins heraus. Sie erledigen sie aus einem Bewußtsein der Liebe heraus – der Eigenliebe und der bedingungslosen Liebe.

Sie haben doch alles, was nötig ist!

Das Leben in der zweiten Etage wird ein Kinderspiel, der reinste Tanz sein, denn Sie verfügen über sämtliche Informationen, die Sie möglicherweise brauchen, um mit beinahe jeder Situation fertig zu werden. Sie wissen, daß Liebe alles heilt, und während des Aufenthalts in der zweiten Etage besteht Ihre Arbeit darin, die Technik beherrschen zu lernen, wie Sie die Liebe – zunächst die Eigenliebe und dann die bedingungslose Liebe zu allen Beteiligten – auf jede Situation anwenden. Sollten Sie aus irgendeinem Grund irgendwann die notwendige Liebe vermissen lassen, finden Sie sich emotional gelähmt wieder. Sie sind zu jeder Vorwärtsbewegung unfähig. Sie sind unfähig, eine Entscheidung zu treffen, oder Sie sind nicht in der Lage, getroffene Entscheidungen umzusetzen. Warum? Weil die Liebe sich von Ihnen nicht mehr an der Nase herumführen läßt! Wenn Sie sich und andere wirklich lieben, stehen Sie zu Ihrem Wort.

Die Ankunft in der zweiten Etage bedeutet nicht, daß die natürlichen, normalen, emotionalen Reaktionen auf das Leben und seine häufig an den Nerven zerrenden Situationen nun der Vergangenheit angehören. Sie bedeutet lediglich, daß man sich von einem Aufruhr der Gefühle nun rasch erholt, weil man die Liebe auf die Situation anwendet. Was die Liebe hier tun soll? Das ist das Mantra der zweiten Etage, das Gebet, das Sie im Angesicht jeder Not sprechen. Imstande zu sein, Liebe auf eine Situation anzuwenden, heißt nicht, daß man ein Waschlappen, ein Schwächling oder ein leichtes Opfer ist. Es heißt einfach, daß man alles aus einem Bewußtsein der Liebe heraus tut, statt sich von Angst, Wut oder Verwirrung leiten zu lassen. Wenn Sie jetzt einen Moment über Ihre haushälterischen Pflichten nachdenken, dann wissen Sie, daß die letzte, abschließende Aufgabe, bevor das Haus blitzsauber ist, häufig die schwierigste ist. Lange Zeit haben Sie so viel getan, jetzt möchten Sie einfach ausruhen. Sie wissen auch genau, daß, wenn Sie es jetzt nicht tun, die Arbeit liegenbleibt und Sie sie morgen tun müssen, wenn Sie sich möglicherweise schlechter fühlen als im Augenblick. Also heißt es alle Kräfte sammeln, diese letzte Winzigkeit in Angriff zu nehmen und Licht ins Haus zu lassen.

Es werde Licht!

Licht ist Wissen. Wo Unwissenheit ist, herrscht Finsternis. Licht bedeutet die Gegenwart des Tages, wo Dinge sichtbar und einsehbar sind. Licht ist die Macht Gottes, die Gegenwart des Lebens, die erhält, hegt und pflegt. Während Sie lernen, all das anzuwenden, was Sie auf den unteren Etagen gelernt haben, bringen Sie denen das Licht, die die Reise noch gar nicht angetreten oder erst ein Stück des Weges geschafft haben. Während Sie die Prinzipien auf Ihr Leben anwenden und es allmählich eine neue Richtung einschlägt, bringen Sie das Licht der Hoffnung jenen, die Ihnen zusehen. Doch wenn Sie alten Gewohnheiten, alten Gedanken, alten Ängsten erlauben, ihr Unwesen zu treiben, und sich von ihnen leiten lassen, tanzen Sie in Wirklichkeit mit der Finsternis! Das möchten Sie nicht. Der Tanz mit der Finsternis kann Sie mit einem Tritt wieder ins Erdgeschoß oder in die erste Etage befördern. Dort wollen Sie auf keinen Fall sein! Sie wollen genau dort sein, wo Sie jetzt sind. Falls dem so ist, müssen Sie Ihr Wissen mit allem nötigen Eifer anwenden und dürfen sich nicht von alten Handlungsmustern lähmen lassen.

Etwas zu sagen, ohne es durch Taten zu untermauern, heißt, daß Sie aus dem einen oder anderen Grund gelähmt sind. Vielleicht haben Sie nicht die ganze Wahrheit gesagt. Oder vielleicht sehen Sie nicht klar und haben Ihre Wunschvorstellung aus dem Blick verloren. Das passierte Karen. Aus Angst, Stan aufzuregen oder ihm weh zu tun, verschwieg Karen ihm, was sie wirklich empfand. Sie übernahm Verantwortung für ihn und sein Leben, ohne die volle Wahrheit zu sagen – daß sie der Beziehung entwachsen war. Karen hatte ihre Arbeit getan und durchschritt das Haus der Liebe. Sie hatte die zweite Etage ordnungsgemäß hinter sich gebracht, war jedoch in eine Beziehung mit jemandem verwickelt, der im Keller wohnte, andere für seine Lage verantwortlich machte und glaubte, jeder andere, nur nicht er selber, sei das Problem. Kann jemand, der auf einer der oberen Etagen wohnt, eine Beziehung mit jemandem aufrechterhalten, der auf einer unteren Etage lebt, jemandem, der seine Arbeit noch nicht vollständig erledigt hat? Absolut – jedenfalls manchmal!

Strecken Sie die Hände aus,
und fühlen Sie – aber fallen Sie nicht!

In einer Beziehung zwischen zwei Menschen, die auf unterschiedlichen Etagen leben, liegt der Schlüssel in der Fähigkeit, seinen Mittelpunkt nicht zu verlieren. Sind Sie in der Lage durchzuhalten, ohne sich in den Angelegenheiten Ihres Partners zu verheddern? Wenn wirklich Liebe im Spiel ist, hilft sie beim Auffinden eines gemeinsamen Raums, einer gemeinsamen Basis, auf der Sie stehen können. Für Sie besteht der knifflige Teil möglicherweise darin, daß Sie nicht zu überzeugen versuchen, daß er das tun müsse, was Sie tun. Für den anderen besteht der schwierige Part darin, daß er sich durch Ihr Handeln nicht bedroht fühlt. Die Liebe sorgt für eine ausgewogene Situation. Der Widerstand stärkt Ihre geistige Muskulatur. Doch seien Sie auf der Hut, daß Unterschiede sich nicht zum Konflikt auswachsen. Karen verhedderte sich leider. Das Ergebnis war Lähmung.

Von Menschen zu verlangen, etwas zu tun, wozu sie nicht imstande sind, ist nicht liebevoll. Was jemand kann, erfährt man, wenn man ihn bei seinem Tun beobachtet. Manche bitten um Hilfe. Sie geben gern zu, daß sie nicht wissen, was sie machen sollen, und daß sie dankbar wären, wenn ihnen jemand helfen würde, es herauszufinden. So jemand lebt in der ersten Etage. So jemand zeigt wenigstens ein wenig Interesse daran, die Dinge auf die Reihe zu bekommen. Ob er es tatsächlich schafft, ist eine andere Geschichte. Keller-Lektion: Bereitwilligkeit. Es gibt Situationen, in denen der bloße Wille genügt. Das Leben und das Universum geben einem den Schub, den man braucht. Stan bat nicht um Hilfe oder Unterstützung, ein klares Zeichen dafür, daß der Wille bei ihm nicht vorhanden war. Vielleicht war er sich, wie die meisten Kellerbewohner, nicht einmal bewußt, daß er Hilfe brauchte. Das Liebevollste, was Karen hätte tun können, wäre gewesen, in ständigem Kontakt mit Stan zu bleiben und ihn, so gut es ging, in das Was, Warum und Wann ihrer wahren Empfindungen einzuweihen. Sie mußte sich eingestehen, was sie empfand, und es ihm zu verstehen geben. Dann hätte sie weiterhin klargesehen. Dann wäre ihrer Lähmung vorgebeugt worden. Dann wären die Kraft und Gegenwart der Liebe beschworen worden. Wer in der zweiten Etage des Hauses der Liebe wohnt und lernt, sein Wissen in die Praxis umzusetzen, der muß die Kraft und die Gegenwart der Liebe in jedem Augenblick in Anspruch nehmen. Wer es nicht tut, findet sich unten auf der Treppe zwischen erster und zweiter Etage wieder, wie er sich seinen Weg durch noch mehr eigenen Kram bahnt. Genau das passierte Karen, und beinahe wäre es Faye passiert.

Glauben Sie, was Sie glauben möchten!

Tim war Arzt, Faye war Krankenschwester. So lernten sie sich kennen. Sie war eine engagierte, sehr fähige Schwester, und er war ein aufstrebender Stern am Chirurgenhimmel. Tim gefiel die Art, wie Faye arbeitete. Sie war konzentriert. Sie war gründlich. Er fand, sie arbeiteten gut zusammen, und er verlangte immer, daß sie zum Dienst eingeteilt wurde, wenn er im Operationssaal war. Eines Tages – die beiden arbeiteten jetzt fast ein Jahr zusammen – lud er sie für den Abend zum Essen ein. Es war wunderschön, also wiederholten sie es. Tim zog sie immer damit auf, daß sie so still sei. Doch es gefiel ihm, denn er war ein großer Redner. Was Tim nicht wußte, war, daß Fayes Schweigen anerzogen war. Sie war in einem Elternhaus aufgewachsen, in dem ihr Vater ihre Mutter vollkommen, manchmal sogar körperlich beherrscht hatte. Tim erkannte nicht, daß man wie das wird, was man vor Augen hat. Er wußte es nicht, und Faye hätte nicht gewagt, darüber zu sprechen.

Faye hatte ihre Mutter in den Jahren geistigen, emotionalen und manchmal auch körperlichen Mißbrauchs beobachtet. Fayes Vater arbeitete in einem Holzlager, schaute sich Baseballspiele an und trank Bier. Für Fayes Vater hatte alles einfach richtig zu sein. Er verlangte, daß Dinge so und nicht anders zu sein hatten. Leider vergaß er, ihrer Mutter zu sagen, was genau er meinte, und sie hatte zuviel Angst zu fragen. In vielerlei Hinsicht ging es Faye mit Tim ähnlich. Daß alles einfach so, einfach richtig zu sein hatte. Für Faye sprach immerhin, daß sie mehr oder weniger herausgefunden hatte, was Tim zufriedenstellte. Dennoch hatte sie das Gefühl, er habe Befehlsgewalt über sie, Gewalt, über die sie nicht sprechen konnte und von der sie nicht wußte, was sie dagegen machen sollte. Als er sie also bat, ihn zu heiraten, beziehungsweise als er ihr sagte, daß sie ihn heiraten würde, gehorchte sie.

Um die Zeit, als sie aus den Flitterwochen zurückkehrten, fragte Faye sich allmählich, ob sie das Richtige getan hatte. All ihre Freundinnen sagten, sie habe das Richtige getan. Ihre Mutter sagte, sie habe. Seine Mutter sagte, sie habe. So ein ruhiges kleines Ding, verheiratet mit einem Chirurgengenie! Wie konnte sie sich geirrt haben! Es war eine große, wunderschöne Hochzeitsfeier, denn Tim und seine Familie bezahlten alles. Wie konnte das falsch sein? Aber da war dieses Gefühl in ihrem Bauch, da waren Alarmglocken in ihrem Kopf, die ganz leise läuteten. Anfangs wehrte Faye sich, aber als sie merkte, wie sie sich verschloß, war sie bereit, näher in Augenschein zu nehmen, was sie empfand. Im Laufe der Monate wurde das Gefühl immer ausgeprägter. Tim war mehr als dominierend. Er schalt sie heftig. Er schalt sie so sehr, daß sie eine Minute brauchte, bis sie begriff, daß tatsächlich sie gemeint war. »Gott, du bist so eine gute Krankenschwester, wieso hast du dir nicht die Zeit genommen, Ärztin zu werden? Du hättest Ärztin sein können. Dann hätten wir wirklich zusammenarbeiten können.« – »Dein Haar ist hübsch, aber wenn es kürzer wäre oder wenn du Strähnchen hättest, sähe es viel netter aus.« Solche Dinge eben. Laut Tim war Faye immer in Ordnung, aber eben nicht gut genug.

Was sie nie so recht verstand, war, daß er ihr eigentlich niemals Komplimente machte, um ihr zu helfen, ein besserer Mensch zu werden. Obwohl Tim oft sagte: »Ich will dir helfen, ein besserer Mensch zu werden«, hatte Faye noch nie herausgefunden, was mit ihr so, wie sie war, nicht stimmte. Sie fand nicht, daß etwas nicht stimmte, aber wenn ihr Mann sagte, sie müsse dies oder das tun, dann sollte sie es vielleicht. Das Problem ist, sie wußte, was ihre Ohren hörten. Ihr Verstand begriff, aber ihr Körper schrie: Alarmstufe eins! Alarmstufe eins! Je mehr sie das Signal zu ignorieren versuchte, desto lauter schrillten die Alarmglocken. Fayes innerer Alarm wurde so laut, daß sie anfing, Nesselfieber zu bekommen. Der Körper lügt niemals. Er sagt einem auf jedem Abschnitt des Weges genau, was man braucht. In der zweiten Etage muß man zuhören. Man muß nachforschen. Man muß die Ursache des

Alarms ausfindig machen und auf die Information reagieren. Faye war neu auf der zweiten Etage, und sie hatte nichts von alledem bislang richtig herausgefunden.

Man kann die Wahrheit nicht verbergen!

Nachdem sie drei Jahre verheiratet waren, drang Tim immer heftiger darauf, daß Faye aufhören sollte zu arbeiten, um Kinder zu bekommen. Laut Tims Zeitplan war die Zeit reif für Nachwuchs. Jedesmal, wenn er es sagte, gingen in ihrem Kopf sämtliche Alarmglocken an. Faye war wie gelähmt. Sie wußte nicht, warum, aber sie wußte, daß sie noch nicht soweit war. Tim nahm Faye die Antibabypille weg, denn er war der Ansicht, es sei Zeit. Weil Faye wußte, daß es für sie noch nicht Zeit war, besorgte sie sich von einem anderen Arzt ein neues Rezept und bewahrte die Pillen im Krankenhaus in ihrem Spind auf. Sie fragte sich, wann Tim wohl merken würde, daß sie die Pille nach wie vor nahm. Das Nesselfieber wurde schlimmer, und die Alarmglocken läuteten weiter. Es dauerte vier Monate, bis er sie zur Rede stellte. »Was stimmt nicht mit dir? Warum kannst du keine Kinder bekommen?« Bevor sie überhaupt einen klaren Gedanken fassen konnte, schwirrte ihr der Kopf vor lauter Alarmglocken, Warnlampen und Nesseln. Da sie nicht nachdachte, sprudelten ihr die Worte einfach irgendwie aus dem Mund, und zwar recht vernehmlich: »Ich will deine Kinder nicht. Ich mag dich nicht einmal. Du bist zu sehr wie mein Vater!«

Tim war fassungslos! Nein, er war schockiert! Nein, verletzt! Streichen Sie das, sein Ego war viel zu mächtig, um verletzt zu sein. Er war erbost! Die Alarmglocken waren verstummt, und Faye spürte, wie die Nesseln verschwanden. Wenn man erst einmal den Mut gefaßt hat, zu sagen, was man sagen muß, stellt sich der restliche Mut, den man noch braucht, gleichfalls ein. Tim fragte, was sie meine. Wenn Sie etwas nicht wissen wollen, dann fragen Sie nicht danach! Tim fragte. Faye sagte es. Sie sagte ihm, sein Benehmen sei erniedrigend und arrogant. Er sei ein Egomane, fuhr sie fort. Sodann ließ sie ihn wissen, daß ihr seine hilfreichen Hinweise und Tips, wie sie sich bessern könne, auf die Nerven gingen. So wütend Tim war, er hörte zu, er hörte tatsächlich zu. Dann sagte er Faye, sie leide unter hormoneller Unausgeglichenheit, vielleicht, weil sie die Antibabypille abrupt abgesetzt hatte. Er sagte, er werde ihr ein Rezept für etwas besorgen und sie solle eine Weile keinen weißen Zucker zu sich nehmen. Sie schaute ihn an, als seien ihm plötzlich zwei Köpfe gewachsen, schimpfte ihn einen Idioten und stürmte aus dem Zimmer. Irgendwo im Hinterkopf dachte Tim bei sich: »Sie ist schwanger. O mein Gott, sie ist schwanger! Deshalb hat sie diese Stimmungsschwankungen!« Manche Leute werden auf dem Weg in die Zwischenzeit taub!

In den nächsten Tagen sprachen sie kaum miteinander, das heißt, Tim unterließ jeden Versuch, an Faye oder ihrem Erscheinungsbild herumzubessern. Aber zwischen ihnen herrschte derart dicke Luft, ja, es lag so viel in der Luft, daß man es sehen, förmlich mit Händen greifen konnte.

Tim wurde ein wenig nervös. Das sehe Faye gar nicht ähnlich, beklagte er sich bei seiner Mutter. Er hatte die kleine Auseinandersetzung ganz anders aufgenommen, was er seiner Mutter auch erzählte. Beschädigte Ware habe er erhalten! Nie mache sie etwas selber, solange er ihr nicht sage, wie sie es machen solle! Sie sei so klug, aber nie bemühe sie sich um eine bessere Stellung, und nie habe sie etwas erreicht, was der Rede wert sei! Ja, sie sei Krankenschwester, aber das seien glorifizierte Kittelköniginnen. Geschickt vielleicht, aber seine Frau müsse Chirurgin sein. Sie habe das Zeug zur gutbezahlten Chirurgin. Statt dessen gebe sie sich damit zufrieden, die Zweitbeste zu sein. Habe er einen Fehler gemacht? Ja! Er redete so laut, daß er nicht hörte, wie Faye ins Zimmer kam. Das war der erste Fehler. Der zweite waren die Worte: »Hallo, Schatz, kann ich was für dich tun?«, obwohl er *wußte*, daß sie nicht mit ihm sprach.

Tims Mutter gehörte zu der Sorte Mütter, die den einzigen Sohn nicht traurig sehen wollen, zu der Sorte, denen der Gedanke nicht gefiel, daß irgendein kleines Mäuschen, dessen Hochzeit sie bezahlt hatte, dem einzigen Kind, das es so weit gebracht hatte, weh tat. Sie fand, daß zwischen Faye und ihr ein Gespräch von Frau zu Frau notwendig sei. In Wirklichkeit sagte sie: »Ich werde mir diese Göre vorknöpfen!« Nun gut, sie sagte ihrem Sohn natürlich nicht, daß sie mit seiner Frau reden wolle; sie dachte nur, daß sie mit ihr reden und ihr den Kopf waschen müsse. Außerdem wurde sie älter und wünschte sich ein paar Enkelkinder, deren Pflege sie ihre Zeit widmen könnte, bevor ihr sämtliche Zähne ausfielen!

Ob Faye bewußt sei, was für einen Fang sie gemacht habe, wollte Tims Mutter wissen. Es gebe Hunderttausende Frauen, die stolz darauf wären, mit einem glänzenden Chirurgen verheiratet zu sein. Und wahrscheinlich gebe es doppelt so viele, die wüßten, wie man ihn behandeln müsse. Ob sie sich ihres Glücks bewußt sei? Ob ihr bewußt sei, wie gut er sie behandle? Die Alarmglocken schrillten und verstummten dann. Faye war weder wütend noch betrübt. Sie sah ganz klar. Sehr, sehr klar. Zum ersten Mal seit langem sah sie sehr klar, weil sie wirklich aufnahm, was Tims Mutter sagte. Man muß nämlich dem zuhören, was die Menschen sagen, nicht dem, was man hört. Man muß auf die Worte achten, nicht auf den Tonfall, in dem sie gesprochen werden. Hören Sie den Fragen zu, die Menschen stellen, wenn sie aufgebracht oder betrübt sind, denn diese Fragen enthüllen, was der andere für ein Mensch ist, was er von Ihnen hält und was sie selber von sich halten.

Beherrschung stärkt das Herz

Faye hörte zu. Sie hörte, und sie sah. Sie begriff, daß sie bislang weder Selbstanerkennung noch Eigenliebe beherrschte. Folglich hatte sie Beschimpfungen, Erniedrigungen und Unterdrückung hingenommen. Weil ihr nie klar gewesen war, was sie von einer Beziehung eigentlich erwartete, akzeptierte sie das Erstbeste, das sich ihr bot, ohne wirklich zu wissen, was es war. Weil sie beobachtet hatte, daß ihre Mutter und ihr Vater das gleiche getan hatten, glaubte sie, es ebenfalls tun zu müssen. Faye hatte die meiste Zeit ihres Lebens damit zugebracht, das zu tun, was andere von ihr verlangt hatten. Als sie schließlich aus diesem Verhaltensmuster ausbrach, waren die Menschen ärgerlich auf sie. Also, das ist das wirklich Schöne, wenn man es in die zweite Etage schafft – hier zu leben bedeutet nicht, daß man nie mehr im Leben mit sich selber oder in einer Beziehung ein Problem hat. Doch da man lernt, wie man Dinge anpackt, weiß man, was zu tun ist, wenn beim Leben in der zweiten Etage etwas an die Oberfläche kommt, und man ist willens, es zu tun. Das Wie, das man schließlich lernt, heißt: mit Liebe. Tun Sie es mit Liebe, und tun Sie es sofort! Faye packte ihre Sachen und ging.

Faye wußte, daß es soweit war, sich ein wenig Zeit für sich zu nehmen. Da sie sich bewußt war, im Haus der Liebe zu wohnen, wußte sie, daß sie ein paar Schritte versäumt hatte und noch einmal zurückgehen mußte, um ein paar Dinge ins reine zu bringen. Das hatte in Wahrheit nichts mit Tim zu tun. Er brachte Faye gegenüber nur das zur Sprache, was sie selber von sich gedacht hatte. Sie wußte das und akzeptierte es. In der zweiten Etage beherrscht man nämlich Akzeptanz und ist willens, sie zu leben. Wie funktioniert das? Man wird nicht sauer auf Menschen, die einem sagen, was man schon weiß. Man übt sich nicht in Verweigerung oder rettet sich in die Auffassung, andere dürften einem gewisse Dinge nicht sagen. Jeder ist frei zu sagen, was er will! Das Problem ist die eigene Reaktion. Faye unternahm Schritte in Richtung einer Selbstkorrektur. Sie war nicht ganz sicher, ob sie die Ehe beenden wollte, aber sie wußte, daß sie ein wenig Zeit und Platz brauchte, um darüber nachzudenken. Sie nahm sich drei Wochen. In dieser Zeit ging sie nicht zur Arbeit. Sie sprach kein Wort mit Tim. Sie ließ ihm jeden Tag eine Nachricht zukommen, nur um ihn wissen zu lassen, daß es ihr gutgehe und daß sie sich bald aussprechen würden.

Vier Wochen nach dem Gespräch von Frau zu Frau redete Faye mit Tim. Zuerst bat sie ihn um Vergebung, daß sie ihn so plötzlich verlassen habe. Ausgezeichnetes Zweite-Etage-Verhalten: Sagen Sie die Wahrheit, geben Sie zu, daß Sie einen Fehler gemacht haben. Entschuldigen Sie sich nicht für das, was Sie tun mußten, aber bitten Sie um Verzeihung dafür, dem anderen Ungemach bereitet zu haben. Anschließend sagte Faye Tim genau, wie sie sich fühlte. Sie sagte ihm genau, was sie wollte. Sie sagte ihm, was sie zu tun gedenke, um das Gewünschte zu bekommen. Dann sagte sie Tim, was sie bei alledem von ihm erwarte, und bat ihn – vorausgesetzt, er sei bereit dazu – um Unterstützung. Faye sagte Tim, ihr sei klargeworden, daß sie ihn liebe, ihr sei aber auch bewußt, daß sie beide eine Menge an ihrer Beziehung würden arbeiten müssen. Tim stimmte ihr zu und bat sie seinerseits um Hilfe. Gemeinsam arbeiteten sie daran, aus ihrer Zweite-Etage-Erfahrung eine liebevolle zu machen.

Wenn ein Meister einen Wandel vollzieht, wandelt sich alles und jeder in seiner Umgebung. In der zweiten Etage sind Sie nicht bestürzt darüber, eine Zwischenzeit-Erfahrung durchzumachen. Sie sind willens, sich auf die Erfahrungen, die Sie machen, einzulassen, und verlieren nicht gleich deswegen den Kopf. Sie können sofort über jene Situationen nachdenken, in denen Sie angesichts all dessen, das nicht so aussah, wie Sie es sich vorgestellt hatten, völlig ausgerastet waren. Die eigene Reaktion fällt einem ein. Sie sind sich bewußt, wie notwendig ein aufgeschlossener Blick auf sich und Ihre Erfahrungen ist, damit Sie nicht, ohne zu merken, welches Leid Sie sich selber zufügen, so weitermachen wie bisher. Wenn Sie in der zweiten Etage ankommen, haben Sie Ihre passiven / aggressiven Neigungen aufgegeben. Sie sind jetzt wach und aufnahmebereit, und Sie handeln entschlossen – in dieser Reihenfolge.

Was das Mietverhältnis auf der zweiten Etage angenehm und sinnvoll macht, ist die Wahrheit. Hoffentlich haben Sie tatsächlich gelernt, sich selber, Gott, anderen Menschen und dem Lauf des Lebens zu trauen. Die Folge ist, daß Sie sich einfach wohl fühlen, ganz gleich, ob Sie eine Beziehung haben oder nicht. Ob Sie Geld haben oder nicht, Sie wissen, daß Sie es schaffen. Sie wissen, daß das Pendel des Lebens in beide

Richtungen ausschlägt und daß es früher oder später in Ihre Richtung ausschlagen wird, nein: ausschlagen *muß*.

In der Zwischenzeit rollen Sie dahin, tun, was Sie können, und das Wissen, daß die Dinge eine Wendung zum Besseren nehmen werden, gibt Ihnen ein beruhigendes Gefühl. Das Ganze nennt sich Ruder-dein-Boot-Erfahrung. Rudern Sie, rudern Sie, rudern Sie Ihr Boot. Tun Sie, was Sie können. Sachte mit der Strömung. Lassen Sie sich nicht aus der Ruhe bringen. Leben Sie Ihre Erfahrung. Kämpfen Sie nicht gegen den Strom. Immer schön vergnügt. Bleiben Sie oben, bleiben Sie auf Ihrer Wellenlänge. Fast ist das Leben ein Traum, und Sie erkennen, daß Sie der Träumer sind. Als Träumer wissen Sie, daß Sie Ihr Szenario ändern können, wann Sie möchten. Wenn Sie sich verändern möchten, dann wird es geschehen, und mit all den Informationen, die Sie im Haus der Liebe gesammelt haben, ist Wandel unausweichlich.

Zaudern ist ein Dieb

Jean und Andy waren eindeutig verliebt, da gab es gar keinen Zweifel. Sie waren beide jung – sie einunddreißig, er fünfunddreißig. Wie, Sie finden, das sei nicht jung? Selbstverständlich, wenn Sie daran denken, daß man erst richtig gescheit wird, wenn man dreißig ist. Beide hatten emsig an ihrer beruflichen Karriere gebastelt. Er war Lektor in einem großen Verlag. Sie war Produzentin bei einem großen Fernsehsender. Sie hatten Spaß zusammen. Sie verstanden sich gut. Beide sahen einer strahlenden Zukunft entgegen. Ihre Hochzeit schoben sie aus beruflichen Gründen vor sich her. Außerdem hatte es keine Eile, kein Grund zur Hysterie. Sie wußten, daß sie heiraten wollten; sie hatten es eben nur nicht eilig damit.

Jean erhielt den Anruf mitten in einer Nachrichtensendung. Was für ein Notfall? Andy war mit Blaulicht ins Krankenhaus gebracht worden. Er hatte einen Herzinfarkt. Sehr zum Erstaunen aller war dieser dynamische junge Mann wenige Stunden später tot. Er war fünfunddreißig Jahre alt geworden. Jean war am Boden zerstört. Mehr noch, sie war furchtbar wütend. Sie war wütend auf sich, daß sie die Gelegenheit nicht ergriffen hatte, als sie sich bot; sie war wütend auf Andy, weil er gestorben war; sie war wütend auf ihr Leben, weil es sie bestohlen hatte; und sie war sehr wütend auf Gott, weil er sie dies durchmachen ließ! Sie brachte die Beerdigung hinter sich. Sie durchsuchte seine Wohnung. Sie ging seine Sachen durch. Eine Woche später ging sie wieder zur Arbeit. Jean war sehr rational. Sie war beinahe so rational wie wütend.

Es gibt Dinge, die sind so schmerzhaft, daß man meint, sterben zu müssen, wenn man spürt, daß sie hochkommen. Man glaubt, diese Erfahrung unmöglich überstehen zu können, ohne Herz oder Verstand zu verlieren. Man hat Angst vor dieser Art Schmerz. Man hat Angst vor dem, was er einem antun könnte. Man kann nicht nachdenken über den Schmerz, und man kann nicht darüber reden. Wenn man anfängt, den Schmerz zu spüren, kann man ihn logischerweise nur noch ersticken. Jean erstickte ihren Schmerz in Essen.

In den ersten neun Monaten nach Andys Tod nahm Jean mehr als fünfundsechzig Pfund zu. Keine ihrer Freundinnen hätte gewagt, einen Ton zu sagen. Alle bemerkten Veränderungen in ihrem Verhalten. Sie merkten auch, daß sie ein bißchen launischer war als gewöhnlich. Alle schrieben es der Tatsache zu, daß sie diesen gewaltigen Gewöhnungsprozeß an ein Leben ohne Andy durchmachte. Jean stellte fest, daß sie sehr träge geworden war. Sie schob es einfach darauf, daß sie hart arbeitete. Erst als ein junger Arbeitskollege sie einlud, mit ihm auszugehen, ertönten die Alarmglocken in ihrem Kopf. Er war der neue leitende Produzent, der von einem anderen Sender übergewechselt war, und kannte ihre Geschichte nicht. Es überraschte niemanden, daß sie ihn abblitzen ließ und ihm dabei beinahe den Kopf abriß, denn jeder Mitarbeiter des Senders wußte, was geschehen war. Alle wußten es, aber niemand hätte ein Wort darüber verloren, weder ihr noch dem jungen Produzenten gegenüber. Jean war trotz ihrer Pfunde noch immer eine hübsche Frau. Sie war noch immer eine ausgezeichnete Produzentin. Niemand hätte ein Wort über ihr Gewicht oder ihre schnippische Art verloren, weil jeder wußte, was geschehen war.

Das ging bis zu dem Punkt, wo Jean beim nichtigsten Anlaß explodierte, so daß jeder ihr aus dem Weg ging. Man zog irgendwie den Kopf ein, wenn sie vorüberging, und sah irgendwie zu, daß man wegkam, sobald sie das Studio betrat. Auch sie bemerkte die Veränderungen, die mit ihr vorgingen. Der arme Produzent war zu neu, als daß ihm etwas hätte auffallen können, also stellte er Jean weiter nach. Schließlich fingen sie an, miteinander zu reden, anfänglich über die Arbeit, dann über sich. Eines Tages bemerkte er den Verlobungsring an ihrem Finger und fragte sie danach, weil er dachte, das sei der Grund, warum sie partout nicht mit ihm ausgehen wollte. Irgendwie mochte er Jean und wollte ihr Freund sein.

In dem Moment, da er diese Frage stellte, explodierte der Schmerz in Jeans Körper. Sie hätte den Produzenten beinahe tätlich angegriffen und sagte ein paar sehr unpassende Dinge. Er wartete einfach, bis sie fertig war, bevor er fragte: »Warum sind Sie so wütend?« Das provozierte sie erst recht. Sie schrie herum, sie sei überhaupt nicht wütend. Das ganze Studio verharrte reglos. Der Schmerz hatte seinen Siedepunkt erreicht und ergoß sich über den Produzenten – sie schlug nach ihm. Er fuhr zurück, und sie schlug wieder nach ihm. Er packte ihre Hände, nahm sie in die Arme und wollte sie nicht fortlassen. Allen im Studio stockte der Atem. Jean hörte auf, sich zu wehren. Sie legte den Kopf an seine Schulter und weinte. Sie hörte gar nicht mehr auf zu weinen – schließlich war es das erste Mal seit Andys Tod, daß sie weinte.

Lassen Sie Ihren Gefühlen freien Lauf. Gestehen Sie sie sich ein, drücken Sie sie aus. Tun Sie es nicht freiwillig, dann werden Sie es unfreiwillig und manchmal auf unpassende Weise tun müssen. In der zweiten Etage müssen Sie vollkommen aufrichtig leben. Sie müssen über alles jederzeit die volle Wahrheit sagen. Tun Sie es nicht und entscheiden Sie sich dafür, Gefühle zu verleugnen oder über sie zu richten, so wird der Schmerz in Ihrem Körper so übermächtig werden, daß Sie explodieren. Bei den Erfahrungen der zweiten Etage geht es nicht um Richtig oder Falsch. Es geht um Stärke und Mut, nicht um Hilfe für Image oder Ego. Es geht um Verwundbarkeit. Bedingungslose Liebe macht Sie gegenüber Menschen und Erfahrungen verwundbar. Solange man verwundbar ist, ist man nicht offen. Wenn man nicht offen ist, kann man die Liebe nicht in ihren zahlreichen Erscheinungsformen kennenlernen. Bei den Erfahrungen der zweiten Etage handelt es sich im wesentlichen darum, die Tatsache zu akzeptieren, daß alles, was man aus Liebe tut, in dem jeweiligen Augenblick das Beste ist, was man tun kann. Dem müssen Sie zustimmen, denn es ist die reine Wahrheit.

Kapitel 12

Stellen Sie die Möbel um

Stellas Beziehung zu Matt dauerte sieben Jahre. Am Ende dieser sieben Jahre stand sie als alleinerziehende Mutter von zwei Kindern da und hatte, wie so viele andere, ein paar gute Jahre in einer Beziehung mit einem recht anständigen Mann verbracht. Als Matt ging, widmete Stella ihr Leben den Kindern. Sie glaubte fest daran, daß man, wenn man ein Kind richtig erzog, es nicht als Erwachsenen zurechtbiegen müsse. Sie war entschlossen, ihren Kindern das Beste zu geben. Solange sie damit beschäftigt war, ließ sie keinen einzigen Mann in ihr Leben.

Als Stella und Matt sich trennten, war Stella noch jung. Sie sagte sich, daß sie ihren Kindern nicht das schlechte Beispiel einer Frau vor Augen führen wollte, in deren Leben verschiedene Männer ein und aus gingen. Warum sie dachte, sie könne nicht nur *einen* Mann finden, um sich mit ihm häuslich einzurichten, kann ich Ihnen nicht sagen – ebenso wie mir ein Rätsel ist, warum sie dachte, sie müsse jeden mit nach Hause nehmen, um mit ihm die Nacht zu verbringen. Wo sie war, als in der ersten Etage die Lektion über Ergebnisse, die immer den Erwartungen gleichen, durchgenommen wurde, kann ich Ihnen ebenfalls nicht sagen. Aber weder Sie noch ich müssen all diese Dinge wissen; Stella tat es. In Wahrheit war Stella wütend: Sie ging voller Wut zur Kirche, sie ging voller Wut zur Selbsthilfegruppe für alleinerziehende Mütter; im Leben ihrer Kinder war sie sehr aktiv, obwohl sie voller Wut war. Das war eine kluge Tarnung, die ihr erlaubte, ihre Wut zu leugnen, wenn sie sich vollkommen in die Sorge und das Wohl ihrer Kinder vertiefte. In der Zwischenzeit versagte sie sich selber das Vergnügen, die Freude und die Gesellschaft, die eine Beziehung ihr geboten hätten – die sie sich auch wirklich wünschte, jedoch glaubte, nicht haben zu dürfen.

Kinder sind kein wirklicher Ersatz für gute Ehemänner oder Ehefrauen. Sie sind gute Gefährten, aber es gibt ein paar Dinge in einer Liebesbeziehung, die Kinder nicht bieten können. Stella machte aus ihren Kindern Ehemann und Gefährten, und während sie eine Menge über bedingungslose Liebe und Geduld lernte, lernte sie genug, um die Wut, die sie so lange mit sich herumgetragen hatte, zu zerstreuen. Es war eine lange Zeitspanne, die sehr rasch vorüberging. Bevor Stella noch richtig mitbekam, daß ihre Kinder Jugendliche waren, rief eine junge Frau ihren Sohn an. Nun gut, er war siebzehn. Er bereitete sich aufs College vor. Er war ein guter Junge mit guten Noten, der seiner Mutter nicht einen Moment lang Kummer bereitete. Doch aus irgendeinem Grund reagierte Stella auf das neuerwachte Liebesinteresse ihres Sohnes sehr beunruhigt.

Eine beunruhigte Mutter kann einem das Leben recht schwermachen. Nicht, daß sie es wirklich will, aber sie tut es. Stella begann die Schritte ihres Sohnes sehr genau zu überwachen. Dazu gehörten Einschränkungen an den Wochenenden, Ausgehverbote während der Woche und die Kontrolle, ja richtig, die Kontrolle seiner Telefonate. Fünfzehn Minuten täglich, das war's. Wenn du deine fünfzehn Minuten heute überschreitest, werden sie dir von den fünfzehn Minuten morgen abgezogen. Sie sehen, was ich meine! Sie war sehr beunruhigt. Wo er doch ein so guter Sohn war! Er ließ es sich nur gefallen, weil er seine Mutter wirklich liebte und respektierte. Wenigstens tat er es so lange, bis sie ihm verbot, an einer Skitour mit jeder Menge Aufsichtspersonen teilzunehmen. Fährt dieses Mädchen auch mit? Ja. Also gut, dann bleibst du hier!

Auch ein guter Sohn mit guten Noten kann an seine Grenzen gelangen. Dieser Siebzehnjährige, der schon fast aus dem Haus war und mit einem Fuß in der Tür zum College stand, hatte seine erreicht. »Du bist nur sauer, weil ich jemanden habe und du nicht! Deshalb hattest du seit zehn Jahren nicht eine einzige Verabredung! Deshalb machst du dich nicht hübsch oder gehst aus. Deshalb hast du dein Leben mit mir verbracht, aber ich werde nicht für immer hierbleiben, und dann wirst du allein sein!« In der zweiten Etage erfährt man die Wahrheit aus den unwahrscheinlichsten Quellen! Sie springt einem ins Gesicht, droht mit dem Finger und zerrt alles ans Licht. Wenn man die Wahrheit bislang verleugnet hat, dringt sie direkt durch den eigenen Kram hindurch und trifft einen so hart, daß man um sich schlagen möchte; aber man kann es nicht. Man versucht vielleicht etwas zu erwidern, beispielsweise: »Wie kannst du es wagen, so mit mir zu reden!« Das ist schwach und wird Sie nicht vor der Wahrheit schützen.

»Du bist ja nur eifersüchtig auf unser Verhältnis zu Daddy. Du möchtest, daß wir ihn genauso hassen wie du. Du bist sauer, weil er ein neues Leben und eine neue Frau hat. Selbst wenn er versuchte, dein Freund zu sein, würdest du ihn nicht lassen. Wenn du nicht aufhörst, sauer auf ihn zu sein, wirst du mich ebenso verlieren, wie du ihn verloren hast!« Es tut mir leid, aber sie wollte es ja so. Kinder sehen so klar, sie sind so scharfsinnig, wie mit einem Röntgenapparat durchschauen sie einen. Sie wissen, was man tut, und manchmal auch, warum man es tut. Stella hatte ihre Kinder zu unabhängigen Geistern erzogen. Das gefiel ihr an ihnen. Sie hatte sie nicht dazu erzogen, Autoritäten in Frage zu stellen, aber sie sollten mit ihrer Wahrheit nicht hinter dem Berg halten, wenn autoritäre Menschen gegen Grundsätze und Integrität verstießen. Das war ein Zug bei ihren Kindern, auf den sie stolz war. Allerdings war ihr nicht bewußt, daß sie alles, was sie ihnen beibrachte, nicht nur auf die Welt draußen, sondern auch auf ihre Mutter anwenden würden!

Sie hatte nie ein böses Wort über ihren Vater verloren, aber sie war in ein stummes Tauziehen um ihre Zuneigung verwickelt. Jedesmal, wenn die Kinder ihn besuchten, kamen sie mit allen möglichen Geschenken und Sachen zurück, die Stella schlicht als Schnickschnack empfand und die sie selbst den Kindern nicht kaufen konnte: ferngesteuerte Autos, Designerjeans, Stereoanlagen usw. Sie fand, daß er sich ihre Liebe erkaufte, während sie schuftete, um ihnen ein Heim zu schaffen. Immer, wenn es etwas Wichtiges gab, kreuzte Daddy auf. Er sprach ein Machtwort, und die Kinder spurten. Jedesmal, wenn er das tat, kochte in Stella aufs neue die Wut hoch, daß er sie wegen einer jüngeren Frau verlassen hatte.

Tief im Innern war Stella irgendwie ganz froh, daß die Kinder ein liebevolles Verhältnis zu ihrem Vater hatten. Er hatte sie finanziell immer unterstützt, wenn auch am Anfang nur sporadisch. Seitdem er jedoch mit *dieser Frau* zusammen war, hatte Stella nie mehr um den Scheck bitten müssen. In Wahrheit versuchte Stella ihn zu bestrafen, weil er sie verlassen hatte. Sie war zu der Ansicht gelangt, daß er ihr Leben zerstört hatte, als er sie mit zwei Kindern sitzenließ. Dafür, fand sie, verdiene er Bestrafung. Jedesmal, wenn er sie sah, wenn er sah, wie schwer sie arbeitete, wie engagiert sie war, wie sehr ihr Leben sich einzig um die Kinder drehte, betete sie, er möge sich schuldig fühlen. Augenscheinlich tat er es nicht.

Jeder bekommt das zurück, was er gibt! Wenn man in der zweiten Etage des Hauses der Liebe wohnt, bekommt man es so schnell, daß man keine andere Wahl hat, als die volle und uneingeschränkte Verantwortung für sich und seine Handlungen zu übernehmen. Sie genießen nicht länger das Vorrecht, Schuld abwälzen, Dinge verstecken oder ihnen aus dem Weg gehen zu können. Sie stehen im Scheinwerferlicht! Es ist heiß! Es ist unangenehm! Sie versuchen, sich Ihrer Grundsätze zu erinnern – der Grundsatze, denen Sie von jetzt ab folgen wollten. Sie wissen, daß Sie beobachtet werden, und Sie möchten es richtig machen. Vergessen Sie das »richtig«! Sie sind in der Zwischenzeit. Selbst bei einer Zwischenzeit in der zweiten Etage ist nichts richtig, und alles ist in Ordnung, auch wenn es so aussieht, als stimme nichts! Ein bißchen müssen Sie sich noch bewegen: nur noch ein kleines bißchen saubermachen. Wichtiger ist, daß Sie soweit sind, neu abzuwägen, ob Ihre Wünsche von einst für Sie noch Gültigkeit haben. Das ist Zweite-Etage-Verhalten – den eigenen Kram ans Licht kommen zu lassen, um die notwendigen Veränderungen vollziehen zu können, und zwar mit Liebe.

Uns wurde beigebracht, daß es unsere Aufgabe im Leben ist, loszuziehen und den vollkommenen Partner zu finden – während es doch in Wirklichkeit unsere Aufgabe ist, die Vollkommenheit in uns selbst zu finden. Weil ich nicht wußte, wie vollkommen ich war, hatte ich Angst, daß die Menschen mich im Stich lassen würden. Ich dachte, wenn ich ihnen mein Herz öffnete, würden sie sich nehmen, was sie wollten, und sich anschließend aus dem Staub machen. Durch meine zahlreichen Erfahrungen in allen möglichen Beziehungen habe ich gelernt, daß Menschen nicht einfach aussteigen. Sie müssen einen Grund haben auszusteigen. Wenn sie keinen triftigen Grund haben, dann fabrizieren sie einen, nur um zu entkommen – um der Liebe zu entkommen. Da war ein Teil von mir, ein Teil meiner Psyche, der sagte: »Wenn du Menschen alles gibst, was sie wollen, werden sie dich nicht verlassen, wie deine Mutter es getan hat!« Als ich es ausprobierte, wurde ich zur gedankenlosen Jasagerin, die es allen recht machen wollte und den Schmerz mied, den es bedeutet hätte, Menschen ziehen zu lassen. Ich tat alles, womit ich glaubte, sie bei mir, in meiner Nähe halten zu können. Am Ende ging ich ihnen auf die Nerven, und sie gingen trotzdem ihrer Wege. Ich hielt das, was ich tat, für Liebe. Sie dachten, ich wolle sie ersticken. Am Ende wurde ich abgewiesen oder verlassen. Sie mußten dem Würgegriff meiner Bedürfnisse entkommen, die geschickt als Liebe verkleidet daherkamen.

Manche Menschen stürzen sich in die Beziehungsarena, verpassen den Absprung, kassieren die zweihundert Dollar und verschwinden auf Nimmerwiedersehen. Dann gibt es da jene Zeitgenossen, die achtzehnmal verlobt waren und es nie bis zum Traualtar geschafft haben. Es gibt auch jene, die ihre spirituelle Arbeit erledigt und sich ein sinnvolles, erfülltes Leben aufgebaut haben, jene, die sich durch allen Kram hindurchgekämpft und gründlich aufgeräumt haben und immer noch keine liebevolle, engagierte Beziehung finden oder dauerhaft halten können. Es gibt keine Garantien!

Es gibt keine Garantie dafür, daß Sie am Ende des Tages, nach all der geleisteten Arbeit, einen Partner finden, eine Beziehung haben oder die Beziehung retten, in der Sie sich gerade befinden. Mit der zweiten Etage verhält es sich so, daß diese Sorgen nicht mehr länger ausschlaggebend sind. Eine Beziehung zu haben oder verliebt zu sein ist nicht länger ein entscheidender oder der wichtigste Aspekt im Leben. Das bedeutet nicht, daß Sie keine Beziehung wollen. Es bedeutet, daß Ihnen die Tatsache, daß Sie keine haben, nicht den Schlaf raubt. Entscheidend ist für Sie in der zweiten Etage, daß Sie sich selber heilen, um so vielen Menschen wie möglich dienen und sie nach besten Kräften unterstützen zu können. Die Phase körperlicher Anziehungskraft, all das für Kellerbewohner typische Liebling-ich-brauche-dich-ich-kann-ohne-dich-nicht-leben-Gerede ist nun zugunsten eines Zustands überwunden, in dem Liebe die ganze Zeit über präsent ist. Liebe ist, was ich bin. Liebe ist, was ich gebe. Liebe ist, was ich empfange. Man sieht alles als Liebe. Man sieht Geld als Liebe. Man sieht Komplimente als Liebe. Man sieht Menschen als Liebe. Worauf man in der zweiten Etage hinarbeitet, ist, mit jeder auftretenden Situation fertig zu werden, bis man wirklich die eine Partnerschaft findet, die mehr aus einem macht, als man bereits ist.

Hier machen wir manchmal einen großen Fehler. Wir glauben, wir könnten so lange und inbrünstig beten und meditieren, bis Gott jemanden vorbeischickt, der uns liebt. Aber man kann nicht Schritte unternehmen, sich selber zu finden und zu lieben, nur um dann jemand anderen zu finden und zu lieben. Man muß es um der Sache selbst willen tun. Man muß sich lieben, ehren und respektieren um der Liebe, der Ehre und des Respekts willen – ohne Bedingungen. Und das wäre für einen selber nirgendwo anders sinnvoll als in der zweiten Etage. In den unteren Etagen müßten Sie sich noch mit zu vielen Dingen herumschlagen. Jetzt sind Sie soweit: bereit, den Wandel von der bedingten Liebe hin zur bedingungslosen Liebe zu vollziehen. Sie sind nun soweit, daß Ihnen die eigene Gesellschaft genügt, und fühlen sich nicht mehr einsam und verlassen. Sie haben einen Zwischenzeit-Prozeß durchgemacht, der Sie selbstbewußt gemacht hat und in dessen Verlauf Sie gelernt haben, über sich nachzudenken – so daß Sie nun in der Lage sind, die notwendigen Veränderungen vorzunehmen, die eine geistige Verwandlung bewirken. Sie suchen nicht mehr länger nur nach körperlicher, emotionaler oder sexueller Erfüllung. Sie wünschen sich das wahre, uneingeschränkte Erlebnis der Liebe. Ist es das, worauf Sie aus sind, dann ist es auch das, was Sie bekommen werden.

Übung macht den Meister!

Spiritualität aus einem Buch zu lernen ist eine Sache, sich in einem Umfeld aufzuhalten, in dem man Unterstützung erfährt und einem der Lehrer sagt, was man zu tun hat und wie man es zu tun hat, eine andere. In einem solchen Umfeld verfolgt jeder im Zimmer Anwesende das gleiche Ziel und besitzt dieselben geistigen Voraussetzungen. Das ist das Schöne an einem gemeinsamen Lernumfeld. Aber warum sammeln wir Informationen? Warum wollen wir lernen? Wir lernen, damit wir anschließend losziehen und unser Wissen in die Praxis umsetzen können. Wir wollen es nicht im Klassenzimmer praktizieren – das ist das falsche Umfeld. Im Klassenzimmer entwickelt man die Fertigkeit. In der Welt schärft man sie: In der Welt draußen, wo die Leute das, was Sie gerade gelernt haben, nicht einmal buchstabieren können, tun Sie mehr, als nur Theorie zu büffeln. In der Welt draußen haben Sie es mit Menschen zu tun, denen schleierhaft ist, wovon Sie reden. Heißt das, daß Ihre Informationen fehlerhaft sind? Ist das ein untrügliches Anzeichen, daß die Theorien nicht für die Praxis taugen? Absolut nicht! Es heißt, Sie müssen die Reise fortsetzen und all das in die Praxis umsetzen, was Sie gelernt haben. Schließlich finden Sie sich in einer Gemeinschaft oder einer Erfahrung wieder, wo jeder wissen möchte, was Sie wissen. Oder wo jeder weiß, was Sie wissen, und willens ist, Ihnen die Weiterentwicklung zu erleichtern.

Wie können Sie das, was Sie über die Liebe und das Lieben gelernt haben, mitnehmen und auf jeden Lebensbereich anwenden? Sie müssen willens sein, Widerstand mit Liebe zu begegnen. So schärfen Sie Ihre Fertigkeiten. Finden Sie Ihren Mittelpunkt, und bleiben Sie in ihm verwurzelt. Versuchen Sie nicht, andere zu Ihrer Denkweise zu bekehren. Wenn Sie feststellen, daß in einem Raum niemand so denkt wie Sie, dann heißt das nicht, daß etwas mit dem, was Sie tun und wie Sie es tun, nicht stimmt. Vielmehr heißt es, daß Sie jedesmal, wenn Sie auf Widerstand stoßen, Gelegenheit haben, einen anderen Liebesmuskel zu kräftigen. Zweifeln Sie nicht an sich selbst. Stellen Sie sich nicht in Frage. Denken Sie daran, daß Widerstand auf unterschiedlichen Ebenen in unterschiedlicher Gestalt auftauchen wird. Jedesmal, wenn Sie Widerstand begegnen, wird er andere Empfindungen in Ihnen auslösen. Ihr Stehvermögen kräftigt sich mittels dieser Empfindungen. Eines schönen, nicht allzu fernen Tages werden Sie bei jeder Erfahrung nur noch das eine Gefühl haben, daß sie Ihnen die Gelegenheit bietet, Liebe zu teilen, zu verbreiten, zu geben oder zu empfangen.

Plötzlich passierte es einfach

Ralph ist Mitte Fünfzig und seit fünfundzwanzig Jahren geschieden. In dieser Zeit hatte er mehrere lang anhaltende Beziehungen, die alle einvernehmlich endeten, und er ist mit all seinen Ex-Partnerinnen immer noch gut befreundet. Ich meine, sie gehen zusammen essen, schicken sich gegenseitig Geburtstagskarten, schauen zu Weihnachten vorbei und was man sonst noch so tut. Aus zwei nichtehelichen Beziehungen hat Ralph zwei Kinder, die er gut kennt und an deren Leben er nach Kräften teilgenommen hat. Er war ihnen nicht immer die größte finanzielle Hilfe, aber sie taten keinen großen Schritt, ohne ihn zuvor mit ihrem Pa zu besprechen.

Ralph und seine Tochter haben ein großartiges Verhältnis. Sie sind wirklich echte Freunde. Aber andererseits hat Ralph viele Freunde. Es gibt keinen Ort im ganzen Land, wo man Ralph nicht kennt. Nicht allein, daß jeder ihn kennt, man hätte auch Schwierigkeiten, einen einzigen Menschen zu finden, der auch nur eine abfällige Bemerkung über diesen Mann fallenließe. Sein Leben ist geprägt von Liebe und Dienst an den Menschen. Es spielt keine Rolle, wer man ist; wenn es etwas gibt, das Ralph für einen tun kann, dann wird er es tun, bereitwillig und gern, ohne Bedingungen. Ganz gleich, wann man ihn anruft, wann man ihn braucht, er wird einem alles, was man benötigt, geben, wenn er es hat. Und er tut es nicht zu seinem Schaden. Wenn er es nicht hat, zögert er nicht zu sagen: »Ich habe es jetzt nicht, aber ich habe es dann und dann. Können Sie so lange warten?« Dieser Mann ist die totale, vollständige, bedingungslose Liebe auf zwei Beinen!

Es ist mir unangenehm, mich hier ausführlich über ihn auszulassen, aber ich möchte Ihnen einfach ein Bild davon vermitteln, wie es aussieht, wenn jemand in der zweiten Etage liebt. Stößt Ralph auf etwas, von dem er glaubt, daß es jemandem gefallen oder für ihn von Interesse sein könnte, dann kauft er es und schickt es dem Betreffenden per Post. Wir hatten eine Freundin, die einmal ihre halbwüchsige Tochter aus den Augen verlor. Sie wußte, wo das Mädchen sich aller Wahrscheinlichkeit nach aufhielt, hatte aber keine Möglichkeit, dorthin zu gelangen. Ich rief Ralph an und bat ihn, zu versuchen, Kontakt mit der jungen Frau aufzunehmen. Er sprang, ohne zu zögern, in seinen Wagen. Zwar fand er sie nicht, aber die Bemühung war da. Weil Ralph zu solcher Liebe fähig ist, fließt ihm alles, was er braucht, auf vollkommene Art zu.

In der zweiten Etage des Hauses der Liebe werden Sie zum Lehrer. Ralph ist Lehrer. Er unterrichtet andere durch die Art und Weise, wie er auf seine Erfahrungen reagiert. Er demonstriert mittels der Liebe, daß alle Dinge zum Wohle jedes Beteiligten zusammenkommen können. Dies ist wahrscheinlich der Grund, warum er mehrere Freundinnen hatte, die zwar potentielle Partnerinnen waren, bei denen er es jedoch vorzog, sich nicht enger zu binden. Er hätte es gekonnt, aber er tat es nicht. Er zog es vor, sich die Erfahrung eines romantischen

Beziehungsversuchs zu ersparen, als er sich klar darüber geworden war, daß es nicht das war, was er wollte. Woher wußte er das so genau? Auf dem Weg zum Dachboden leistete Ralph beim Hausputz ganze Arbeit und räumte Druck, Bedürfnisse und Anhänglichkeit aus dem Weg. Er lernte Geduld und vollkommenes Vertrauen in den Lauf des Lebens. Er lernte, seinem Körper zuzuhören und seine Empfindungen zu respektieren, ohne sich in Ausflüchte zu retten und sich davor zu drücken, jederzeit das zu tun oder auszusprechen, was er für notwendig erachtete.

Einmal hatte er einen Job, bei dem die Vorarbeiterin ihn wie einen Lehrling oder Laufburschen behandelte. Sie lebte noch eine Stufe unter dem Keller und verhielt sich einfach gemein! Sie merken, ich sage nicht, sie war gemein, nur, daß sie sich so benahm. Doch sie war sehr unsicher und fühlte sich von allem und jedem bedroht. Ralph tat alles in seiner Macht Stehende, damit sie sich wohl fühlte. Was sie auch von ihm verlangte, er erledigte es ohne böse Gefühle. Er pflegte stets zu sagen: »Ganz gleich, welche Lektion hier auf dem Lehrplan steht, ich werde sie lernen!« Was sie auch tat, er hielt ihr ohne Zorn und Groll die andere Wange hin. Manchmal war ich regelrecht entsetzt, wenn ich ihm zuhörte. Als ich der Frau dann begegnete, wußte ich, daß sie eine kräftige Ohrfeige brauchte. Heute weiß ich, daß das nicht sehr spirituell gedacht ist, aber wir alle haben unsere menschlichen Momente. Ralph ging jede Bosheit ab. Er sagte nach wie vor: »Ich werd's lernen! Ich werde diese Lektion lernen!«

Wenn man in etwas Liebe einfließen läßt, wird es alles, was an Lieblosigkeit und Kälte darin steckt, zutage fördern. Gibt man Frieden dazu, so wird er alles vergrößern, was nicht friedlich ist. Sie konnte es nicht ertragen! Sie konnte Ralphs sonniges Gemüt und die Liebe, die er seiner Arbeit und ihr entgegenbrachte, nicht ertragen. Nachdem sie alles ertragen hatte, was sie ertragen konnte, fand sie einen Grund, ihn zu entlassen. Es war ein fadenscheiniger Grund von der Sorte, die auch nicht der winzigsten Prüfung standhalten würde, aber er beschloß, sich nicht zu wehren. Er sagte: »Wir haben jetzt

Juni. Ich nehme mir den Sommer über frei. Ich bin sicher, daß sich im Herbst etwas ergeben wird.«

Zwei Wochen nachdem Ralph gefeuert worden war, erwähnte die Aufseherin zufällig jemandem gegenüber, daß sie Ralph entlassen hatte, und nannte den Grund. Ihr Gegenüber sagte sofort: »Das ist nicht wahr! Das ist nicht das, was geschah; das und das geschah!« Diese Person, die Person, der die Wahrheit bekannt war, nahm Verbindung zu Ralph auf, stellte ihn ein und erhöhte sein Gehalt um fast das Doppelte. In der Zwischenzeit brauchte er nicht zu arbeiten und die neue Stelle erst im Herbst anzutreten. Die Lektion lautet, daß es Menschen gibt, die all ihren Kram bei Ihnen abladen werden. Sie dürfen nicht zulassen, daß dies Sie oder Ihr Handeln verändert. Wenn Sie sich Ihrer selbst sicher sind, dann lassen Sie sich von ein wenig Verdruß nicht erschrecken oder aufstören. Lieben Sie einfach weiterhin sich und alle anderen. Ich denke, es ist nur recht und billig, zu erwähnen, daß Ralph in der Zwischenzeit, mitten in seiner Zwischenzeit-Prüfung, eine wundervolle Frau kennenlernte, und die beiden verändern nun gemeinsam ihr Leben.

Alles ist Teil des göttlichen Plans

In der Zwischenzeit geht es nicht darum, zu warten, daß man eine Beziehung findet. Es geht darum, eine bessere Beziehung zu sich selbst aufzubauen. Die Zwischenzeit ist ein Prozeß der Selbsterkenntnis und des Nachdenkens über sich. Sie ist ein Prozeß, der Ihnen Arbeit abverlangt, falls Sie Ergebnisse sehen wollen. Mittels der Zwischenzeit können wir lernen, alle Beziehungen als Vehikel geistiger Heilung und Verwandlung zu begreifen. Sie ist ein Werkzeug der Liebe, mit dem göttlichen Zweck, unsere Seelen auf die höchste Oktave der Liebe einzustimmen. Wenn Sie keinen Arbeitsplatz haben, müssen Sie sich selber lieben. Wenn Ihre Schwester, Ihre Mutter, Ihre besten Freunde nicht mehr mit Ihnen reden, müssen Sie sich selber lieben. Liebe ist aktiv, das heißt, Sie werden sich, sobald Sie sich auf den Prozeß der Eigenliebe einlassen, von Ihrem gegenwärtigen Standort dorthin bewegen, wo Sie sein möchten.

Die Zwischenzeit ist ein Prozeß, der zu Bewegung und Wandel führt. Es ist der Wandel, der spirituelle Erleuchtung bringt, der Sie darauf vorbereitet, Ihr Leben aus einem Bewußtsein der Ausgewogenheit und Harmonie heraus zu teilen. Die Zwischenzeit ist das, wonach jede Seele verlangt, um sich ihrer göttlichen Identität zu entsinnen. Damit man sich seine wahre Identität eingesteht, sie akzeptiert und annimmt, muß man bereit sein. Man muß bereit sein, Dinge aus einem anderen Blickwinkel zu betrachten, Dinge in anderem Bewußtsein zu tun, Dinge aufgeschlossen und mit offenem Herzen zu empfangen. Bereitschaft ist das Anzeichen, daß Sie aus den Erfahrungen der Vergangenheit etwas gelernt haben und daß Sie bereit sind, das Gelernte anzuwenden. Was Sie über sich – Ihre Stärken, Schwächen und Interaktionen mit anderen – gelernt und nicht gelernt haben, ist entscheidend für die Wirksamkeit und Ernsthaftigkeit Ihrer Zwischenzeit-Erfahrung.

Man kann sich in jeder Lebensphase in der Zwischenzeit wiederfinden. Es mag individuell unterschiedliche Lösungen geben – das Procedere, um die Zwischenzeit zu überstehen, ist stets dasselbe:

1 Lieben Sie sich ohne Wenn und Aber! Lassen Sie sich durch Ereignisse oder durch die Furcht vor dem, was geschehen könnte, nie der Fähigkeit berauben, sich selber zu lieben. Machen Sie sich bewußt, daß die Zwischenzeit dazu bestimmt ist, Verwirrung in Ihrem Denken zu stiften. Doch Sie müssen auch erkennen, daß Sie genau dort sind, wo Sie sein müssen. Sie werden zurück auf den Pfad der Liebe, der Eigenliebe, geführt.

2 Unterdrücken Sie Ihre Empfindungen nicht, und gestehen Sie sie sich ein. Bevor Sie nach etwas außerhalb Ihrer eigenen Person greifen, um dem Schmerz zu entgehen, fassen Sie nach innen, und fühlen Sie den Schmerz. Fühlen Sie jede Verletzung, jeden Schmerz, jede Verwirrung oder

Schwäche. Fühlen Sie Ihre Verwundbarkeit, und gestehen Sie sich ein, daß Sie sich verwundbar fühlen. Wenn Sie erst einmal all das fühlen, was in Ihrem Innern vorgeht, dann verhehlen Sie sich nicht, daß gegen all diese Empfindungen rein gar nichts einzuwenden ist. Richten Sie sich nicht selber. Sagen Sie sich nicht: Ich darf nicht. Stehen Sie zu ihren Gefühlen! Gestehen Sie sie sich ein! Halten Sie sie aus!

3 Drücken Sie Ihre Gefühle mit Worten oder schriftlich aus. Sie werden feststellen, daß es in der Zwischenzeit unbedingt erforderlich ist, Ihren Empfindungen Ausdruck zu verleihen. Sie müssen jemandem erzählen, was Sie empfinden. Wenn Sie versuchen, es für sich zu behalten, werden Sie daran ersticken! Sollte dies geschehen, dann wird das, was Sie versuchen, für sich zu behalten, aller Wahrscheinlichkeit nach im unpassendsten Augenblick auf denkbar unpassende Art hervorbrechen. Sie können sich eine ganze Menge Streß und vielleicht Verlegenheit ersparen, wenn Sie einfach entscheiden, wie sie Ihre Gefühle ausdrücken wollen. Schreiben Sie sie auf! Sprechen Sie mit einer Freundin oder einem Freund! Wählen Sie die Nummer eines Seelsorgers! Aber versuchen Sie niemals, unter gar keinen Umständen, Ihre Gefühle zu ignorieren oder so zu tun, als seien sie nicht vorhanden.

4 Machen Sie sich klar, was Sie wollen. Was wollen Sie tun? Wie möchten Sie empfinden? Wie können Sie die Erfahrung für sich realisieren? Was hält Sie Ihrer Ansicht nach von dieser Erfahrung ab? Was sind Sie bereit zu tun, um diese Erfahrung in der friedlichsten Form zu machen, die möglich ist? Ja, ich weiß, das sind immer mehr Fragen, aber es handelt sich um Fragen, die Sie sich stellen müssen, um die Zwischenzeit ein für allemal zu überwinden.

5 Suchen Sie nicht nach jemandem, der Ihnen Ihre Zwischenzeit angenehmer gestaltet oder weniger schmerzhaft macht, und erwarten Sie es von niemandem. Sie müssen einige Zeit mit sich verbringen und die kleinen Teilchen aufsammeln, die Sie fortgegeben haben. Wenn Sie zur Zerstreuung einen anderen Menschen inmitten des Prozesses

ins Spiel bringen, kann es Ihnen sehr gut passieren, daß Sie hinsichtlich dessen, was mit Ihnen im argen liegt, zu einer Fehldiagnose gelangen.

Während die Umstände, aufgrund deren jeder von uns in der Zwischenzeit landet, einmalig und individuell sind, sind der Prozeß, der der Zwischenzeit vorausgeht, und der Ablauf der Zwischenzeit allgemeingültig.

Man kennt das Problem nicht. Dann kennt man das Problem, aber man weiß keinen Ausweg. Dann weiß man, wodurch Abhilfe möglich wäre, aber der eigene Kram, die eigenen Probleme hindern einen daran, entsprechend zu handeln. Dann ist man gezwungen, einen Blick auf seinen Kram zu werfen und ihn zu durchwühlen, um zu einer Lösung zu gelangen. Dann weiß man, was zu tun ist, aber man weiß nicht, wie. Dann wird man von den Kräften des Lebens aufgefordert, das zu tun, von dem man die ganze Zeit gewußt hat, daß man es tun kann und tun muß.

In der Zwischenzeit müssen Sie sich ein paar ganz spezielle und unverblümte Fragen stellen:

Worauf reagiere ich?
Habe ich mir selber und allen Beteiligten die Wahrheit gesagt?
Wie sieht meine Wunschvorstellung aus?
Was erwarte ich von mir? Für mich?
Was beabsichtige ich?
Kann ich mich lieben, ganz gleich, was geschieht?
Kann ich andere lieben, ganz gleich, was sie tun?

In der Zwischenzeit erfüllen Ihre Erfahrungen und Lektionen den Zweck, Sie bei der Entwicklung und Formulierung von Antworten auf diese Fragen zu unterstützen. Der Prozeß und die Fragen sind deshalb in der Zwischenzeit so wichtig, weil sie Ihnen helfen, eines oder mehrere der folgenden Dinge zu tun:

- Sie werden Ihren Mittelpunkt finden, Ihr *Ich*, und lernen, es zu akzeptieren.

- Sie werden aufhören, in Beziehungen immer dieselben Fehler zu machen.
- Sie werden lernen, durch Beziehungserfahrungen Ihre wiederkehrenden Probleme zu erkennen.
- Sie werden sich das Rüstzeug zulegen, um sich von Ihren Phantasien über die Liebe und das Lieben zu verabschieden.
- Sie werden den wahren Wert und die wahre Bedeutung der Liebe finden.

Die Zwischenzeit ist kein Versuch, Ihren Kram zu regeln. Richtig, man verbringt eine Menge Zeit damit, ihn auseinanderzunehmen, aber ihn zu regeln ist nicht beabsichtigt. Das Ziel lautet: lernen, die Liebe anzunehmen. Es gibt nichts zu regeln, denn Gott akzeptiert jeden genauso, wie er ist. In der zweiten Etage lernen wir, es damit ebenso zu halten. Anstatt zu denken, wir müßten unseren Kram regeln, können wir die Zwischenzeit nutzen, um ihn zu ändern. Dies geschieht, indem man sich entscheidet, wer man mit Rücksicht auf die eigenen Erfahrungen sein möchte. Wenn man Opfer war und der eigenen Vergangenheit Macht und Stärke eingeräumt hat, kann man das nun ändern. Wenn man sein eigener Gegner war und frühere Erfahrungen bekämpft, sich ihnen widersetzt, sie geleugnet und sich ihrer erwehrt hat, kann man nun ein neues Verhältnis zu ihnen finden. Wenn man Mitverschwörer war und das, was einem zustieß, als Barriere gegen neue Erfahrungen benutzt hat, kann man nun neu über sein früheres Handeln und den damaligen Standort nachdenken. Werden Sie zum Schüler Ihrer Erfahrungen, studieren Sie, was diese Erfahrungen Sie gelehrt haben. Werden Sie zum Lehrer Ihrer Erfahrungen, indem Sie andere an dem teilhaben lassen, was Sie gelernt haben. Werden Sie zum Liebhaber Ihrer Erfahrungen, indem Sie erkennen, daß Sie alles, was Sie sind, nur deshalb sind, weil Sie Ihre Vergangenheit bewältigt haben.

Je mehr Sie dazu in der Lage sind, das, was Sie auf den unteren Ebenen gelernt haben, in Ihr Handeln einfließen zu lassen, desto stärker nähern Sie sich einem Zustand an, in dem

Sie wahrer Ausdruck und echtes Beispiel für Liebe sind. Das heißt jedoch nicht, daß Sie nicht die normalen, zermürbenden Erfahrungen machen werden, denen jeder Mensch sich stellen muß. Und es heißt nicht, daß Sie schweben oder daß Ihnen Flügel wachsen werden. Es heißt nicht, daß Sie weißere Zähne oder einen frischeren Atem haben werden! Auch in der zweiten Etage werden Sie manche Träne vergießen. Aber nun können Sie weinen, und Sie wissen, warum. Sie können weinen, weil Sie sich nun dem Ziel nähern, dem Ziel, sich zu erinnern, wer Sie sind und warum Sie überhaupt hierhergekommen sind. Es wird in Ihrem Leben weiterhin jene Erfahrungen geben, bei denen Sie jemandem am liebsten an die Gurgel gehen und ihn windelweich prügeln möchten. Aber Sie werden es nicht tun! Sie wissen jetzt, daß Sie ihm und sich selber vergeben müssen. Und es wird jene Zeiten geben, wo Sie nur noch dasitzen und nachdenken, empfinden und Fragen stellen möchten. Das wird ein sehr gutes Zeichen sein! Je mehr Zeit Sie in Gegenwart Ihres Ich verbringen, desto dankbarer werden Sie für die Zeit sein, die Sie auf dem Dachboden verbringen werden.

Der Dachboden

Treten Sie ein Stück zurück. Schauen Sie sich um. Alles ist in tadellosem Zustand. Es sieht gut aus. Sie sehen gut aus. Sie haben Gutes getan! Sie haben es den ganzen Weg bis nach oben geschafft – bis zur Suite mit dem Namen »Liebe ist süß«. Es gibt zwei Mantras – Gebete, wenn Sie so wollen –, die Sie in die Suite mitnehmen können. Sie stammen aus einem mitreißenden Buch, das den Titel trägt *Ein Kurs in Wundern.*[1] Sie lauten: »Auf Wunder hat jedermann Anrecht«, denn »ich bin, wie GOTT mich schuf.« Sie sind ein Wunder, und eigentlich ist das jeder Mensch.

1 *Ein Kurs in Wundern*, Gutach i. Gr. o. J., Textbuch 1. 1. 7; Textbuch 12. VII. 11: 8. Zitiert aus: Marianne Williamson: *Rückkehr zur Liebe, Harmonie, Lebenssinn und Glück durch »Ein Kurs in Wundern«*, München 1995, S. 80, 144.

Kapitel 13

Legen Sie die Füße hoch, und entspannen Sie sich

Der Dachboden im Haus des Lebens ist das Bewußtsein, mit dem Kinder leben. Kinder sind voller Vertrauen, vollkommen frei und akzeptieren sich und andere vorbehaltlos. Kinder wissen nicht, was falsch ist, bis jemand sie anhält, zu glauben, es sei falsch. Kinder wissen nicht, daß Menschen gemein sind, bis sie hören, was jemand anders sich unter Gemeinheit vorstellt. Auf dem Dachboden im Haus des Lebens geht es um ein Leben mit kindlichem Herzen, durch das alle Dinge gut sind, auch wenn einem etwas anderes erzählt worden ist. Hier, auf dem Dachboden des Hauses der Liebe, sehen und spüren wir in unserer Seele und in allen anderen Seelen die Gegenwart Gottes und lernen, sie zu erkennen.

Auf dem Dachboden hat man sich zu einem Bewußtseinswandel verpflichtet und strebt einen Zustand der Liebe, bedingungsloser Eigenliebe an. Man hat erkannt, daß man, wenn man nicht willens ist, diesen Wandel zu vollziehen, in einem Schwebezustand ewigen Wollens und Wartens verharren wird, in dem man darauf wartet, zu sehen, ob derjenige oder dasjenige, was man sich wünscht, jemals aufkreuzt. Man begreift, daß man als Mensch dazu neigt, Leuten nach dem Mund zu reden, um die Wahrheit herumzustreichen, an sich zu zweifeln und sich mit einem Haufen Dinge einzulassen, die sich als Liebe maskieren. Weil man das von sich weiß, widmet man sein gesamtes Dasein dem Eliminieren all jener Dinge, die es unmöglich machten, der abhängigen Liebe zu entkommen, indem man seine Erwartungen an die Liebe unter die Lupe nimmt. Das bedeutet, man muß sich auf das konzentrieren, was man möchte und was man dafür tun zu müssen erwartet. Mit zunehmendem Alter sollte ein natürlicher Bewußtseinswandel stattfinden, aber manchmal tritt er nicht ein. Wir begeben uns mit den Programmen aus unserer Kindheit auf die Suche nach Liebe. »Aus dem Weg!« Man *erwartet*, herumgeschubst zu werden. »Gib keine frechen Antworten!« Man *erwartet*, nicht gehört zu werden. »Könntest du warten, bis ich fertig bin?« Man *erwartet*, die Bedürfnisse anderer über die eigenen stellen zu müssen. Prüfen Sie Ihre Erfahrungen. Entsinnen Sie sich der Emotionen, die Sie erlebt haben. Denken Sie darüber nach, was Sie in der Vergangenheit getan haben. Drücken Sie diese Empfindungen sich selbst gegenüber aus. Vergeben Sie sich, daß Sie sie damals nicht ausgedrückt haben. Überlegen Sie sich eine neue Reaktion. Entwickeln Sie eigene neue Erwartungen.

Im Verlauf Ihrer Reise haben Sie Dachboden-Erfahrungen gemacht. Da waren jene Zeiten, in denen Sie sich gestatteten, gegenüber der Erfahrung der Liebe total offen, total verwundbar zu sein. In solchen Momenten war es Ihnen egal, was vielleicht passierte oder passieren konnte. Sie waren ganz entspannt. Sie waren zuversichtlich. Dann trat Ihr menschlicher Kram auf den Plan, und Sie bekamen es mit der Angst zu tun. Beziehungen fördern unsere tiefsten Ängste zutage: die Furcht, zu versagen, verlassen zu werden, angebrüllt zu werden und nicht liebenswert genug zu sein. Diese uns meist gar nicht bewußten Erwartungen formen den inneren Konflikt, den wir erleben, wenn wir verängstigt Liebe wollen.

Das ist die Erfahrung, daß man etwas möchte, während man zugleich Angst hat, es nicht zu bekommen oder es nicht festhalten zu können; daß man um eine Sache bittet, wenn man zugleich Angst hat, sie nicht zu verdienen oder ihres Besitzes nicht würdig zu sein; daß man nach etwas sucht und fürchtet, es werde einem weh tun, wenn man es hat. All dies sind Sperren, die ausgeschaltet werden, sobald man seine Wahrnehmungen und Erwartungen hin zu bedingungsloser Liebe verlagert. Auf dem Dachboden des Hauses der Liebe geloben Sie, es der Angst niemals wieder zu gestatten, Sie der Erfahrung der Liebe zu berauben.

In jungen Jahren war Pamela ein Schwergewicht, hatte furchtbare X-Beine und konnte weder tanzen noch seilhüpfen. Die Kinder hänselten sie ohne Erbarmen. Auch im Teenageralter war sie noch sehr dick, was bedeutete, daß kein Junge mit ihr ausgehen wollte. Sie hatte ein paar Freundinnen, Menschen, die nicht so grausam waren, sie aus der Menschheit auszugrenzen. Diesen jungen Mädchen vertraute sie ihre innersten Gefühle an, einschließlich des Umstands, daß sie in einen Typen verknallt war. Er war ein hübscher Bursche. Groß, sportlich, mit allem Drum und Dran. Es ist kein Verbrechen, jemanden zu mögen! Es steht uns frei, zu mögen, wen immer wir wollen, besonders mit sechzehn. Das Verbrechen geschieht, wenn die hilfsbereiten Freundinnen versuchen, einen mit dem großen, sportlichen Typen zu verkuppeln, der von einem glaubt, man sei eine mißgestaltete Laune der Natur.

Das Verbrechen war brutal! Es war bösartig! Der Typ lachte nicht nur lauthals, als er es hörte, er folgte Pamela um die Schule herum und ermunterte andere, sie gemeinsam mit ihm auszulachen. Nun, wer nicht tanzen und nicht seilhüpfen kann, der kann auch nicht rennen! Wenn man nicht rennen kann, spaziert man davon und tut so, als höre man die grausamen, brutalen, gemeinen Kommentare nicht, mit denen das Objekt der Zuneigung die eigene Person überschüttet. Die Freundinnen versuchen ihn fortzujagen, aber Sportler machen aus allem eine sportliche Herausforderung – das Hänseln von Leuten, die sie nicht leiden können, eingeschlossen. Man läuft, so schnell man kann, um zu entkommen, aber die Knie machen nicht mit. Wie durch ein Wunder wird die Aufmerksamkeit des Sportlers durch ein attraktiveres Exemplar der weiblichen Gattung abgelenkt.

Mit Pamelas Zuneigung zu dem Typen war es nahezu schlagartig vorbei, aber sie ließ sich von dieser Erfahrung in ihrer freundlichen Einstellung gegenüber Menschen nicht beirren. Von Zeit zu Zeit fiel ihr Auge auf einen Burschen, aber sie sagte niemals wieder ein Sterbenswörtchen davon zu jemandem. Sie behielt alles für sich und war überzeugt, daß sie häßlich, fett, nicht liebenswert und was sonst noch alles sei. Doch wer ein gutes Herz hat, dem wendet das Leben nicht den Rücken zu. Sehr zu Pamelas Freude und Überraschung kam eines Tages ein kühner junger Mann ohne Umschweife auf sie zu und lud sie ein. Man könnte sich auf den Boden werfen und schreien! Pamela war hin und weg, aber auch erschrocken. Sie musterte den jungen Mann mit einem Blick und sah, daß sie ein Riesenproblem hatte: Er hatte nicht ihre Hautfarbe. Nun gut, das war eine echte Zwischenzeit-Zwangslage! Wenn man siebzehn Jahre darauf gewartet hat, von einem Burschen eingeladen zu werden, wie wählerisch soll man dann sein, wenn es endlich einer wagt? Pamela hatte keine Ahnung, also zerbrach sie sich auch nicht weiter den Kopf darüber. In der Zwischenzeit hatte sie eine wunderschöne Verabredung.

Das war nur der Anfang. Aus irgendeinem seltsamen Grund wirkte Pamela auf Männer ihrer eigenen Hautfarbe wenig anziehend, zumindest nicht für längere Zeit, während gleichzeitig andere Männer aller Nationalitäten sie nett und attraktiv fanden. Mit weit über dreißig wurde Pamela Dauergast auf dem internationalen Verabredungskarussell. Es war ihre große Chance! Sie lernte so viel über sich und andere Menschen. Außerdem mußte sie ziemlich viel herumreisen. Gelegentlich fragte sie sich, warum Männer ihrer ethnischen Herkunft nicht an ihr interessiert waren. Sie erhielt nie eine plausible Antwort, also ging sie weiter mit jedem aus, der aufkreuzte. Und wissen Sie was? Sie stand vor denselben Problemen und Herausforderungen wie ihre Freundinnen, die mit Männern der eigenen Hautfarbe ausgingen. Auch in ihrem Innern mußte sie mit denselben Problemen fertig werden. Letzten Endes wurde Pamelas Zwischenzeit eine eindrucksvolle Lektion in Anerkennung und Toleranz. Sie ist nach wie vor Single, aber sie sieht sich an allen möglichen Orten um.

Kinder, denen nicht beigebracht wird, sich zu lieben, und denen die Erfahrung liebevoller Anerkennung, Toleranz, Barmherzigkeit und Vergebung fehlt, können einander hänseln und zurückweisen. Kinder, die diese Kritik erfahren, müssen einen starken Heilungsprozeß durchmachen. Sie müssen von der Vergebung und Barmherzigkeit der Liebe erfahren. Nur wenigen Kindern wird beigebracht, wie sie das anstellen sollen. Statt dessen nehmen sie die Kritik und Zurückweisung als Beweis dafür, daß etwas mit ihnen nicht stimmt. Das ganze Problem besteht letztlich generell in einem Mangel an Liebe, wobei keine Rolle spielt, wer man ist. Wir bringen Kindern bei, ihre Eltern zu lieben. Wir bringen ihnen bei, die anderen Mitglieder der Familie zu lieben. Wir bringen ihnen bei, Dinge zu lieben. Was wir versäumen, ist, unseren Kindern beizubringen, Menschen zu lieben. Wir versuchen, ihnen beizubringen, daß es schön sei, dies zu tun und das nicht zu tun, aber wir dringen nicht zum Kern vor, dem Kern, der eine im Geist gründende Liebe lehrt.

Weil wir in einer Gesellschaft leben, die uns eine perfektionistische Sichtweise vermittelt, müssen wir alles ablehnen, was dieser perfektionistischen Sicht widerspricht. Als Kinder lernen wir das sehr deutlich. Kindern wird nicht beigebracht, daß es im Kern um die wahre Bedeutung der Liebe geht – daß das wahre Wesen der Liebe die unberührbare Verbindung der Seele ist. Wir bringen unseren Kindern bei, die Sprüche der Bibel zu lesen und die Bücher der Bibel auswendig zu lernen. Wir bringen ihnen bei, was sie wie und wann sagen sollen, damit alle Welt den Eindruck hat, es mit wohlerzogenen Kindern zu tun zu haben. Was wir unseren Kindern nicht beibringen, sind die Grundsätze. Die Einstellungen bringen wir ihnen nicht bei. Wie man liebt, bringen wir ihnen nicht bei. Sie hören uns reden, und wenn wir reden, kritisieren wir, urteilen wir, sind wir intolerant, lassen nichts und niemanden gelten und sind unbarmherzig, weil wir, die Erwachsenen, uns der Wahrheit über die Liebe nicht erinnern.

Sie befinden sich auf einer Mission!

»Der einzige Zweck meines Erdendaseins ist es, mir mein göttliches Ich bewußt zu machen, das Leben zu preisen und zu tun, was mir Freude macht!« In der Zwischenzeit müssen wir lernen, unter Menschen zu leben, die nicht an diese Aussage glauben, müssen lernen, uns mit all den Dingen in uns auseinanderzusetzen, die uns selber davon abhalten, dieser Aussage Glauben zu schenken, während wir uns hoffnungsvoll daranmachen, das Licht in der Seele zu entdecken, das uns helfen wird, diese Aussage zu verkörpern. Wenn wir uns heute in der Welt umschauen, ist es wirklich schwer zu glauben, daß Liebe die Übel heilen kann, von denen wir geplagt sind. Wie kann Liebe Krebs, Herzkrankheiten oder Aids heilen? Wie kann Liebe hungrige Kinder satt machen? Oder der Gewalt auf der Straße ein Ende bereiten? Zu sagen, die Liebe sei der Schlüssel zur Heilung, klingt so simpel. Ich meine, wie kann Liebe dem Defizit im Staatshaushalt abhelfen? Um ehrlich zu sein, es klingt in der Tat lächerlich! Doch genauso lächerlich ist es, zu glauben, das, was wir tun und getan haben, werde zu Resultaten führen, die sich auch nur im geringsten von früheren Resultaten unterscheiden.

Aus dem Wesen des Lebens haben wir die Vorstellung von der Liebe beinahe vollständig eliminiert. Ja, innerhalb der Familie und in der Kirche lehren wir Liebe, aber in Schulen und Behörden wagen wir es nicht. Wir glauben tatsächlich, wir könnten die Liebe von allen Orten und Aktivitäten trennen, an denen Menschen zugegen sind. Vielleicht spiegelt sich in der Art, wie wir die Vorstellung von der Liebe sorgfältig ignorieren, die Absicht wider, Gott zu ignorieren. Niemand ist so kühn, nach außen hin zuzugeben, daß wir die kreative Kraft des Lebens ignorieren sollten; doch wir haben sehr deutlich gemacht, daß Gott auf bestimmte Schauplätze an bestimmten Tagen verbannt werden muß – als ob wir tatsächlich glaubten, man müsse und könne sich nicht jederzeit an jedem Ort mit Gott befassen. Es ist ziemlich offensichtlich, daß wir meinen, Liebe könne reguliert werden. Warum also nicht auch Gott?

Dann ist da das winzige Problem, daß die meisten Menschen sehr unterschiedliche Vorstellungen davon haben, was Liebe ist oder sein sollte. Wie läßt sich ein Konsens erreichen? Wie finden wir einen gemeinsamen Nenner, auf den wir uns hinsichtlich dessen, was Liebe ist und was sie bewirken kann, einigen können? Nichts liegt mir ferner, als der Welt eine Heilformel vorzuschreiben! Doch so viel wage ich zu sagen: Wenn jeder einzelne von uns sich daranmacht, seine individuelle Arbeit zu erledigen, seinen individuellen Kram aufzuräumen, seine individuellen Ängste fahrenzulassen, wird die Liebe, davon bin ich überzeugt, den Ruf hören und erwidern. Und wo könnten wir besser anfangen als in unseren Beziehungen, jenen Allianzen, die wir bilden, um Liebe zu geben und zu empfangen? Wo könnten wir die Prinzipien der Liebe – Wahrheit, Vertrauen, Vergebung, Anerkennung, Urteilslosigkeit und Frieden – besser beschwören und in die Tat umsetzen? Während wir in der Zwischenzeit versuchen, einen Konsens in der Liebe zu erreichen, können wir alle Grundsätze der Liebe anwenden. Wir können jeder die Gegenwart der Liebe als Basis aller Entscheidungen beschwören. Wir alle können in der bewußten Absicht handeln, mit jedem Wort, das wir sprechen, und mit jeder Handlung, die wir begehen, Liebe zu offenbaren. Dadurch würden wir die Wahrheit und Liebe Gottes in unseren Herzen erwecken. Wir fänden mehr Dinge, die wir preisen und über die wir froh sein könnten. Wir würden aus einem einfacheren Blickwinkel heraus leben, aber ich beispielsweise halte diese Lebenseinstellung nicht für lächerlich. Tatsächlich weiß ich, daß genau dies das Ziel von Zwischenzeit-Erfahrungen ist: uns zu leben lehren, indem wir die simple Wahrheit über das Leben und über Gott annehmen, während wir uns in freudiger Lobpreisung unserer selbst und aller anderen ergehen. Dieses Ziel dürfen wir auf unserem Weg durch das Leben, durch das Haus Gottes, hinauf zum Dachboden nicht aus den Augen verlieren.

Wenn Sie in der Liebe-ist-süß-Suite ankommen, haben Sie eine sehr wichtige Mission. Sie müssen Liebe lehren. Ja, ein wenig tun Sie es schon in der zweiten Etage, aber jetzt müssen Sie es sich zur Lebensaufgabe machen. Werden Sie aktiv, und machen Sie Menschen ausfindig, die etwas von der Liebe erfahren müssen. Sie selber müssen unterdessen in Liebe baden. Putzen Sie sich die Zähne mit ihr. Benutzen Sie sie als Parfum. Sie müssen durch Ihre Gedanken, Ihre Worte und Ihre Taten

Liebe in Dinge und Menschen einströmen lassen. Lassen Sie es mich wiederholen. Durch Ihre Gedanken! Durch Ihre Worte! Durch Ihre Taten! Auf dieser Ebene Ihrer Entwicklung können Sie einen lieblosen Gedanken nicht einmal denken – so kraftvoll sind Sie inzwischen, so gründlich haben Sie in Ihrem Unterbewußtsein aufgeräumt, daß Liebe sich offenbart, ganz gleich, was Sie denken.

Denken Sie Liebe. Sehen Sie Liebe. Beschwören Sie vom Dachboden des Lebens aus die Liebe. Sie befinden sich nämlich in guter Gesellschaft. Sie haben jede Menge Unterstützung und Hilfe. Christus lebt hier. Buddha lebt hier. Krishna, Muktananda und die Erzengel Michael, Raphael, Uriel und Gabriel leben hier. Die weisen alten Großmütter leben hier, die Medizinfrauen und die Heiler. Weißer Adler lebt hier. Es ist das Reich des Geistes. Es ist die höchste Kraft Ihres Verstandes. Wenn es Ihnen gelungen ist, sich durch alle menschlichen Angelegenheiten hindurch zu dieser Ebene des Bewußtseins emporzuschwingen, befinden Sie sich in Gesellschaft der Meister. Sie, meine Lieben, sind das Licht der Welt geworden – das liebende Licht. Ich flehe Sie an, alles in Ihrer Macht Stehende zu tun, um Ihr Licht leuchten zu lassen.

Danksagung

O Gott, wie großartig du bist! Du hast mich einen gewaltigen, langen Weg entlanggeleitet. Dafür bin ich so dankbar! Auch für die sichtbaren und unsichtbaren Engel, die du geschickt hast, bin ich dankbar. Tiefsten Dank möchte ich folgenden sichtbaren Engeln aussprechen: meinen leiblichen Kindern Damon, Gemmia, Nisa; ihren Kindern Asole', Oluwalomoju, Adesola, Niamoja Adilah Afi; meinen hinzugewonnenen Kindern J. Alexander Morgan, Maia, Lumumba, Atiba, Coujoe, Kobie, Gamba und Nwandu Bandele; meinem Paten Awo Osunkunle Erindele; meinen Gemeindeältesten, die sich seit über dreißig Jahren mit mir auseinandersetzen müssen, Omi Relekun, Osun Tolewa, Babatunde, Chief und Barbara Bey, Stephanie Weaver und Oseye Mchowi; meinem Lebenstrainer, Dr. David Phillips; seiner Frau, Peggy Phillips; meinen Wiedergeburtslehrern Ken Kizer, René Kizer und Dujuna Wuton; meinen Gebetspartnern Dr. Barbara Lewis King und Reverend Linda Beatty-Stephens; meinen lieben Freunden, die mir ausgezeichnete Beziehungsmodelle lieferten, Joia Jefferson und Rashid Nuri, Stan und Tulani Kinard, Freddie und Marge Battle, Reverend Cochise und Vivianna Brown, Natu und Fatimah Ali, Susan und Kephra Burns, Stanley und Chemin Bernard, Ralph und Jeanne Blum; meiner Agentin Denise Stinson; meiner Lektorin Dawn Marie Daniels; meinen Kollegen und Lehrern Neale Donald Walsch, Paul Ferrini, John Randolph Price, Eva Bell Werber, der Stiftung für Inneren Frieden, Marianne Williamson, Wayne Dyer, Tom Johnson; Alexis Davis von Ketcum Public Relations, Michelle Buckley und Kimberly Graham von Mahogany Cards, Hallmark, Inc., und Valencia Scott von 7-Up, die mich mit vielen aktuellen Beziehungsinformationen versorgten. Folgenden unsichtbaren Engeln möchte ich danken: Esu, der die Wohltaten bringt; Obatala, der mir sagt, was ich mit ihnen anfangen soll; Sango, der dafür sorgt, daß ich tue, was man mir sagt; Yemoja und Osun, die mich lehrten, alle Wohltaten zu maximieren; Oya, der mir hilft, Verwünschungen in Segnungen zu verwandeln; und dem Meister Joel Goldsmith, dessen Arbeit eine Wohltat in meinem Leben ist. Und ich möchte meinem Ich demütig danken, daß es willens war, all die Angst, Verleugnung, Verwirrung und Wut durchzumachen, die notwendig waren, um herauszufinden, warum ich dieses Buch schreiben mußte.